KB159094

개정판

최신 JAVA 구현
자료구조론

한정란 지음

컬렉션

람다식

JAVA

선형 리스트

연결 리스트

21세기사

컴퓨터에서 작업을 수행하다 보면 알고리즘과 자료 구조를 결합시켜 다양한 문제들을 해결하기 위해 여러 가지 종류의 응용 프로그램을 작성하게 된다. 컴퓨터를 이용하여 문제를 해결하고 자료를 처리하기 위해서는 컴퓨터에서 자료를 다룰 수 있도록 자료를 적절하게 표현해 주어야 한다. 자료 구조는 처리할 자료들 사이에 관계를 고려하여 컴퓨터 내부에 표현하는 방법인데, 필요할 때 자료를 효율적으로 처리할 수 있도록 간단하고 명료하게 표현해야 한다.

자료 구조로 표현된 자료를 처리하는 절차들의 모임을 알고리즘(algorithm)이라 한다. 알고리즘은 특정한 문제를 해결하기 위해 기술한 일련의 명령문이다. 컴퓨터로 문제를 해결하기 위해서는 효율적인 알고리즘을 만들어야 문제를 효과적으로 해결할 수 있다. 알고리즘이 작성되면 이 알고리즘을 컴퓨터에서 처리할 수 있도록 컴퓨터에서 실행할 수 있는 특정한 프로그래밍 언어로 표현하여 프로그램을 작성한다. 사용자가 소프트웨어를 더 쉽고 빠르게 작성하기 위해서 객체 지향 프로그래밍 방법을 사용하게 된다. 객체 지향 프로그래밍은 다른 프로그래밍 방법보다 간편하고 편리하게 프로그램을 작성할 수 있도록 도와준다.

C++, C# 등 많은 객체 지향 프로그래밍 언어 중 자바는 다양한 기능을 제공하고 있어 사용하면 할수록 더 흥미를 주는 언어라 할 수 있다. 이 책은 자바를 사용해 자료 구조를 구현할 수 있도록 도움을 주는 교재이고 좀 더 쉽게 자료 구조를 접할 수 있도록 각 기능들을 설명하고 있다.

특히, 상수 없이 하나의 메서드만 갖는 함수형 인터페이스의 메서드를 람다식(Lambda expressions)을 사용해 작성하는 최신 프로그래밍 기능을 추가하고 있고, 특정 예제 프로그램을 람다식으로 다시 작성하여 두 가지 프로그램을 서로 비교할 수 있도록 기술하고 있다. 개정판을 내면서 자료 구조를 쉽게 이해할 수 있도록 실습을 추가하고 스택, 큐, 이진 탐색 트리 등 수록된 연결 리스트를 수정해서 간단하게 작성하고, 자바에서 제공하는 자료구조인 벡터(Vector), 연결리스트(LinkedList), 스택(Stack), 큐(Queue), 우선순위 큐(Priority-

Queue), 덱(Deque), 해쉬맵(HashMap) 등의 컬렉션을 활용하는 다양한 예제를 수록하고 있다.

1장에서는 자바의 기초가 되는 개념과 소프트웨어를 개발하기 위한 방법론을 다루고 있다. 2장에서는 알고리즘과 자료 구조 성능에 대해 기술하고 있다. 3장에서는 순차 자료 구조에 대해 설명하고 있다. 선형 리스트를 배열로 구현하여 순차 자료 구조를 쉽게 이해할 수 있도록 한다. 인터페이스의 메서드를 람다식으로 작성해 일차원 배열과 이차원 배열을 출력하는 예제를 기술하고 있다. 4장에서는 연결 리스트 자료 구조에 대해 설명하고 있다. 연결 리스트를 구현하는 다양한 예제를 통해 연결 리스트를 생성하는 방법을 익히도록 한다. 5장에서는 LIFO 리스트인 스택 자료 구조를 구현하여 스택 자료 구조의 기본 개념을 학습하도록 한다. 6장에서는 FIFO 리스트인 큐 자료 구조를 구현하여 큐의 기본 개념을 익히도록 한다. 7장에서는 트리의 기본 개념에 대해 설명하고 있다. 이진트리와 이진 탐색트리를 구현하여 각 트리의 개념을 보다 실제적으로 학습하도록 한다. 8장에서는 그래프에 대해 기술하고 있고, 너비우선탐색의 경우 동일한 예제를 람다식을 사용해 탐색하는 방법을 기술하고 있다. 9장에서는 자료를 순서대로 배열하는 정렬 방법과 특정 자료를 탐색하는 방법에 대해 설명하고, 동일한 예제에 대해 람다식을 사용해 정렬하는 방법을 기술하고 있다. 10장에서는 자바의 기본 명령문들에 대해 설명하고, 특히, 함수형 인터페이스의 메서드를 람다식으로 작성하고, 메서드를 호출하는 방법을 자세하게 기술하고 있다.
마지막으로 부록에는 자바를 개발하기 위해 필요한 자바개발도구인 JDK를 설치하는 방법과 자바를 작성하고 실행하는 통합개발환경인 이클립스를 설치하고 사용하는 방법을 설명하고 있다.

개정판이 나오기까지 도움을 주신 분들에게 감사하고 책을 제작하는 과정에 협조하여 주신 도서출판 21세기사 여러분에게 깊이 감사드린다.

2023년 7월
저자 씀

1
CHAPTER

JAVA와 소프트웨어 개발 방법

자바는 1991년 선 마이크로시스템즈(Sun Microsystems)에서 개발한 객체 지향 언어
(Object Oriented Language)이다. 2009년 오라클에서 선 마이크로시스템즈를 인수
해 현재는 오라클에서 자바를 제공하고 있다. 자바는 플랫폼 독립적인 특성으로 웹
애플리케이션 개발에 가장 많이 사용하는 프로그래밍 언어 중 하나이고, 모바일 기기
용 소프트웨어를 개발할 때에도 널리 사용하고 있다.

자바의 기본 구문은 기존의 대표적인 프로그램 언어인 C나 C++ 언어와 매우 유사하
므로 기존에 나와 있는 프로그래밍 언어에 익숙한 사람이면 누구나 쉽게 자바를 배우
고 이해할 수 있다.

자바개발도구인 JDK에서 제공하는 다양한 패키지가 많아서 자바로 소프트웨어를 개
발하는 것이 한결 간단해졌으며, 많은 응용 프로젝트를 작성할 때 기존에 개발된 패
키지를 활용할 수 있다. 패키지는 상호 관련있는 클래스 파일들을 모아놓은 것으로
폴더 안에 관련 파일들을 저장하고 있다.

실세계에서 일어나는 많은 문제들은 프로그래밍 언어를 사용하여 프로그램을 작성함
으로써 해결하는데 이러한 문제들을 해결하기 위해 다양한 종류의 명령문을 사용하
게 된다. 자바 명령문에는 배정문, 혼합문, 제어문과 입출력문 등이 있고 자바 구문은
표준 C 언어의 명령문과 유사하다. 그밖에 자바에서는 예외처리를 위한 예외처리문과
동기화문을 제공하고 있다.

배정문은 변수에 어떤 값을 저장하기 위해 사용하는 명령문이고 혼합문은 여러 명령
문을 하나의 단위로 묶어 주는 명령문이다. 일반적인 자바 프로그램의 실행 순서는
기술된 순서대로 처리하는데 제어문은 프로그램의 실행순서를 제어하는 방식을 제공
한다. 조건에 따라 실행 문장을 결정하는 조건문과 어떤 문장들을 반복적으로 수행하
는 반복문과 다른 명령문으로 이동하는 분기문 등이 있다.

입력문은 사용자가 연산에 필요한 자료를 입력하는 명령문이고 출력문은 사용자가
연산 결과를 알 수 있도록 출력장치에 표시하는 명령문이다.

예외처리문은 프로그램을 실행하는 과정에서 발생할 수 있는 여러 예외사항들을 처
리하도록 하는 명령문이고 동기화문은 다중스레드를 실행하면서 어느 한 시점에는
하나의 스레드만 접근하도록 제어하는 명령문이다. 스레드(thread)는 프로세스(프로

그램) 내에서 실행하는 흐름의 단위로 명령문들의 모임이다. 일반적으로 하나의 프로그램은 하나의 스레드를 가지고 있지만, 실행하는 프로그램 환경에 따라 둘 이상의 스레드(다중스레드, multithread)를 동시에 수행할 수 있다.

1.2 자료 선언

자료형은 자료 객체가 갖는 값의 유형으로 숫자형, 문자형, 논리형, 참조형 등이 있다. 프로그램을 작성하려면 각각의 자료를 저장하기 위해 자료가 갖는 값의 유형을 나타내는 변수를 먼저 선언해야 한다. 만일 저장하고자 하는 자료가 숫자이면 숫자형 변수를 선언하고, 문자이면 문자형 변수를 선언해야 한다.

프로그램에서 자료를 저장하기 위해 변수와 상수를 사용하는데, 변수는 프로그램을 실행하면서 값이 변할 수 있는 자료를 저장하는 것이고 상수는 값이 변하지 않는 것이다. 프로그램에서 사용할 변수의 자료형을 선언하면 기억공간이 할당되어 자료 값을 저장할 수 있다. 자바의 자료형에는 기본 자료형과 참조 자료형이 있다.

1.2.1 기본 자료형

기본 자료형은 자바 언어 시스템에서 제공하는 기본적인 자료형으로 java.lang 패키지에서 선언한 클래스를 기본으로 하는데, 자료를 나타내는 값의 유형으로 숫자형, 문자형, 논리형이 있다. 숫자 값을 나타내는 자료형에는 정수형과 실수형이 있다.

(1) 정수형

정수형은 정수 값을 나타내는 자료형으로 자바에서는 정수 값의 크기에 따라 byte, short, int, long형이 있고 부호 없는 정수형은 지원하지 않는다. [표 1.1]은 각 자료형이 나타낼 수 있는 값의 범위를 보여주고 있다. 특정한 자료형으로 선언한 변수가 자료형이 나타낼 수 있는 값의 범위를 벗어나지 않도록, 변수를 선언할 때 자료형을 적절하게 선택하여 선언해야 한다.

[표 1.1]에서 비트(bit) 크기는 자료형의 값을 나타내기 위해 사용하는 비트의 수를 말한다. 비트 크기가 클수록 자료형에서 나타낼 수 있는 값의 범위가 커지게 된다.

[표 1.1] 정수형의 크기

자료형	비트 크기	값의 범위
byte	8bit	-128 ~ 127
short	16bit	-32768 ~ 32767
int	32bit	-2147483648 ~ 2147483647
long	64bit	-9223372036854775808 ~ 9223372036854775807

byte나 short형의 자료는 주로 값을 저장하기 위한 자료형이고, 아주 큰 값을 갖는 복잡한 계산을 위해 사용하는 자료형은 아니다.

int형은 -2147483648부터 +2147483647사이의 값을 저장할 수 있으므로 이 범위를 벗어나는 정수 값을 저장하려면 long형을 사용해야 한다.

(2) 실수형(부동 소수점형)

실수형은 부동소수점 표현법으로 정밀도에 따라 float와 double형이 있다. 자바에서는 IEEE 754 규약에 따라 실수를 표현하고 연산을 수행한다. 정밀도란 숫자의 정확성을 나타내는 척도로 소수점 이하 몇 자리까지 표현하느냐를 나타낸다. float형은 32비트로 실수 값을 표현하고 double형은 64비트로 실수 값을 표현한다.

(3) 문자형

문자를 나타내는 자료형은 char로 16비트 유니코드를 사용하여 문자를 정의한다. 유니코드란 IBM, 마이크로소프트 등에 의해 만들어진 코드로, 2바이트(16비트)로 한 문자를 표현하여 전 세계의 모든 문자를 나타내는 것을 목표로 하는 코드 체계를 말한다. 유니코드의 값이 문자를 나타내는 값이 되고 char형과 정수 유형은 상호 유형 변환(type casting)이 가능하여 수식에서 문자형은 int형으로 변환하여 계산한다.

(4) 논리형

논리형은 boolean형으로 true 혹은 false 값을 갖고 다른 기본 유형으로 형을 변환할 수 없다. C나 C++ 같은 언어에서처럼 1과 0같은 숫자 값을 가질 수 없다.

어떤 자료 값을 갖는 변수를 사용하려면 먼저 변수가 정수, 실수, 문자, 논리 등 어떤 유형의 값을 갖는 자료인지 확인하고, 값의 유형에 맞는 자료형으로 변수를 선언하고 변수에 초깃값을 설정한 후에 변수를 사용할 수 있다.

자바에서 클래스의 멤버변수일 경우, 멤버변수의 초깃값을 설정하지 않아도 멤버변수의 자료형에 맞는 기본 값으로 초깃값이 자동으로 설정된다. 즉, 숫자일 경우 0이나 0.0, 문자일 경우 ", 참조형일 경우 null 값으로 초기화한다. 그러나 멤버변수가 아닌 지역변수일 경우 반드시 초깃값을 설정한 후 사용해야 한다.

● 예제 1-1 ●   UseDataType.java

```java
public class UseDataType {
  public static void main(String[] args) {
    short num1 = 300;
    int num2 = 300000;
    long num3 = 3000000000L, num4;
    float num5 = 3.5f;
    boolean bl = true;
    char ch1 = 'a', ch2;
    num4 = num3 * 2;
    ch2 = (char)(ch1 + 2);
    String msg = "자료형 출력 예제";
    System.out.println("*** 다양한 자료 출력");
    System.out.println("num1 = "+num1);
    System.out.println("num2 = "+num2);
    System.out.println("num3 = "+num3);
    System.out.println("num4 = "+num4);
    System.out.println("num5 = "+num5);
    System.out.println("bl = "+bl);
    System.out.println("ch1 = "+ch1);
    System.out.println("ch2 = "+ch2);
    System.out.println("msg = "+msg);
  }
}
```

```
실행 결과

*** 다양한 자료 출력
num1 = 300
num2 = 300000
num3 = 3000000000
num4 = 6000000000
num5 = 3.5
bl = true
ch1 = a
ch2 = c
msg = 자료형 출력 예제
```

1.2.2 참조형

참조형이란 객체를 가리키는 형으로 배열, 클래스, 인터페이스가 있다. 참조형의 변수를 선언한 경우 변수의 초깃값은 null이고, 어떤 객체도 가리키지 않는 상태를 말한다. 메서드 안에 지역 변수로 선언된 객체 참조 변수의 경우, 초깃값을 설정하고 사용해야 한다.

(1) 배열

배열은 같은 형의 자료를 여러 개 저장할 수 있는 자료형으로 순서가 있는 원소들의 모임이다. 배열의 원소로는 기본 자료형과 참조형을 가진 자료가 올 수 있다.
자바에서는 배열도 객체로 취급한다.
배열을 선언하는 형식은 다음과 같다.

형식
자료형 배열이름[ ];
자료형[ ] 배열이름;

배열 원소의 자료형을 먼저 기술하고 배열이름을 기술한다. 배열을 나타내는 []은 자료형 바로 뒤에 기술하거나 배열이름 뒤에 기술할 수 있다.

선언 예
```
int intArray1[];
char[] charArray;
```

자바에서 배열은 객체로 취급하므로 new 연산자를 사용해서 배열을 생성하거나, 배열에 초깃값을 주면서 생성할 수 있다.

배열 생성 예
```
intArray1 = new int[3];
charArray = new char[5];
int[] intArray2 = {1,2,3,4,5,6};
```

intArray1은 정수형 배열로 총 3개의 원소를 갖는다. 각 원소는 [] 안에 첨자로 구분하고 배열의 첫 번째 원소를 나타내는 첨자는 0부터 시작하고 마지막은 원소수-1에 해당하는 값이다. intArray1 정수형 배열의 경우, 원소는 intArray1[0], intArray1[1], intArray1[2]이다. intArray1 배열을 생성했을 때 세 개의 원소를 저장하는 기억공간을 할당받고 초깃값은 0이 자동으로 들어간다.

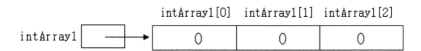

charArry는 문자 값을 갖는 문자형 배열이고 5개의 원소를 가질 수 있고 각 원소의 초깃값은 ' '을 갖는다.
intArray2도 정수형 배열인데 배열의 원소는 6개이고 각 원소의 값은 1부터 6까지이다. 즉 1, 2, 3, 4, 5, 6이란 값을 갖는 정수형 배열이다. intArray2의 경우, 배열을 생성하면서 배열의 각 원소에 1, 2, 3, 4, 5, 6이라는 값을 지정한다.

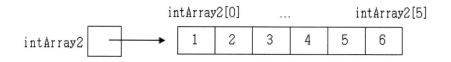

(2) 클래스

클래스는 객체를 나타내는 참조형으로, 정의한 클래스 이름은 자료형처럼 사용하여 객체를 나타내는 참조변수를 선언할 수 있다. 참조변수는 객체의 위치정보(reference)를 갖고 있는 변수이다.

> **형식**
> [수정자] class 클래스이름 {
>   // 멤버변수 선언
>   // 생성자
>   // 메서드
> }

맨 앞에 있는 수정자(modifier)는 생략할 수 있고 class라는 키워드를 명시하여 클래스를 나타내고 class 뒤에 클래스 이름을 기술한다.

(3) 인터페이스

인터페이스는 상수와 메서드(함수) 원형을 갖는 참조형이다. 인터페이스 객체는 바로 생성할 수 없고 인터페이스를 구현하는 클래스를 작성하여 객체를 생성할 수 있다. 인터페이스는 클래스와는 달리 선언한 메서드에 대해 명령문이 없는 메서드의 모임으로, 실행 코드가 없는 메서드(추상 메서드)에 대해 선언한다. 인터페이스에서 선언한 메서드는 새로운 클래스를 정의하면서 클래스 안에서 구현한다.

자바 8부터 상수 없이 하나의 메서드만 갖는 인터페이스(함수형 인터페이스)의 경우, 인터페이스를 구현하는 클래스를 작성하지 않고 인터페이스 객체를 생성하면서 인터페이스의 메서드를 람다식(lambda expression)으로 작성할 수 있다. 람다식은 10.6절에 자세하게 나와 있다.

객체 지향 프로그래밍

자바는 객체 지향 프로그래밍(object oriented programming) 언어로 객체를 생성하여 프로그램을 작성하게 된다. 객체 지향 프로그래밍이란 실세계의 객체를 모델로 사용해 객체라는 작은 단위로 모든 것을 처리하도록 기술하는 프로그래밍 방법이다. 실세계의 모든 객체는 어떤 특성을 가진 유형으로 표현하고 각각의 객체는 자신이 속한 유형을 적절하게 기술해 주어야 한다. 객체 지향 언어에서 이러한 객체를 나타내는 유형을 객체 자료형(object type) 혹은 클래스라 한다.

자바에서 실세계의 객체를 표현하기 위해 클래스를 사용하는데, 클래스는 객체의 구조와 행위를 정의하는 방법으로 자바 프로그램의 기본 단위가 된다. 자바에서 모든 객체는 클래스를 사용해서 정의하는데, 이러한 클래스는 객체를 표현하는 설계도 혹은 틀이다. 객체의 유형을 표현하는 하나 이상의 클래스들을 정의하면서 자바 프로그램을 작성한다.

클래스는 객체를 표현하기 위한 틀로 객체의 특성을 나타내는 자료 부분(필드)과 객체의 행위를 나타내는 메서드(함수)로 구성되어 있다. 객체의 특성을 나타내는 자료는 자료를 저장하는 변수를 선언하여 정의하고 이를 멤버변수라 하고, 정의한 멤버변수를 사용하여 어떤 기능을 수행하는 것을 메서드라 한다. 실제의 값을 가진 객체는 객체를 나타내는 클래스의 인스턴스(실체)이고 객체를 나타내는 변수(참조 변수)이다. 하나 이상의 클래스로 자바 프로그램을 구성하기 때문에 먼저 클래스를 만들어야 한다.

클래스를 작성하는 기본 형식은 다음과 같다.

형식

```
[수정자] class 클래스 이름 {
   // 멤버변수 선언
   // 생성자
   // 메서드
}
```

1. 맨 앞에 있는 수정자(modifier)는 생략 가능한 것이고 자바 프로그램을 작성할 때 public이라는 수정자가 붙은 클래스를 정의한다.
2. class는 클래스를 작성할 때 사용하는 키워드이고 클래스를 정의하기 위해 반드시 명시해야 한다.
3. "클래스 이름"은 사용자가 정의할 수 있는 클래스를 나타내는 명칭으로, 보통 자신이 정의하고자 하는 실세계의 객체의 이름을 사용하여 정의한다. 자바에서는 대소문자를 구별하므로 정확하게 만들어야 한다.
4. 클래스의 시작과 끝을 나타내기 위해 "{" 와 "}"를 사용한다.
5. 클래스에서 사용할 멤버변수를 선언하고 메서드를 작성한다. 특별히 클래스 이름과 동일한 이름의 메서드를 생성자라 한다.

클래스를 정의할 때 클래스 수정자(modifier)를 지정하는데, 클래스 수정자에는 public, final, abstract가 있다. 다른 패키지에서 사용할 수 있도록 클래스를 개방할 경우 public으로 지정한다. 패키지는 상호 관련 있는 클래스 파일들을 모아놓은 것이다. 새로운 클래스를 만들 때 이미 만들어진 클래스로부터 새로운 서브(확장) 클래스를 만들 수 있는데 final로 지정된 클래스는 서브 클래스를 만들 수 없는 클래스이다. 추상 클래스는 추상(abstract) 메서드를 포함하거나 abstract를 수정자로 지정한 클래스로, 객체를 직접 생성할 수 없고 추상 클래스를 확장한 서브 클래스를 만들어 서브 클래스 안에 추상 메서드를 구현한 후 서브 클래스의 객체를 생성할 수 있다. 클래스를 추상 클래스로 정의할 때 수정자는 abstract로 지정한다. 추상 메서드는 실행할 명령문이 없고 원형만 있는 메서드이다.

```java
public class Student {
  String name;    // 이름
  int    no;      // 학번
  String depart;  // 학과
  public void studying(String str) { /* ... */ }    // 공부하는 것
  public void exercising() { /* ... */ }            // 운동하는 것
}
```

1.3.1 객체 생성

클래스는 실세계의 객체를 대표하는 유형을 나타내는 것이고 실제의 값을 갖는 객체를 사용하기 위해서 객체를 생성해야 한다. 클래스를 정의하면 클래스 타입을 갖는 객체를 선언하고 생성할 수 있다.

예를 들어 Student 클래스 타입을 갖는 학생 객체 st1과 st2를 선언하는 방법은 다음과 같다.

```
Student st1, st2;
```

일반적인 변수를 선언하듯이 객체를 선언한다. 실제로 자료와 메서드를 갖는 객체를 만들려면 객체를 생성해야 하는데 new 연산자를 사용하고 Student()라는 생성자를 호출하여 객체를 생성하게 된다. 생성자는 클래스 이름과 동일한 이름을 갖는 메서드이다.

```
st1 = new Student();
st2 = new Student();
```

객체를 생성하는 방법은 위에서처럼 객체를 선언한 후 new를 사용하여 객체를 생성하는 방법이 있고 다음과 같이 한 문장으로 바로 생성할 수도 있다.

```
Student st1 = new Student();
Student st2 = new Student();
```

st1과 st2라는 객체를 선언함과 동시에 생성하는 것이다.

st1이라는 객체를 생성하면 st1은 Student 클래스이므로 Student 클래스에서 선언한 멤버변수들을 저장할 수 있는 기억공간을 할당받고 Student 클래스에서 정의한 누 개의 메서드를 호출하여 사용할 수 있나.

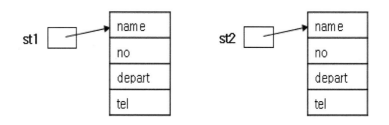

[그림 1.1] 객체 생성 후 멤버변수 기억공간 할당

1.3.2 메서드

메서드는 객체의 행위(연산)를 나타내는 것으로 객체와 관련된 특정한 기능을 수행하는 것이다. 메서드는 특정한 행위를 처리하는 명령문들을 포함하는 함수이다. 객체는 메서드 호출을 통해 객체와 관련된 작업을 수행할 수 있다. 메서드는 클래스를 만들때 객체와 관련된 연산이나 어떤 처리 기능을 수행하는 함수이다. 메서드를 작성하는 기본 형식은 다음과 같다.

형식

```
[자격자] 복귀형 메서드이름(매개변수목록) {
    // 변수선언
    // 문장
}
```

메서드 작성 예

```
public class Student {
  String name;        // 이름
  int    no;          // 학번
  String depart;      // 학과

  public void studying(String str) {
    System.out.println("수강과목: "+str);  }
}
```

메서드를 작성할 때 먼저 메서드의 자격자(qualifier)를 선택적으로 지정하고 복귀형
(return type)을 지정한다. 자격자는 메서드의 부가적인 속성을 나타내는 것으로 접근
수정자, static, final 등이 있다.

접근 수정자는 다른 클래스에서 메서드의 접근 허용 정도를 나타내는 부분으로 메서
드에 접근하는 것을 제어할 수 있다. public, protected, private가 있고 생략했을 경
우 package-private이고 같은 패키지 내에서만 접근할 수 있다. 패키지는 상호 관련
있는 클래스 파일들을 모아놓은 것이다. private인 경우 자신을 선언한 클래스에서만
사용가능하고, protected인 경우는 자신을 선언한 클래스와 그 클래스의 서브 클래스
및 같은 패키지 내에서 사용가능하고, public인 경우는 자신을 선언한 클래스와 서브
클래스 및 다른 모든 클래스에서 접근하여 사용할 수 있다. 서브(확장) 클래스는 기존
에 있는 클래스의 정보를 그대로 상속받아 만든 클래스이다.

다음 그림에서 클래스에서 선언한 멤버변수나 메서드를 사용하는 접근 허용 범위를
알 수 있다. private은 선언한 클래스 안에서만 사용가능해서 접근 허용 범위가 가장
좁고, public은 가장 넓은 범위에서 사용 가능하다.

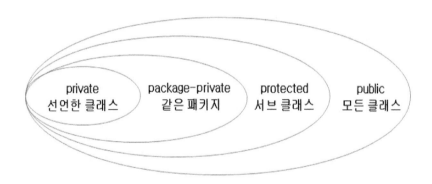

복귀형은 메서드를 수행한 후 계산된 결과를 돌려줄 경우 반환하는 값의 자료형을 말
한다. 복귀형 뒤에 메서드 이름을 기술하는데 메서드 이름의 첫 글자는 일반적으로
소문자를 사용한다.

메서드에서 매개변수가 필요하면 public void studying(String str)처럼 수괄호 ( )
안에 사료형(String)과 매개변수이름(str)을 넣고, 만일 매개변수가 여러 개일 경우 콤
마(,)로 구분하여 나열한다.

메서드의 복귀형은 함수의 복귀형과 같은 것으로 함수를 계산하고 결과 값을 돌려줄

때 결과 값의 자료형을 의미한다. 예를 들면, 결과 값이 숫자이면 int, long, float, double 등을 사용하고, 문자이면 char, 문자열이면 String을 사용한다. 만일, 메서드를 수행한 후 반환하는 값이 없는 경우에는 void로 명시한다.

studying() 메서드의 경우 수강하는 과목을 출력하는 메서드로 수강하는 과목을 매개변수 str에 받아서 과목 이름을 출력한다.

메서드 작성 예
```
public int computeSum(int no) {  // ...  }
public static void staticMethod(int num, double avg) { // ...  }
```

1.3.3 생성자

클래스 이름과 동일한 이름을 갖는 메서드를 생성자(constructor)라 부르며 객체를 생성할 때 자동으로 호출한다. 생성자는 객체를 생성할 때 객체 멤버변수에 초깃값을 지정하는 특수한 메서드로, 사용자가 직접 호출하지 않아도 객체를 생성할 때 자동으로 호출한다. 만약 패키지 외부에서 생성자를 호출할 필요가 있는 경우 접근수정자로 public을 지정해야 한다. 일반 메서드와는 달리 new 연산자를 사용해서 객체를 생성할 때 생성자를 자동으로 호출하여 실행한다.

```
class Student {
  // ...
  Student(String name, int no, String dept)  { // 세 개의 매개변수
    this.name = name;  // 멤버 변수 값 초기화
    this.no = no;
    depart = dept;     // 매개변수와 이름이 다른 경우 this 생략가능
  }
}
```

일반 메서드를 만들듯이 생성자를 기술할 수 있는데 일반 메서드와 다른 차이점은 반환하는 복귀형이 없고 메서드 이름은 클래스 이름과 같다는 것이다. 객체를 생성하면

서 매개변수에 전달받은 값을 멤버변수에 대입해 멤버변수를 초기화시킨다. this는 호출한 객체를 가리키고 멤버변수와 매개변수이름이 같은 경우 서로 구별하기 위해 this를 붙인다.

클래스를 정의할 때 생성자는 생략가능하고, 생성자를 생략한 경우 매개변수가 없고 명령문이 없는 기본 생성자를 컴파일러가 자동으로 생성한다.

```
Student() { }  // 명령문이 없는 기본 생성자
```

다음 예제는 Student 객체 st를 생성하면서 전달된 값으로 멤버변수를 초기화하고 각 멤버변수를 출력하는 프로그램이다. this는 호출한 객체 즉 st를 의미한다.

● 예제 1-2 ●　　　Student.java

```java
public class Student {
  String name;     // 이름
  int no;          // 학번
  String depart;   // 학과
  Student(String name, int no, String dept) { // 멤버 변수 값 초기화
    this.name = name;
    this.no = no;
    depart = dept; // 매개변수와 이름이 다른 경우 this 생략가능
  }
  public void studying(String str) {
    System.out.println("수강과목: "+str);
  }
  public static void main(String[] args) {
    Student st = new Student("강수진", 2023001, "컴퓨터공학과");
    System.out.println("이름: "+st.name);
    System.out.println("학번: "+st.no);
    System.out.println("학과: "+st.depart);
    st.studying("자료구조");
  }
}
```

실행 결과

이름: 강수진
학번: 2023001
학과: 컴퓨터공학과
수강과목: 자료구조

1.3.4 다형성

객체 지향 언어의 특성 중 하나가 다형성(polymorphism)이다. 다형성은 적용하는 객체에 따라 메서드의 의미가 달라지는 것으로, 같은 이름의 메서드가 여러 개 존재할 수 있는 것을 말한다. 메서드의 이름은 같으나 매개변수의 자료형이 다르거나 매개변수의 개수가 다른 메서드를 사용하여 다양한 기능을 제공한다. 자료형이 다르거나 개수가 다른 매개변수를 갖는 동일한 이름의 메서드가 여러 개 존재하는 것을 메서드 중복(overloading)이라 한다. 새로운 클래스를 만들 때 슈퍼 클래스에서 메서드를 상속받으면서 서브 클래스에서 동일한 메서드를 재정의(overriding)하는 경우도 있다.

다음 예제는 두 정수와 두 실수의 합을 구하는 메서드를 computeSum()이라는 동일한 이름으로 작성해 호출하고 합을 출력하는 프로그램이다.

● 예제 1-3 ●　　MethodOverloading.java

```java
public class MethodOverloading {
  int sum;
  double sumdbl;

  public int computeSum(int x, int y) {
    sum = x + y;
    return sum;
  }
  public double computeSum(double x, double y) {
    sumdbl = x + y;
```

```
        return sumdbl;
    }
public static void main(String[] args) {
    MethodOverloading obj = new MethodOverloading();
    System.out.println("두 정수의 합 = "+obj.computeSum(10, 20));
    System.out.println("두 실수의 합 = "+obj.computeSum(5.2, 20.5));
  }
}
```

실행 결과

```
두 정수의 합 = 30
두 실수의 합 = 25.7
```

computeSum()이라는 메서드를 정의하여 정수와 실수의 합을 구하는데 두 메서드의 이름이 같으므로 main() 메서드에서 호출할 때 매개변수의 자료형으로 서로 구분하여 호출하게 된다.

computeSum(10, 20)의 경우 정수형 합을 구하는 첫 번째 computeSum(int x, int y) 메서드를 호출하는 것이고, computeSum(5.2, 20.5)은 실수의 합을 구하는 두 번째 computeSum(double x, double y) 메서드를 호출하는 것이다.

1.3.5 상속

클래스는 자바 프로그램의 기본 단위이고 실세계의 객체를 그대로 모델링하여 프로그램을 작성하게 된다. 자바와 같은 객체 지향 언어에서는 이미 만들어진 클래스를 기반으로 자료나 메서드를 확장하여 새로운 클래스를 만들 수 있는데 이를 서브 클래스 혹은 확장 클래스라 한다. 확장하는데 기본이 된 클래스를 슈퍼 클래스라 한다. 서브 클래스는 슈퍼 클래스에서 선언한 자료나 메서드를 그대로 상속받아 자신의 클래스에서 사용할 수 있다.

이미 만들어진 클래스로부터 자료나 메서드를 상속받아 서브 클래스를 만들 경우 재

사용성을 높일 수 있고 대형 프로젝트를 수행할 때 아주 유용한 방법이다.

자바 프로그램을 작성하면서 여러 가지 클래스들을 구상할 때, 그 중에 연관 있는 클래스들을 모아 클래스들 중에서 공통적으로 필요한 정보를 슈퍼 클래스로 만든다. 슈퍼 클래스에 서로 다른 정보를 추가하여 서브 클래스를 만들 수 있는데 슈퍼 클래스의 정보를 서브 클래스에서 그대로 상속받아 사용할 수 있다. 슈퍼 클래스의 정보를 별도로 정의하지 않아도 서브 클래스에서 사용가능하므로 보다 효율적으로 프로그램을 작성할 수 있다.

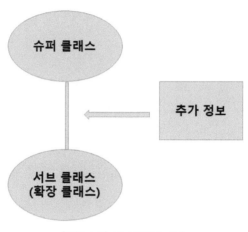

[그림 1.2] 서브 클래스 상속

기존의 슈퍼 클래스에서 서브 클래스를 작성하는 형식은 다음과 같다.

형식
```
class 서브 클래스 이름 extends 슈퍼 클래스 이름 {
   // 멤버변수 선언
   // 생성자
   // 메서드
}
```

보통의 클래스를 생성할 때처럼 class 키워드 뒤에 서브 클래스 이름을 기술하고, extends 키워드 뒤에 슈퍼 클래스 이름을 기술한 후, 중괄호 { } 안에 일반 클래스를 생성하듯 멤버변수를 선언하고, 생성자를 만들고 메서드들을 작성한다.

사용 예

```
class SuperClass {
  int a, b;
  void method1(){
    //...
  }
}
class SubClass extends SuperClass {
  int x, y;
  void method2(){
    //...
  }
}
```

SuperClass에서 정수형 멤버변수 a와 b를 선언하고 있고 method1() 메서드를 정의하고 있다. SubClass는 SuperClass로부터 확장하여 만들어진 클래스로 자신이 선언한 멤버변수 x와 y외에 상속받은 a와 b, 총 네 개의 정수형 멤버변수를 사용할 수 있고, 자신이 정의한 메서드인 method2() 외에 슈퍼 클래스로부터 상속받은 method1() 등 총 2개의 메서드를 사용할 수 있다.

1.4 소프트웨어 개발

프로그램은 정확하고 올바르게 작성해야 하는데, 대형 소프트웨어 시스템을 정확하고 효율적으로 개발하고 개발된 소프트웨어를 효과적으로 관리하기 위해서 다양한 소프트웨어 공학 방법론을 사용한다.

소프트웨어 생명주기(life cycle)는 소프트웨어가 생성되면서부터 소멸하기까지 변환하는 과정이다.

1.4.1 소프트웨어 생명주기

소프트웨어는 [그림 1.3]에서처럼 여섯 단계를 거치는데 이 단계를 소프트웨어 생명
주기라 한다.

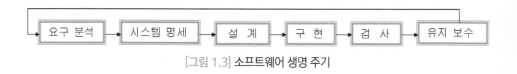

[그림 1.3] 소프트웨어 생명 주기

(1) 요구분석(requirements analysis)

소프트웨어 시스템을 구축하려면 맨 먼저 요구사항을 분석하는 과정이 필요하다.
사용자의 요구사항을 바탕으로 문제를 해결하기 위한 해답이 될 수 있는 요건을 정의
한다. 요구사항 분석을 통해 가장 최선의 해결 방법에 필요한 제약조건들 사이의 장
단점과 문제점을 이해하게 된다. 요구사항 분석 과정에서 필수적인 요건과 선택적인
요건을 구별해 놓는다. 이런 여러 가지 문제점에 대해 분석하고 해결 방법을 고려한
후에 요구 명세서를 작성하게 된다. 요구 명세서는 문제 해결을 위한 명세의 기초가
되는 것이다.
요구사항을 분석하는 것이 소프트웨어 시스템의 필요성과 문제에 대한 해결 방법의
요건을 결정하는 과정이다.

(2) 시스템명세

시스템명세(system specification)는 시스템이 무엇을 수행해야 하는지 정의하는 것
으로 입출력에 대한 것과 알고리즘에 관련된 것으로 기능적인 명세를 통해 정의한다.
소프트웨어의 기능에 관한 것, 입력과 처리 및 출력에 대해 명세 하는 것이다. 소프트
웨어의 입력 자료와 자료를 처리하는 과정은 무엇인지, 자료 처리 결과로 출력되는
것은 무엇인지 정의한다. 시스템명세는 시스템이 "무엇(what)을 하는 것"인지 명세
하는 것으로 "어떻게(how) 하느냐"를 기술하는 것은 아니다.

(3) 설계

시스템명세를 통해 기능이 정의되면 다음 단계에서는 기능을 수행할 소프트웨어 시스템의 전체적 알고리즘을 설계하는 것이다. 알고리즘이란 특정한 업무를 수행하는 일련의 명령문을 말한다. 설계 방법에는 하향식 설계(top-down design)와 상향식 설계(bottom-up design)가 있다.

하향식 설계는 단계별 세분화(stepwise refinement)라 하는데, 전체적인 윤곽부터 그린 후 세부적으로 수행할 내용을 세분화시키면서 구체적인 단계가 될 때까지 작업을 수행하는 것이다. 하향식 설계는 하나의 큰 문제를 여러 개의 작은 문제로 분해하여 작은 문제들을 독립적으로 처리할 수 있도록 작성해 전체 문제를 해결하는 것으로, 전 단계에서 정의한 "무엇"이 "어떻게"로 변화하는 과정이다.

상향식 설계는 기존에 개발되어진 것들 중 재사용해 나가면서 전체 문제를 해결하는 설계 방법으로, 만일 재사용할 것이 없으면 주요 구성 요소를 찾아 설계한 후 설계한 요소들을 결합하여 전체 문제를 해결하는 알고리즘으로 변환하는 방법이다. 상향식 설계 방법은 명세를 변경하거나 재사용에 유연하게 대처할 수 있어 관심의 대상이 되고 있다.

설계 단계에서 나오는 알고리즘은 컴퓨터에서 바로 동작하는 프로그래밍 언어로 기술하지 않고 어떤 중간 형태의 추상적인 알고리즘 언어로 표현한다.

(4) 구현

구현(implementation)은 전 단계에서 설계한 알고리즘을 구체적인 프로그래밍 언어로 변환하는 것 즉 코딩하는 것이다. 구조화 프로그래밍(structured programming)과 모듈러 프로그래밍(modular programming) 기법이 프로그램을 구현하는 기본 원칙이 된다. 구조화 프로그래밍은 배정문, 조건문, 반복문만을 사용해 프로그램을 작성하는 것이고, 모듈러 프로그래밍은 전체 프로그램을 여러 개의 모듈로 나눠 계층 구조의 형태를 갖도록 프로그램을 작성하는 것이다. 모듈은 하나의 기능을 수행하는 부프로그램(subprogram)으로 하나의 입구와 하나의 출구를 갖는 특성이 있다. 객체지향 언어에서는 클래스를 컴포넌트화하여 프로그래밍 작업을 수행한다. 사바에서 사용하는 모듈은 자바 9부터 사용하는 개념으로 여러 관련된 패키지, 클래스 및 리소스를 모아서 표시하는 것으로 모듈 디스크립터 파일(module-info.java)을 사용하여 정의한다.

(5) 검사

구현한 시스템은 검사 과정을 거치게 된다. 검사 단계는 복잡하고 시간을 많이 소요하는 과정이다. 검사는 소프트웨어에 포함된 오류를 찾는 것으로 단위 검사(unit test), 통합 검사(integration test), 시스템 검사의 세단계로 나누어 수행한다. 단위 검사는 모듈 검사라 하는데 각 모듈별로 자료를 넣어 올바른지 검사한다. 통합 검사는 여러 개의 요소들을 통합하여 검사하는 것으로 모듈 검사에서 누락된 오류를 발견하기도 한다. 시스템 검사는 완성된 전체 시스템이 기능적 명세에 따라 올바르게 작동하는지 검사하는 것이다. 검사를 통해 합격한 소프트웨어가 반드시 오류가 없는 것은 아니므로 검사는 소프트웨어의 정확성을 보장하는 것이 아니다. 소프트웨어가 주어진 명세대로 동작하는 것을 보장하려면 프로그램을 증명(verification)해야 하는데 이 방법은 수학적 이론에 기초하여 수행하기 어렵고 많은 시간을 소요하므로 대부분 소프트웨어 검사로 대체하고 있다.

(6) 유지 보수

완성된 소프트웨어 시스템을 사용하기 시작한 이후부터 일어나는 모든 활동은 유지 보수(maintenance) 단계에 속한다. 유지 보수는 검사 단계에서 발견하지 못한 오류를 나중에 수정하는 경우나 소프트웨어가 설계될 때의 환경과 다르게 변환된 경우, 시스템의 성능 향상이나 사용자의 추가 요구사항에 따라 소프트웨어를 갱신하는 경우에 수행하는 작업이다. 소프트웨어 유지 보수에 드는 비용이 경우에 따라서 초기 개발비보다 더 많이 들어가는 경우도 있어 유지 보수를 위해 현명한 대책을 간구해야 한다.

1.4.2 소프트웨어 공학 방법론

소프트웨어를 개발하는 환경이나 기술이 발전하면서 다양한 소프트웨어 공학 방법론을 사용하는데, 폭포수 모델, 점진적 모델, 오픈 소스 개발 빙법, 애자일 빙법론 등이 있다.

(1) 폭포수 모델

폭포수 모델은 전통적으로 사용하던 방법으로, 소프트웨어를 개발할 때, 요구 분석, 프로그램 설계, 프로그램 구현, 테스팅의 과정을 순차적으로 정확하게 거치는 방법이다. 소프트웨어 개발의 흐름이 마치 폭포수처럼 아래로 향하는 것처럼 보여서 폭포수 모델이라 한다.

(2) 점진적 모델

점진적 모델은 복잡하고 큰 규모의 소프트웨어를 개발할 때 처음에는 간단한 기능을 갖는 시스템을 개발한 후 점진적으로 기능을 증가시키는 방법이다. 간단한 시스템을 먼저 개발한 후 사용자로부터 테스트를 거친 후 새로운 가능을 추가하여 전체 소프트웨어를 완성한다.

(3) 오픈 소스 개발 방법

오픈 소스 개발은 무료 공개 소프트웨어를 개발하는 방식으로, 소프트웨어의 소스 코드를 공개한 후 많은 개발자들이 오류를 고쳐 수정하고 기능을 추가하면서 소프트웨어를 개발하는 방식이다.

(4) 애자일 방법론

애자일 방법은 시시각각 변화가 많은 비즈니스 환경에 맞추어 폭포수 모델의 순서에 구애받지 않고 자유롭게 개발하는 방식이다. 계획에 따라 개발하는 과거의 방법론과는 다르게 일정한 주기를 가지고 끊임없이 프로토타입(prototype)을 만들어내며, 고객과 소통하여 필요한 요구사항을 추가하고 수정하면서 소프트웨어를 개발하는 방법이다.

애자일의 대표적 방법인 익스트림 프로그래밍(XP: Extreme Programming)은 10명 이하의 소규모 개발팀으로 단시일에 소프트웨어 시스템을 개발한 후 수시로 발생하는 고객의 새로운 요구사항을 만족시키며 발전시켜 나가는 방식이다.

- 자바는 1991년 선 마이크로시스템즈(Sun Microsystems)에서 개발한 객체 지향 언어 (Object Oriented Language)이다.
- 자료형은 자료 객체가 갖는 값의 유형으로 숫자형, 문자형, 논리형, 참조형 등이 있다.
- 자바의 자료형에는 기본 자료형과 참조 자료형이 있다.
- 기본 자료형은 자바 언어 시스템에서 제공하는 기본적인 자료형으로, 숫자형, 문자형, 논리형이 있다. 숫자 값을 나타내는 자료형에는 정수형과 실수형이 있다.
- 정수형은 정수 값을 나타내는 자료형으로 정수 값의 크기에 따라 byte, short, int, long형이 있고, 실수형은 부동소수점 표현법으로 정밀도에 따라 float와 double형 이 있다.
- 문자를 나타내는 자료형은 char로 16비트 유니코드를 사용하여 문자를 정의하고, 논리형은 boolean형으로 true 혹은 false 값을 갖고 다른 기본 유형으로 형을 변환할 수 없다.
- 참조형은 객체를 가리키는 형으로 배열, 클래스, 인터페이스가 있다. 참조형의 변수를 선언한 경우 변수의 초깃값은 null이고, 어떤 객체도 가리키지 않는 상태를 말한다.
- 배열은 같은 형의 자료를 여러 개 저장할 수 있는 자료형으로 순서가 있는 원소들의 모임이다.
- 배열의 원소로는 기본 자료형과 참조형을 가진 자료가 올 수 있고, 자바에서는 배열 도 객체로 취급한다.
- 자바에서 배열은 new 연산자를 사용해서 배열을 생성하거나, 배열에 초깃값을 주면 서 생성할 수 있다.
- 클래스는 객체를 나타내는 참조형으로, 정의한 클래스 이름은 자료형처럼 사용하여 객체를 나타내는 참조변수를 선언할 수 있다. 참조변수는 객체의 위치정보(reference)를 갖고 있는 변수이다.
- 클래스는 객체를 표현하기 위한 틀로 객체의 특성을 나타내는 자료 부분(필드)과 객체의 행위를 나타내는 메서드(함수)로 구성되어 있다.

- 객체의 특성을 나타내는 자료는 멤버변수라 하고, 정의한 멤버변수를 사용하여 어떤 기능을 수행하는 것을 메서드라 한다.
- 실제의 값을 가진 객체는 객체를 나타내는 클래스의 인스턴스(실체)이고 객체를 나타 내는 참조 변수이다.
- 자료와 메서드를 갖는 객체를 만들려면 객체를 생성해야 하고, new 연산자를 사용한다.
- 클래스 이름과 동일한 이름을 갖는 메서드를 생성자(constructor)라 부르며 객체를 생성할 때 자동으로 호출한다.
- 인터페이스는 상수와 메서드(함수) 원형을 갖는 참조형이다.
- 인터페이스 객체는 바로 생성할 수 없고 인터페이스를 구현하는 클래스를 작성하여 객체를 생성할 수 있다.
- 자바 8부터 상수 없이 하나의 메서드만 갖는 인터페이스(함수형 인터페이스)의 경우, 인터페이스를 구현하는 클래스를 작성하지 않고 인터페이스 객체를 생성하면서 인터 페이스의 메서드를 람다식(lambda expression)으로 작성할 수 있다.
- 다형성이란 적용하는 객체에 따라 메서드의 의미가 달라지는 것으로, 같은 이름의 메 서드가 여러 개 존재할 수 있는 것을 말한다.
- 자바와 같은 객체 지향 언어에서는 이미 만들어진 클래스를 기반으로 자료나 메서드 를 상속받아 새로운 클래스를 만들 수 있는데 이를 서브 클래스 혹은 확장 클래스라 한다. 상속하는데 기본이 된 클래스를 슈퍼 클래스라 한다.
- 서브 클래스는 슈퍼 클래스에서 선언한 자료나 메서드를 그대로 상속받아 자신의 클 래스에서 사용할 수 있다.
- 소프트웨어 생명주기(life cycle)는 소프트웨어가 생성되면서부터 소멸하기까지 변환 하는 과정이다.
- 소프트웨어를 개발하는 환경이나 기술이 발전하면서 폭포수 모델, 접진적 모델, 오픈 소스 개발 방법, 애자일 방법론 등 다양한 소프트웨어 공학 방법론을 사용한다.

연습문제

1 자바에서 사용하는 기본 자료형에 대해 설명하시오.

2 자바에서 사용하는 참조형에는 어떤 것이 있는가?

3 클래스란 무엇인가? 클래스를 선언하는 방법과 객체를 생성하는 방법을 예를 들어 설명하시오.

4 생성자란? 메서드와의 차이점을 설명하시오.

5 다형성이란 무엇인가?

6 객체 지향 언어에서 클래스 상속 방법을 예를 들어 설명하시오.

7 소프트웨어 생명 주기란 무엇인가?

8 소프트웨어를 개발할 때, 소프트웨어 공학 방법론에는 어떤 방법들이 있는지 기술하시오.

2
CHAPTER

알고리즘과 자료 구조 성능

컴퓨터를 이용하여 여러 가지 문제를 해결하고 자료를 처리하기 위해서는 컴퓨터가 자료를 다룰 수 있도록 각 자료를 적절하게 표현해 주어야 한다. 자료 구조는 처리할 자료들 사이에 관계를 고려하여 컴퓨터 내부에 표현하는 방법들을 총칭하는 말이다. 여러 종류의 자료를 효율적으로 다루고 수정할 수 있어야 하고, 자료를 사용 용도에 맞게 보관하고 관리하도록 자료 구조를 만들어야 한다.

자료 구조는 현실 세계의 실제 자료들의 관계를 그대로 반영할 수 있어야 하고 필요할 때 자료를 효율적으로 처리할 수 있도록 간단하고 명료하게 표현해야 한다. 자료 구조로 표현된 자료를 처리하는 절차들의 모임을 알고리즘(algorithm)이라 한다.

알고리즘은 특정한 문제를 해결하기 위해 기술한 일련의 명령문이다. 컴퓨터로 문제를 해결하기 위해서는 효율적인 알고리즘을 만들어야 문제를 효과적으로 해결할 수 있다.

알고리즘을 작성한 후 컴퓨터에서 처리하여 실행할 수 있는 특정한 프로그래밍 언어로 알고리즘을 표현하는데 이것을 프로그램이라 한다. 알고리즘과 프로그램은 표현만 다르지 본질적으로 같은 기능을 수행하는 것이므로 혼용하는 경우도 있다.

2.1 알고리즘

알고리즘은 문제 해결을 위한 방법과 절차를 단계적으로 서술한 일련의 명령문이다. 보통 알고리즘은 흐름도(flow chart)로 표현할 수 있다. 알고리즘에는 숫자뿐만 아니라 기호(symbol) 자료도 처리하는 다양한 명령문들을 포함하고 있다. 일련의 명령문들이 알고리즘이 되기 위한 조건이 있다.

1. 알고리즘은 외부에서 제공하는 0개 이상의 입력이 존재해야 한다.
2. 알고리즘은 최소한 하나이상의 출력 결과를 생성해야 한다.
3. 알고리즘은 수행할 단계와 순서를 완전하고 명확하게 명세해야 한다. 각 명령어가 명확하고 애매모호하지 않아야 한다.

4. 알고리즘은 유한한 단계를 거친 후 반드시 종료해야 한다.
5. 모든 명령어는 효율적으로 실행 가능해야 한다.

알고리즘과 프로그램의 차이점은 알고리즘의 경우, 유한한 단계를 거친 후에 반드시 종료해야 하는데 프로그램의 경우 무한히 실행할 수 있다는 것이다. 예로서 운영체제의 경우 시스템이 멈추는 경우를 제외하고 계속 수행한다.

알고리즘을 서술하는 도구는 특별히 정형화된 것은 없고 일반적으로 다음과 같이 구분한다.

(1) 자연어

알고리즘은 자연어를 통해 문제 해결 방법을 서술할 수 있다. 자연어로 표기할 경우 쉽게 작성할 수 있고 이해하기 쉬운 점도 있지만 표현이 부정확하여 알고리즘의 신뢰성을 보장할 수 없다.

(2) 흐름도

흐름도는 알고리즘을 서술할 때 자주 사용하는 도구로 문제 해결방법과 절차를 일목요연하게 표현할 수 있다. 흐름도는 복잡한 문제를 표현할 경우, 세부적인 단계까지 서술했을 때 전체 흐름이나 내용을 제대로 표현하지 못하는 경우도 있다.

(3) 의사 언어

알고리즘을 표현할 때 프로그래밍 언어가 아닌 의사 언어(pseudo language)를 사용하는데 특정 컴퓨터와 독립적으로 표현하여 알고리즘의 특성을 잘 살려서 표현할 수 있는 도구이다.

알고리즘 작성

알고리즘을 작성할 때 문제를 해결하기 위한 전체적인 윤곽을 먼저 잡은 후 수행할
내용을 세분화시키면서 구체적인 단계가 될 때까지 작업을 수행하는 방법을 단계적
세분화라 한다. 단계적 세분화를 통한 하향식 방법으로 알고리즘을 작성하면 프로그
래밍 언어로 쉽게 코딩할 수 있다.

알고리즘을 작성하여 문제를 해결할 경우 특정 부분을 반복적으로 수행해야 할 경우
도 있다. 순환적인 특성을 고려하여 반복적으로 처리해야 할 부분은 재귀(recursion)
알고리즘을 사용해서 구현할 수 있다. 재귀는 컴퓨터에서 가장 많이 활용하는 개념
중의 하나로, 어떤 개념을 정의할 때 정의하려는 개념 자체를 그 정의 속에 포함시켜
정의하는 것이다.

재귀는 다른 방법으로 풀기 어려운 문제를 간단하면서 세련되게 해결할 수 있게 한다.
재귀적인 방법으로 알고리즘을 표현하면 간결하게 표현할 수 있지만 컴퓨터에서 실
행할 때 반드시 효율적이라 할 수 없고 알고리즘을 분석해서 효율성을 입증할 수 있
다. 재귀 알고리즘으로 작성할 경우 문제 크기를 줄이면서 알고리즘이 종료할 수 있
도록 알고리즘을 기술해야 한다.

[문제 1] n! 계산하기

입력: n을 입력받는다.
처리: 1부터 n까지의 정수를 곱한다.
출력: 곱한 값을 출력한다.

[단계적 세분화]
입력: read n
처리: fac = 1 * 2 * .... * n
출력: print fac

[반복적인 방법으로 작성]

```
int computeFac(int n)
{ int fac = 1;                // 곱할 때 초깃값은 1로 지정
  for (int i = 2; i <= n; i++)
      fac = fac * i;          // fac *= i;
  return fac;
}
```

재귀적인 방법으로 작성할 때 재귀 호출을 종료하는 조건이 들어가야 하고 n 사이즈를 줄이면서 재귀 호출을 종료하는 조건에 도달하도록 작성해야한다.

n!을 계산할 때 1! = 1이고 n! = n * (n-1)!이므로 '처리' 부분을 세분화해서 다시 작성한다.

```
n이 1일 때, fac = 1
n이 1이 아닌 경우, fac = n * (n-1)!
```

[재귀적인 방법으로 작성]

```
int recFac(int n)
{  if (n==1)      // n이 1일 때 재귀 호출 종료
     return 1;    // 1! = 1
   else           // 재귀 호출
     return(n * recFac(n-1));  // n! = n * (n-1)!
}
```

n이 1일 때 1을 반환해 재귀 호출을 종료하고, n이 1이 아닌 경우 n 사이즈를 1 감소하여 n * recFac(n-1)을 반환하면서 재귀적으로 호출한다.

예제 2-1은 n을 입력받아 반복적인 방법과 재귀적인 방법으로 n!을 계산해 출력하는 프로그램이다. Scanner 클래스를 사용해 자료를 입력받고 Scanner 클래스는 10장에 자세하게 기술되어 있다.

```java
import java.util.Scanner;
public class AlgoritmFac  {
  // 반복적인 방법으로 작성
  int computeFac(int n)
  { int fac = 1;            // 곱할 때 초깃값은 1로 지정
    for (int i = 2; i <= n; i++)
        fac = fac * i;    // fac *= i;
    return fac;
  }
  // 재귀적인 방법으로 작성
  int recFac(int n)
  { if (n == 1)            // n이 1일 때 재귀 호출 종료
        return 1;          // 1! = 1
    else                   // 재귀 호출
        return(n * recFac(n-1));    // n! = n * (n-1)!
  }
  public static void main (String args[])
  { Scanner scanner = new Scanner(System.in);
    AlgoritmFac obj = new AlgoritmFac();
    System.out.print("곱을 구할 수 입력: ");
    int n = scanner.nextInt();
    int fac = obj.computeFac(n);  // 반복적인 방법으로 계산
    int rfac = obj.recFac(n);     // 재귀적인 방법으로 계산
    System.out.println("반복적인 방법 Fac = "+fac);
    System.out.println("재귀적인 방법 Fac = "+rfac);
    scanner.close();
  }
}
```

실행 결과

```
곱을 구할 수 입력: 7
반복적인 방법 Fac = 5040
재귀적인 방법 Fac = 5040
```

[문제 2] 1부터 n까지의 정수의 합 계산하기

입력: n을 입력받는다.

처리: 1부터 n까지의 정수를 더한다.

출력: 더한 값을 출력한다.

[단계적세분화]

입력: read n

처리: sum = 1 + 2 + ... + n

출력: print sum

[반복적인 방법으로 작성]

```
int computeSum(int n)
 { int sum = 0;                 // 합할 때 초깃값은 0
   for (int i = 1; i <= n; i++)
      sum = sum + i;            // sum += i;
   return sum;
 }
```

재귀적인 방법으로 작성할 때 재귀 호출을 종료하는 조건을 명시해야 하고, n 사이즈를 줄여서 종료 조건에 도달하도록 해야 한다.

'처리' 부분을 세분화해서 다시 작성한다.


```
n이 1일 때, sum = 1
n이 1이 아닌 경우, sum = n + (n-1)까지의 합
```

[재귀적인 방법으로 작성]

```
int recSum(int n)
{  if (n==1)     // 재귀 호출 종료 조건 지정
     return 1;  // 1까지의 합은 1
   else           // 재귀 호출
     return (n + recSum(n - 1));  // n + (n-1)까지의 합
}
```

n이 1일 때 재귀 호출을 종료하는 조건이고 1을 반환하면서 재귀 호출을 끝나고, n이 1이 아닌 경우 n 사이즈를 1씩 감소하면서 n+recSum(n - 1)을 반환하면 원하는 결과 값을 얻을 수 있다.

예제 2-2는 n을 읽고 반복적인 방법과 재귀적인 방법으로 n까지의 합계를 구해 출력하는 프로그램이다.

● 예제 2-2 ● AlgoritmSum.java

```
import java.util.Scanner;
public class AlgoritmSum {
   // 반복적인 방법으로 작성
   int computeSum(int n)
   { int sum = 0;          // 합할 때 초깃값은 0
     for (int i = 1; i <= n; i++)
        sum = sum + i;   // sum += i;
     return sum;
   }
   // 재귀적인 방법으로 작성
   int recSum(int n)
   { if (n == 1)          // 종료 조건 지정
        return 1;
     else
        return (n + recSum(n - 1));   // n사이즈를 1감소하면서 재귀호출
   }
   public static void main (String args[])
```

```
{ Scanner scanner = new Scanner(System.in);
  AlgoritmSum obj = new AlgoritmSum();
  System.out.print("합을 구할 수 입력: ");
  int n = scanner.nextInt();          // n은 합을 구할 수
  int sum= obj.computeSum(n);         // 반복적인 방법 호출
  int rsum = obj.recSum(n);           // 재귀적인 방법 호출
  System.out.println("반복적인 방법 sum = "+sum);
  System.out.println("재귀적인 방법 sum = "+rsum);
  scanner.close();
}
}
```

실행 결과

합을 구할 수 입력: 7
반복적인 방법 sum = 28
재귀적인 방법 sum = 28

2.3 알고리즘 성능 분석

알고리즘의 성능을 분석하고 평가하는 일은 효율적인 알고리즘을 작성하기 위한 필수 과정이라 할 수 있다. 일반적으로 알고리즘은 다음과 같은 기준으로 평가하게 된다.

(1) 실행 시간: 시간 복잡도(time complexity)

실행 시간은 알고리즘을 구현한 프로그램을 컴퓨터에서 실행할 때 소요되는 CPU 시간이다.

(2) 기억공간: 공간 복잡도(space complexity)

알고리즘에 사용한 자료를 저장하는 기억공간의 양을 나타낸다.

(3) 정확성(correctness)

알고리즘이 주어진 입력에 대해 정확한 결과를 출력하는지 나타낸다. 정확성의 검증은 주로 수학적 귀납법을 사용한다.

(4) 간결성(simplicity)

알고리즘이 간단하고 판독하기 쉬운 정도를 나타낸다. 알고리즘의 간결성은 정확성 검증과 알고리즘의 작성과 수정을 용이하게 하므로 알고리즘의 효율성에 영향을 미친다.

(5) 최적성(optimality)

해결하려는 문제를 알고리즘이 최소의 비용으로 해결할 수 있는지 나타낸다.

2.3.1 시간 복잡도

알고리즘을 수행하는데 소요되는 시간은 알고리즘을 프로그램으로 작성하여 직접 실행한 후, 실행시간을 측정하는 방법을 생각할 수 있다. 이 경우 실행하는 하드웨어에 종속하게 되므로, 알고리즘을 수행하는데 필요한 시간을 계산할 때는 하드웨어에 독립적인 실행시간 추정치를 사용한다.

실행시간의 추정은 알고리즘을 실행한 연산의 빈도수로 추정한다. 빈도수를 추정할 때 기본적으로 포함하는 연산들은 제외하고 알고리즘 수행에 필요한 가장 중요한 연산만으로 실행시간을 추정한다. 예를 들면, 실행시간을 추정하기 위해, 행렬을 곱하는 문제일 경우 행렬을 곱하는 연산을 사용하고, 배열을 크기순으로 정렬하는 문제일 경우 두 숫자를 비교하는 연산을 사용한다.

시간 복잡도를 추정하는 방법은 여러 가지가 있는데 O(n)의 복잡도를 사용하여 시간 복잡도를 추정하는 방법을 많이 사용하고 있다.

[정의] O(Big-Oh)

f(n)과 g(n)이 실수 함수라고 가정할 때, 모든 $n \geq n_0$에 대해 f(n)≤c•g(n)을 만족하는

두 개의 양의 상수 c와 n_0가 존재하면, f(n)는 O(g(n))이라 한다.

(예1) f(n) = $3n^4 + n^2 - 10$ 이면 f(n) = O(n^4)

(예1) f(n) = $4n + 3\sqrt{n}$ 이면 f(n) = O(n)

(예3) f(n) = $n^3 + 2^n$ 이면 f(n) = O(2^n)

참고로 복잡도를 크기별로 나열하면 다음과 같다.

O(1) 〈 O(logn) 〈 O(n) 〈 O(nlogn) 〈 O(n^2) 〈 O(n^3) 〈 O(2^n) 〈 O(n!)

[문제 3] 정수의 두 행렬 a와 b 곱하기

입력: a의 행의 수 n과 열의 수 m을 입력받고, a와 b 행렬의 초깃값을 설정한다.

처리: 두 행렬을 곱해 c 행렬을 계산한다.

출력: c 행렬을 출력한다.

[단계적 세분화]

입력: read n, m

  n×m 행렬 a와 m×n 행렬 b 값은 난수로 설정

처리: 0 〈= i 〈 n, 0 〈= j 〈 n에 대해서 c[i][j] 계산

  c[i][j] = a[i][0]*b[0][j]+a[i][1]*[1][j]+ ... +a[i][m-1]*b[m-1][j]

출력: print c

누 행렬을 곱할 때, a의 열의 수와 b의 행의 수가 같아야 두 행렬을 곱할 수 있으므로
a가 n×m 행렬이면 b는 m×n 행렬이고 곱한 결과 c 행렬은 n×n 행렬이 된다.

[두 행렬의 곱을 계산하는 방법]

```
void mulMatrix()
{ for (int i = 0; i < n; i++)        // i는 c의 행
    for (int j = 0; j < n; j++)     // j는 c의 열
    { c[i][j] = 0;                  // 생략 가능
      for (int k = 0; k < m; k++)
          c[i][j] = c[i][j] + a[i][k] * b[k][j];
    }
}
```

중요한 연산인 c[i][j] = c[i][j] + a[i][k] * b[k][j]; 문장이 삼중 반복문 안에서 계산되므로 $O(n^3)$ 시간 복잡도를 갖는다.

예제 2-3은 a와 b 두 행렬의 곱을 계산하는 예제로 계산할 행렬 a의 행의 수와 열의 수를 입력한 후 난수로 두 행렬 값을 생성하고 두 행렬을 곱해서 결과를 출력하는 프로그램이다.

● 예제 2-3 ●　　　UseMatrix.java

```
import java.util.Random;
import java.util.Scanner;
class Matrix
{ int[][] a = new int[10][10];
  int[][] b = new int[10][10];
  int[][] c = new int[10][10];
  int n, m;       // n은 a 행렬의 행, m은 a 행렬의 열
  void init() {   // 자료 생성
    Random r = new Random();
    for (int i = 0; i < n; i++)      // n은 행, m은 열
      for (int j = 0; j < m; j++)    // 임의의 값 생성
      { a[i][j] = (int)(r.nextDouble() * 100);   // 0부터 99까지 정수
        b[j][i] = r.nextInt(100);                // 0부터 99까지 정수
      }
  }
```

```java
  void mulMatrix()                    // 행렬의 곱 계산
  { for (int i = 0; i < n; i++)        // c의 행
      for (int j = 0; j < n; j++)     // c의 열
      { // c[i][j] = 0;  배열 생성 시 초깃값 0으로 자동 설정됨.
        for (int k = 0; k < m; k++)
            c[i][j] = c[i][j] + a[i][k] * b[k][j];
      }
  }
  void display(int ar[][], int n, int m)   // 행렬 출력
  { for (int i = 0; i < n; i++)              // n은 행, m은 열
    { for (int j = 0; j < m; j++)
        System.out.print(ar[i][j]+"\t");
      System.out.println();
    }
   System.out.println();
  }
 }
public class UseMatrix{
  public static void main(String args[])
   { Matrix obj = new Matrix();
     Scanner scanner = new Scanner(System.in);
     System.out.print("행과 열의 크기 입력: ");
     obj.n = scanner.nextInt();
     obj.m = scanner.nextInt();
     obj.init();        // 난수로 a, b 행렬 초깃값 설정
     System.out.println("*** a 행렬 ");
     obj.display(obj.a, obj.n, obj.m);  // a 행렬 출력
     System.out.println("*** b 행렬 ");
     obj.display(obj.b, obj.m, obj.n);  // b 행렬 출력
     obj.mulMatrix();  // 두 행렬의 곱 계산
     System.out.println("*** a와 b의 곱 ");
     obj.display(obj.c, obj.n, obj.n);  // c 행렬 출력
    }
 }
```

```
실행 결과

행과 열의 크기 입력: 3 4
*** a 행렬
77          48          64          93
90          17          95          84
64          51          97          94

*** b 행렬
38          42          83
29          23          61
68          8           14
42          31          26

*** a와 b의 곱
12576       7733        12633
13901       7535        12021
14455       7551        12225
```

2.3.2 공간 복잡도

알고리즘을 수행하는데 필요한 공간은 고정적인 부분과 가변적으로 필요한 부분으로 구분할 수 있다. 알고리즘의 공간 복잡도를 추정할 때 고정적으로 필요한 공간은 무시하고 가변적으로 필요한 공간을 계산하여 공간 복잡도를 표시한다.

고정적인 공간은 알고리즘의 입출력 자료와 상관없이 필요한 공간으로 명령어를 저장하는 공간이나 단순 변수를 저장하는 공간이나 고정된 크기의 복합 자료 구조 변수나 상수를 위한 공간이다.

가변적으로 필요한 공간은 해결하려는 문제의 특정한 입력에 의존하는 변수들을 저장하는 공간으로 메서드를 재귀적인 방법으로 정의할 때 필요한 부가적인 공간도 포함한다.

하드웨어 가격의 하락으로 기억장소가 별다른 제약을 받지 않아서 알고리즘 성능을 평가할 때는 공간 복잡도보다 시간 복잡도에 더 중점을 두고 있다.

요 약

- 자료 구조는 처리할 자료들 사이에 관계를 고려하여 컴퓨터 내부에 표현하는 방법들을 총칭하는 말이다.
- 자료 구조로 표현된 자료를 처리하는 절차들의 모임을 알고리즘(algorithm)이라 한다.
- 알고리즘은 특정한 문제를 해결하기 위해 기술한 일련의 명령문이다.
- 컴퓨터로 문제를 해결하기 위해서는 효율적인 알고리즘을 만들어야 문제를 효과적으로 해결할 수 있다.
- 일련의 명령문들이 알고리즘이 되기 위한 다섯 가지 조건이 있다.

   1. 알고리즘은 외부에서 제공하는 0개 이상의 입력이 존재해야 한다.

   2. 알고리즘은 최소한 하나이상의 출력 결과를 생성해야 한다.

   3. 알고리즘은 수행할 단계와 순서를 완전하고 명확하게 명세해야 한다. 각 명령어가 명확하고 애매모호하지 않아야 한다.

   4. 알고리즘은 유한한 단계를 거친 후 반드시 종료해야 한다.

   5. 모든 명령어는 효율적으로 실행 가능해야 한다.
- 알고리즘을 서술하는 도구에는 자연어, 흐름도, 의사 언어가 있다.
- 재귀(recursion)는 컴퓨터에서 가장 많이 활용하는 개념 중의 하나로, 어떤 개념을 정의할 때, 정의하려는 개념 자체를 정의 속에 포함시켜 정의하는 것이다.
- 재귀는 다른 방법으로 풀기 어려운 문제를 간단하면서 세련되게 해결할 수 있게 한다.
- 알고리즘의 성능을 분석하고 평가하는 일은 효율적인 알고리즘을 작성하기 위한 필수 과정이라 할 수 있다. 시간 복잡도(time complexity), 공간 복잡도(space complexity) 등의 기준으로 평가한다.
- 시간 복잡도는 실행 시간을 추정하는 것이고 알고리즘을 구현한 프로그램을 컴퓨터에서 실행할 때 소요되는 CPU 시간이다.
- 실행시간의 추정은 알고리즘을 실행한 연산의 빈도수로 추정한다. 빈도수를 추정할 때 기본적으로 포함하는 연산들은 제외하고 알고리즘 수행에 필요한 가장 중요한 연산만으로 실행시간을 추정한다.

- 시간 복잡도를 추정하는 방법은 여러 가지가 있는데 $O(n)$의 복잡도를 사용한다.
- 공간 복잡도는 알고리즘에 사용한 자료를 저장하는 기억공간의 양을 나타낸다.
- 하드웨어 가격의 하락으로 기억장소가 별다른 제약을 받지 않아서 알고리즘 성능을 평가할 때는 공간 복잡도보다 시간 복잡도에 더 중점을 두고 있다.

연습문제

1 자료 구조는 무엇인가?

2 명령문이 알고리즘이 되기 위한 조건은 무엇인가?

3 알고리즘을 서술하는 도구에는 어떤 것이 있는가?

4 2의 배수의 합을 계산하는 반복적인 방법과 재귀적인 방법을 작성하고 계산한 결과를 출력하는 프로그램을 작성하시오.

5 알고리즘의 성능을 분석하는 기준은 무엇인가?

6 시간 복잡도를 추정할 때 사용하는 방법을 설명하시오.

3
CHAPTER

순차 자료 구조

컴퓨터에서 동일한 성질을 갖는 많은 자료를 처리할 때 각 자료를 별도의 변수로 선언하는 것 보다 여러 가지 자료를 하나의 묶음으로 취급하면 자료들을 더 효율적으로 처리할 수 있다. 자료를 하나의 묶음으로 취급하면 순차적인 자료 구조를 갖게 되고, 순차적으로 자료를 표현하면 자료의 전후 서순이 분명하고 임의의 원소에 대해 접근할 수 있다. 순차적으로 표현한 자료에 원소의 삽입과 삭제가 가능하고 순차적으로 표현한 자료를 분할할 수 있고 서로 다른 순차 자료들을 합병할 수도 있다.

순차 자료를 표현하는 가장 간단한 방법은 배열(array)을 사용하는 것이다. 배열은 동질의 많은 자료를 저장할 수 있는 자료 구조이다.

3.1 배열

배열은 같은 형의 자료를 여러 개 저장할 수 있는 자료형으로 순서가 있는 원소들의 모임이다. 배열의 원소로는 기본 자료형과 참조형을 가진 자료가 올 수 있다. 자바에서는 배열도 객체로 취급한다.

3.1.1 배열의 생성

배열을 생성하려면 배열의 각 원소의 자료형을 고려하여 배열을 선언해야 한다. 배열을 선언하는 형식은 다음과 같다.

선언 예
```
int intArray1[];
int[] intArray2;
char[] charArray;
```

자바에서 배열은 객체로 취급하므로 new 연산자를 사용해서 배열을 생성한다.

배열 생성 예

intArray1 = new int[3];

intArray1은 정수형 배열로 총 3개의 원소를 갖는다. 각 원소는 [] 안에 첨자로 구분하고 배열의 첫 번째 원소를 나타내는 첨자는 0부터 시작하고 마지막은 원소수-1에 해당하는 값이다. intArray1 정수형 배열의 경우, 원소는 intArray1[0], intArray1[1], intArray1[2]이다. intArray1 배열을 생성했을 때 세 개의 원소를 저장하는 기억공간을 할당받고 초깃값은 0을 갖는다.

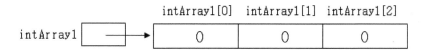

리스트 L = (1, 2, 3, 4, 5, 6)을 자바의 배열로 표현하면 다음과 같이 작성할 수 있다. 배열의 각 원소의 값을 1부터 6까지 초기화하면서 배열을 생성하게 된다.

배열 생성 예

int[] L = {1, 2, 3, 4, 5, 6};

L은 정수형 배열인데 배열의 원소는 6개이고 각 원소의 값은 1부터 6까지이다. 즉 1, 2, 3, 4, 5, 6이란 값을 갖는 정수형 배열이다. L 배열 생성문을 실행하면 배열을 생성하면서 각 원소의 값을 저장하여, 다음 배정문을 실행한 것과 같은 의미를 갖는 배열 생성 구문이 된다.

```
L[0] = 1;
L[1] = 2;
L[2] = 3;
L[3] = 4;
L[4] = 5;
L[5] = 6;
```

배열을 생성할 때 배열의 자료형을 먼저 선언한 다음 new 연산자를 사용하여 다음과 같이 생성할 수 있다.

```
int[] month;
month = new int[12];
```

다른 생성 방법은 선언과 동시에 배열을 생성하는데 다음과 같이 한 문장으로 배열을 생성할 수 있다.

```
int[] month = new int[12];
```

배열의 원소 수를 [] 안에 표시하는데 month 배열의 총 원소 수는 12개이고, 첫 번째 원소는 month[0]이고, 마지막 원소는 month[11]이다. 배열의 원소를 나타내는 첨자는 0부터 시작하고, 마지막은 원소수-1에 해당하는 값이다.

자바에서 배열의 크기를 나타내는 length 멤버변수(필드)가 있고, 배열의 크기는 배열이름.length로 나타낸다.

예제 3-1은 Object로 배열을 생성해 정수와 문자를 갖게 하고 각 배열의 값을 출력하는 프로그램이다. Object는 자바의 최상위 클래스로 기본 자료형 뿐만 아니라 객체 등 모든 종류의 값을 저장할 수 있다.

● 예제 3-1 ●   UseArrayList1.java

```java
import java.util.Arrays;
public class UseArrayList1 {
    static void print(Object[] ob)    // 배열 출력
    { for (int i = 0; i < ob.length; i++)
          System.out.print(ob[i]+" ");
      System.out.println();
    }
    public static void main(String[] args) {
      Object[] a = new Object[3];
      for (int i = 0; i < a.length; i++)
          a[i] = i * 3;    // 각 요소에 첨자(i)*3 저장
      Object[] b = {'a','b','c','d','f'};
      System.out.print("정수 array : ");
      print(a);   // 배열 a 출력, static일 경우 객체 생성 없이 호출 가능
      System.out.print("문자 array : ");
      print(b);   // 배열 b 출력, static일 경우 객체 생성 없이 호출 가능
      System.out.println("a 배열: "+Arrays.toString(a)); // [0, 3, 6]
      System.out.println("b 배열: "+Arrays.toString(b)); // [a, b, c, d, f]
    }
}
```

실행 결과

```
정수 array : 0 3 6
문자 array : a b c d f
a 배열: [0, 3, 6]
b 배열: [a, b, c, d, f]
```

Object 배열 a는 원소 3개를 갖고, 배열을 생성했을 때 배열의 원소는 a[0]부터 a[2]까지이고 초깃값은 모두 null인데, 배정문을 수행한 후 배열 원소는 0, 3, 6의 값을 갖는다.

Object 배열 b는 원소 5개를 갖고 배열을 생성하면서 초깃값을 배정한다. 각 배열의 원소는 b[0]부터 b[4]까지이고 'a'부터 'f'까지의 값을 갖는다.

a와 b 배열은 print() 메서드를 호출해서 출력하고, static void print(Object[] ob, int length)처럼 print() 메서드를 static으로 지정하면, main() 메서드에서 객체를 생성하지 않고 바로 호출할 수 있다.

배열 원소를 [ ] 형태로 출력하기 위해 Arrays.toString(배열이름) 메서드를 출력문에 사용한다. Arrays 클래스가 java.util 패키지에 들어 있어 java.util.Arrays를 import하고, 출력문에 Arrays.toString(a)를 사용하면 배열 a의 각 원소를 [ ] 안에 넣어서 [0, 3, 6] 형태로 출력한다.

예제 3-2 프로그램은 배열 a와 배열 b의 각 원소를 더하여 배열 c에 저장하고 print() 메서드를 호출하여 각 배열의 원소를 출력한다. 배열 a, b, c는 정수형의 원소 5개를 갖는다. 세 개의 배열을 print() 메서드에서 배열 이름을 표시하면서 출력하기 위해, 실인수로 배열이름을 전달해 ch 매개변수에서 받아 출력한다.

● 예제 3-2 ●　　　UseArrayList2.java

```java
public class UseArrayList2 {
  static void print(int[] ar, char ch)     // ch에 배열이름 전달함.
  {
    for (int i = 0; i < ar.length; i++)    // 배열의 각 원소 출력
      System.out.println(ch+"["+i+"] = "+ar[i]);
    System.out.println();
  }

  public static void main(String[] args) {
    int[] a = new int[5];
    int b[] = {0, 1, 5, 7, 9};
    int c[] = new int[5];
```

```
    for (int i = 0; i < a.length; i++)
    { a[i] = i * i;              // a의 각 원소에 열*열(i*i) 저장
      c[i] = a[i] + b[i];        // c는 두 배열의 합
    }
    print(a, 'a');  // 배열 a 출력, static 메서드는 print()로 호출 가능함.
    print(b, 'b');  // 배열 b 출력, static 메서드는 print()로 호출 가능함.
    System.out.println("* 배열 a와 배열 b의 합 --- 배열 c");
    print(c, 'c');  // 배열 c 출력, static 메서드는 print()로 호출 가능함.
  }
}
```

실행 결과

```
a[0] = 0
a[1] = 1
a[2] = 4
a[3] = 9
a[4] = 16

b[0] = 0
b[1] = 1
b[2] = 5
b[3] = 7
b[4] = 9

* 배열 a 와 배열 b의 합 --- 배열 c
c[0] = 0
c[1] = 2
c[2] = 9
c[3] = 16
c[4] = 25
```

다음 예제는 람다식을 사용해 예제 3-2를 다시 작성한 프로그램이고 실행 결과는 예제 3-2와 동일하다. 람다식은 10.6절에 자세하게 나와 있다.

● 예제 3-3 ●　　LambdaUseArrayList2.java

```java
@FunctionalInterface
interface LambdaArray {    // 함수형 인터페이스 선언
    void print(int[] a, char ch);
}
public class LambdaUseArrayList2 {
  public static void main(String[] args) {
    int[] a = new int[5];
    int b[] = {0, 1, 5, 7, 9};
    int c[] = new int[5];
    for (int i = 0; i < a.length; i++)
    { a[i] = i * i;
      c[i] = a[i] + b[i];
    }
    LambdaArray la = (ar, ch) -> {  // 람다식으로 print() 메서드 작성
      for (int i = 0; i < ar.length; i++)
          System.out.println(ch+"["+i+"] = "+ar[i]);
      System.out.println();
    };
    la.print(a, 'a');    // print() 메서드 호출, a 배열 출력
    la.print(b, 'b');    // print() 메서드 호출, b 배열 출력
    System.out.println("* 배열 a 와 배열 b의 합 --- 배열 c");
    la.print(c, 'c');    // print() 메서드 호출, c 배열 출력
  }
}
```

상수 없이 하나의 print() 메서드를 갖는 함수형 인터페이스인 경우, print() 메서드를 구현하는 클래스를 별도로 작성하지 않고, 대신 람다식으로 메서드를 작성할 수 있다. LambdaArray la = (ar, ch) -> { }; 명령문으로 LambdaArray 객체 la를 생성한다. la 객체생성문 안에 (ar, ch) -> { } 람다식을 사용해 ( ) 안에 print() 메서드의 매개변수 ar와 ch를 선언하고, { } 안에 print() 메서드에서 실행할 문장들을 작성한다. la.print(a, 'a'); 명령문을 사용해 인터페이스 객체 la의 print() 메서드를 호출한다.

3.1.2 이차원 배열

자바에서는 하나 이상의 첨자를 갖는 다차원 배열을 사용할 수 있고, 이차원 배열의 생성 형식은 다음과 같다.

형식

자료형[][] 배열이름 = new 자료형[크기1][크기2];

이차원 배열을 생성할 때 크기1은 반드시 명시해야 하고 크기2는 프로그램 안에서 지정할 수도 있다.

사용 예

```
int[][] intArray = new int[3][3];
int intArray2[][] = new int[2][];
```

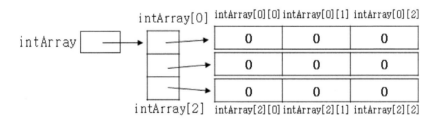

intArray의 경우는 3행 3열의 배열 원소를 생성하여 총 9개 원소를 저장할 수 있는 배열을 생성하면서 각 원소의 초깃값은 모두 0으로 설정된다.

intArray2의 경우 2행의 배열을 생성하고 열 수는 지정되지 않아 프로그램 안에서 총 배열 수를 설정한다.

intArray2 배열에 열을 지정하지 않았으므로 다음과 같이 작성하여 열의 수를 지정할 수 있다.

```
for (i = 0; i < intArray2.length; i++)
    intArray2[i] = new int[2];
```

intArray2의 경우 총 4개의 원소를 갖는 배열이고 초깃값은 모두 0으로 설정된다.

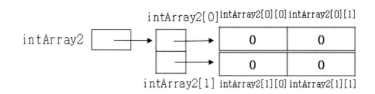

다음 예제는 이차원 배열의 원소 값을 출력하는 프로그램이다. 이차원일 때 a.length 는 배열의 행의 수이고, a[i].length는 i행의 열의 수이다.

● 예제 3-4 ●   UseArrayType.java

```java
public class UseArrayType {
  static void print(int[][] a, String name) {     // name에 배열이름 전달함.
    for (int i = 0; i < a.length; i++)              // 행
      for (int j = 0; j < a[i].length; j++)         // 열
        System.out.println(name+"["+i+"]["+j+"] = "+a[i][j]);
    System.out.println();
  }
  public static void main(String[] args) {
    int[][] intArray1 = new int[2][2];
    int[][] intArray2 = {{1, 2}, {3, 4}, {5, 6}};     // 3행 2열
    print(intArray1, "intArray1");      // intArray1 배열 출력
    print(intArray2, "intArray2");      // intArray2 배열 출력
    for (int i = 0; i < intArray1.length; i++)        // i는 행
      for (int j = 0; j < intArray1[i].length; j++)   // j는 열
        intArray1[i][j] = i * i;      // 각 행의 열을 행*행으로 변경
    print(intArray1, "intArray1");      // intArray1 배열 출력
  }
}
```

```
intArray1[0][0] = 0
intArray1[0][1] = 0
intArray1[1][0] = 0
intArray1[1][1] = 0

intArray2[0][0] = 1
intArray2[0][1] = 2
intArray2[1][0] = 3
intArray2[1][1] = 4
intArray2[2][0] = 5
intArray2[2][1] = 6

intArray1[0][0] = 0
intArray1[0][1] = 0
intArray1[1][0] = 1
intArray1[1][1] = 1
```

위 프로그램에서 intArray2 배열은 처음 생성할 때 다음과 같은 원소 값을 저장한다.

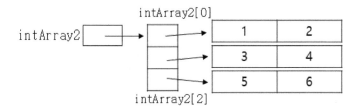

for 문에서 intArray1 배열의 원소 값을 변경하는데 intArray1[i][j] = i * i; 문장을 사용하여 각 행마다 행을 나타내는 변수 i를 곱한 값이 원소 값으로 들어간다. 즉 i가 0일 때 intArray1[0][0]과 intArray1[0][1]에는 0이 들어가고, i가 1일 때 intArray1[1][0]과 intArray1[1][1]에는 1이 들어간다.

print() 메서드를 호출하여 각 배열의 원소 값을 출력한다.

다음 예제는 함수형 인터페이스와 람다식을 사용해 예제 3-4를 다시 작성한 것으로 실행 결과는 동일하다. 람다식은 10.6절에 자세하게 나와 있다.

```java
@FunctionalInterface
interface LambdaInterface {    // 함수형 인터페이스 선언
    void print(int[][] a, String name);
}
public class LambdaUseArrayType {
    public static void main(String[] args) {
        int[][] intArray1 = new int[2][2];
        int[][] intArray2 = {{1, 2}, {3, 4}, {5, 6}};   // 3행 2열
        LambdaInterface li= (a, name) -> {
          for (int i = 0; i < a.length; i++)           // 행
            for (int j = 0; j < a[i].length; j++)      // 열
              System.out.println(name+"["+i+"]["+j+"] = "+a[i][j]);
            System.out.println();
          };
        li.print(intArray1,"intArray1");     // intArray1 배열 원소 출력
        li.print(intArray2,"intArray2");     // intArray2 배열 원소 출력
        for (int i = 0; i < intArray1.length; i++)
            for (int j = 0; j < intArray1[i].length; j++)
                intArray1[i][j] = i * i;
        li.print(intArray1,"intArray1");     // intArray1 배열 원소 출력
    }
}
```

상수없이 하나의 print() 메서드를 갖는 함수형 인터페이스인 경우, print() 메서드를 구현하는 클래스를 별도로 작성하지 않고, 대신 람다식으로 메서드를 작성할 수 있다. LambdaInterface li= ( ) -> { }; 명령문으로 LambdaInterface 객체 li를 생성한다. li 객체생성문 안에 (a, name) -> { } 람다식을 사용해 ( ) 안에 print() 메서드의 매개 변수 a와 name을 선언하고, { } 안에 print() 메서드에서 실행할 문장들을 작성한다. li.print(intArray1, "intArray1"); 명령문을 사용해 인터페이스 객체 li의 print() 메서드를 호출한다.

다양한 종류의 문제를 해결해야 하는 경우, 행과 열로 구성된 행렬을 많이 사용하고 있다. n개의 행과 m개의 열로 행렬을 구성할 때 n × m으로 표현한다. 행렬의 총 원소 수는 n * m개가 되고 n과 m이 같으면 정방 행렬(square matrix)이라 한다. 행렬의 원소는 행과 열로 나타내기 때문에 행렬 A는 이차원 배열 A로 표현할 수 있다. 행렬의 각 원소 A[i][j]는 i행의 j열을 나타내고 각 원소는 상대주소로 쉽게 접근가능 하다.

희소 행렬(Sparse Matrix)은 전체 원소 수에 비해 실제로 값을 사용하는 원소 수가 아주 적은 행렬이다. 희소 행렬을 기억장소에 표현할 때 기억장소를 절약하기 위해 행과 열에 대한 정보를 별도로 구성하는 것이 효과적이다. 희소 행렬의 원소는 이차원 배열의 희소 배열로 다시 표현할 수 있고, 행렬의 총 원소의 1/3 보다 작은 원소를 사용할 경우 희소 배열을 활용할 수 있다.

희소 행렬에서 값을 갖고 있는 각 원소를 〈행, 열, 값〉 순으로 희소 배열의 하나의 행에 표현한다. [그림 3.1]에서 0행 0열에 1이라는 값을 〈0, 0, 1〉로 나타내 희소 배열의 첫 행에서 표현하고 있다.

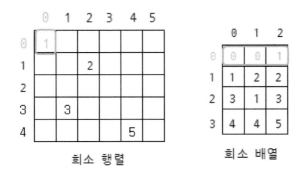

[그림 3.1] 희소 행렬과 희소 배열

다음 예제는 희소 행렬을 희소 배열로 바꾸어 출력하는 예제로 난수를 생성하여 희소 행렬의 원소 값을 지정한다. SparseMatrix의 멤버변수 size는 희소 행렬에서 0이 아닌 값을 갖는 원소의 총 수를 나타내는 것으로, 각 원소를 희소 배열의 행으로 생성하므로 희소 배열의 행의 수가 된다.

```java
import java.util.Random;
public class UseSparseMatrix{
 public static void main(String args[])
   { Random r = new Random();
     SparseMatrix obj = new SparseMatrix();
     int val = (int)(r.nextDouble() * 100); // 0~99 임의의 정수 생성
     obj.init(2, 3, val);                    // 희소 행렬의 2행 3열, val
     obj.init(5, 1, r.nextInt(100));   // 5행 1열, 0~99 임의의 정수
     obj.init(7, 0, r.nextInt(100));   // 7행 0열, 0~99 임의의 정수
     obj.init(8, 6, r.nextInt(100));   // 8행 6열, 0~99 임의의 정수
     System.out.println("*** 희소 행렬 ");
     int n = obj.a.length;
     obj.display(obj.a, n);   // a 희소 행렬 출력
     obj.MakeSparseArray();   // 희소 배열 만들기
     System.out.println("*** 희소 배열");
     obj.display(obj.b, obj.size);    // 희소 배열 출력
   }
}


class SparseMatrix
{ int[][] a = new int[10][10];     // 희소 행렬
  int[][] b = new int[10][3];      // 희소 배열
  int size = 0;                    // 희소 행렬의 행의 수
  void init(int x, int y, int z)   // x행 y열의 원소 값(z) 생성
  { a[x][y] = z;                   // x행 y열에 z값 대입
    size++;                        // 0이 아닌 값이므로 size 1증가
  }
  void MakeSparseArray()           // 희소 배열 생성
  { int k = 0;  // k는 희소 배열의 행
    for (int i = 0; i < 10; i++)   // i는 희소 행렬의 행
      for (int j = 0; j < 10; j++) // j는 희소 행렬의 열
        { if (a[i][j] != 0)   // <i, j, a[i][j]>: 희소배열 행의 열 값 설정
          { b[k][0] = i;
            b[k][1] = j;
            b[k][2] = a[i][j];
            k++;                    // 희소 배열의 행 1증가
          }
```

```
        }
    }
    void display(int a[][], int n)                // 행렬이나 배열 출력
    { for(int i = 0; i < n; i++)                  // i는 행
        { for(int j = 0; j < a[i].length; j++)    // j는 열
            System.out.print(a[i][j]+"\t");
          System.out.println();
        }
      System.out.println();
    }
}
```

실행 결과

```
*** 희소 행렬
0       0       0       0       0       0       0       0       0       0
0       0       0       0       0       0       0       0       0       0
0       0       0       92      0       0       0       0       0       0
0       0       0       0       0       0       0       0       0       0
0       0       0       0       0       0       0       0       0       0
0       2       0       0       0       0       0       0       0       0
0       0       0       0       0       0       0       0       0       0
33      0       0       0       0       0       0       0       0       0
0       0       0       0       0       0       33      0       0       0
0       0       0       0       0       0       0       0       0       0

*** 희소 배열
2       3       92
5       1       2
7       0       33
8       6       33
```

3.3 배열의 표현

기억장소는 논리적으로 일차원 배열의 구조로 구성되어 있다. 배열의 각 원소에 대해
접근하려면 기억장소의 어느 위치에 배열을 저장하는지 시작주소에서 각 원소의 상
대적인 주소를 계산하여 원소의 위치를 알 수 있다.

일차원 배열 L에서 각 원소를 저장하는데 필요한 셀의 크기가 s바이트일 때 i번째 놓인 원소의 물리적인 주소를 계산할 수 있다. 배열 L의 시작주소가 a일 때 L[i]의 주소는 a + i * s가 된다.

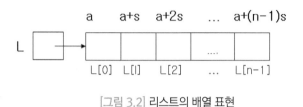

[그림 3.2] 리스트의 배열 표현

다차원 배열을 저장할 때 다음과 같이 두 가지로 표현할 수 있다.

(1) 행 우선순서(row major order)

행을 기준으로 배열을 순차적인 기억장소에 저장하는데 첫 번째 행부터 마지막 행까지 순서대로 저장한다.

(2) 열 우선순서(column major order)

열을 기준으로 배열을 순차적인 기억장소에 저장하는데 첫 번째 열부터 마지막 열까지 순서대로 저장한다.

C 언어나 자바의 경우 다차원 배열을 저장할 때 행 우선으로 저장한다.

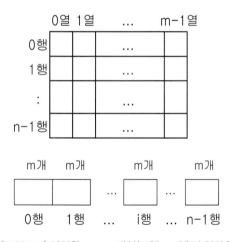

[그림 3.3] 이차원 n × m 배열(n 행, m 열)의 일차원 표현

이차원의 각 원소의 주소도 일차원과 유사한 방법으로 계산할 수 있다.
n×m 배열 L의 시작주소가 a이고, 각 원소를 저장하는데 필요한 셀의 크기가 s 바이트일 때, L[i][j]의 주소는 a + ((i * m) + j) * s 이다.

3.4   선형 리스트

리스트(list)는 단순히 원소들의 열(sequence)인데 원소들을 일렬로 정렬해 놓은 것이다. 선형 리스트(linear list) 혹은 순서 리스트(ordered list)는 순서를 가진 원소들의 열을 말한다. 리스트의 원소들은 나열된 대로 전후의 순서를 갖는 선형 리스트라 할 수 있다.

리스트는 일반적으로 $L = (e_1, e_2, \cdots e_n)$으로 표기한다. 리스트 이름은 L이고 각 e_i는 자료형이 같은 원소들이다. 첨자 i는 각 원소의 순서를 나타내고 리스트에 배열된 위치에 따른 순서를 나타낸다. 원소가 없는 리스트는 공백 리스트(empty list)이고, L = ( )로 표기한다.

선형 리스트를 표현하는 가장 간단한 방법은 배열을 사용하는 것이다. 배열은 같은 형의 자료를 여러 개 저장할 수 있는 자료형으로 순서가 있는 원소들의 모임이다. [그림 3.4]에서 리스트 원소들을 배열에 저장하는 것을 볼 수 있다. 리스트는 각 요소 e_i를 배열의 첨자에 따라 구분하여 배열의 각 원소들에 대응하게 한다.

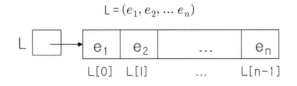

[그림 3.4] 배열을 사용한 리스트 L

다음 예제는 리스트 L = (1, 2, 3, 4, 5)를 배열 L로 표현한 것이다.

```java
import java.util.Arrays;
public class UseListArrayType {
  public static void main(String[] args) {
    int[] L = {1, 2, 3, 4, 5};
    System.out.print("L : ");
    for (int i = 0; i < L.length; i++)  // 배열 원소 출력
        System.out.print(L[i]+" ");
    System.out.println();
    System.out.println("L 배열: "+Arrays.toString(L)); // [1, 2, 3, 4, 5]
  }
}
```

실행 결과

```
L : 1 2 3 4 5
L 배열: [1, 2, 3, 4, 5]
```

L 배열은 정수형의 원소 5개를 갖는 것으로 배열을 생성하면서 초깃값을 배정한다. 각 배열의 원소는 L[0]부터 L[4]까지이고 1부터 5까지의 값을 갖는다. for 문을 사용하여 각 원소의 값을 출력하고, Arrays.toString(L) 메서드를 사용해 L 배열을 [1, 2, 3, 4, 5] 형태로 출력한다. Arrays.toString() 메서드를 사용하기 위해 java.util.Arrays 를 import한다.

배열을 사용한 선형 리스트의 경우 표현이 간단하고 원소의 접근이 빠르다는 장점이 있다. 반면 순차적으로 원소 값이 들어가고, 크기순으로 어떤 값을 배열의 원소로 삽입하는 경우 해당 원소 뒤에 있는 원소들을 한 자리씩 뒤로 이동해야 하고, 삭제할 경우는 한자리씩 앞으로 이동해야 한다. 어떤 원소를 삽입하거나 삭제할 때 다른 원소들의 위치를 이동해야 하므로, 삽입과 삭제가 어렵고 원소들의 위치 이동에 많은 시간을 소요한다.

원소의 위치를 이동하는 작업은 배열의 원소가 많을 경우 상당한 시간을 소요하고, 삽입할 원소를 고려하여 미리 여분의 공간을 확보해야 하므로 기억장소가 낭비되어 비효율적이라 할 수 있다.

선형 리스트에 원소를 삽입하고 삭제할 때 필요한 연산은 다음과 같다.

[리스트가 공백인지 검사하는 연산]

```java
public boolean isEmpty() {
    return no == -1;          // no가 -1일 때 공백 리스트
}
```

선형 리스트 배열에서 마지막 원소의 위치(첨자)를 나타내는 변수 no가 -1인 경우 공백(empty) 리스트이다. itemList는 리스트의 원소를 저장하는 배열이고, 각 원소는 크기에 따라 오름차순으로 저장한다.

[리스트에 원소를 삽입하는 연산]

```java
public void insert(int x) {  // 리스트에 x 삽입
  int pos = 0;                 // pos는 x를 삽입하는 위치, 초깃값은 0
  if (no == size-1)            // 리스트가 만원(full)인 경우 크기 확장함.
  { size += increment;              // 배열 크기 확장
    int[] tempArray = new int[size];  // 확장된 새로운 임시 배열 생성
    for(int i = 0; i <= no; i++)      // 임시 배열로 원소 이동
      tempArray[i] = itemList[i];
    itemList = tempArray;             // 임시 배열이 itemList가 됨.
  }
  if (no == -1)            // 공백 리스트일 경우
  { no++;
    itemList[no] = x;       // x를 no 위치에 삽입
  }
  else                     // 공백 리스트가 아닌 경우 삽입 위치 찾아 삽입함.
  { for(int i = 0; i <= no; i++)  // 크기 순서대로 삽입위치(pos) 검색
      if (x > itemList[i])        // 삽입할 x가 더 큰 경우
```

```
      pos = i+1;                 // pos는 다음위치 저장
  for(int i = no+1 ; i > pos; i--)     // 맨 뒤부터 pos+1까지 자료 이동
    itemList[i] = itemList[i-1];       // 뒤로 한자리씩 이동
  itemList[pos] = x;                   // 삽입 위치 pos에 원소 삽입
  no++;                    // 마지막 원소의 위치 1 증가
  }
}
```

원소를 리스트에 삽입할 경우 리스트가 만원(full)이면 삽입할 수 없으므로 배열의 크기를 확장해야 하고 확장된 배열에 원소 값을 저장하고, 이 배열을 선형 리스트로 사용한다. 특정 자료를 삽입할 때 첫 원소로 삽입하는 경우가 있고 중간에 삽입하는 경우도 있다. 각 경우 자료의 크기 순서대로 삽입할 위치를 찾은 후 삽입하는데, 중간에 삽입할 경우 뒤에서부터 기존 자료를 이동하고 삽입할 위치에 자료를 저장한다.

[리스트에 있는 원소를 삭제하는 연산]

```
public void delete(int x) {          // 매개변수 x 값 갖는 원소 삭제
  if (isEmpty())                     // 공백 리스트인 경우
    System.out.println("List Empty");
  else                               // 공백 리스트가 아닌 경우 삭제함.
  { int loc = -1;                    // loc는 삭제 위치, 초깃값은 -1
    for(int i = 0; i <= no; i++)     // 삭제 위치(loc) 검색
      if (x == itemList[i])          // 값이 같으면 첨자 i 저장
        loc = i;                     // loc에 삭제 위치 저장
    if (loc == -1)                   // 삭제할 원소가 없는 경우
      System.out.println("삭제할 원소 "+x +" 없습니다. \n");
    else                             // 삭제할 원소가 있는 경우
    { for(int i = loc ; i < no; i++)   // 앞으로 한자리씩 이동
        itemList[i] = itemList[i+1]; // loc 위치 원소 삭제
      no--;          // 삭제 후 마지막 원소의 위치 1 감소
    }
  }
}
```

특정 자료를 삭제할 경우는 선형 리스트가 공백인지 검사한 후 삭제 연산을 수행해야 한다. 리스트가 공백이 아닌 경우 삭제할 자료가 리스트에 존재하는지 검사한 후 자료를 삭제한다.

다음 예제는 선형 리스트에 원소의 크기 순서대로 특정 자료를 삽입하고, 자료를 삭제하는 프로그램이다.

● 예제 3-8 ●   UseLinearList.java

```java
class ArrayLinearList {
  private int no;          // 배열의 현재 원소 위치 나타내는 변수
  private int size;        // 배열의 크기
  private int increment;   // 배열의 확장 단위
  private int[] itemList;  // 원소 저장 배열
  public ArrayLinearList() { // 리스트 멤버변수 초기화
    no = -1;
    size = 50;
    increment = 10;
    itemList = new int[size];
  }
  public boolean isEmpty()  {
    return no == -1;          // 공백 리스트
  }
  public void insert(int x) { // 리스트에 x 삽입
    int pos = 0;              // pos는 x를 삽입하는 위치, 초깃값은 0
    if (no == size-1)        // 리스트가 만원(full)인 경우 크기 확장함.
    { size += increment;     // 배열 크기 확장
      int[] tempArray = new int[size];   // 확장된 새로운 임시 배열 생성
      for(int i = 0; i <= no; i++)        // 임시 배열로 원소 이동
        tempArray[i] = itemList[i];
      itemList = tempArray;   // 선형리스트에 임시 배열 대입해 변경함.
    }
    if (no == -1)            // 공백 리스트일 경우
    { no++;
      itemList[no] = x;      // x를 no 위치에 삽입
    }
```

```
      else               // 공백 리스트가 아닌 경우 삽입 위치 찾아 삽입함.
    { for(int i = 0; i <= no; i++) // 크기 순서대로 삽입위치(pos) 검색
       if (x > itemList[i])       // 삽입할 x가 더 큰 경우 pos는 다음위치
           pos = i+1;
      for(int i = no+1 ; i > pos; i--) // 맨 뒤부터 pos+1까지 자료 이동
        itemList[i] = itemList[i-1];   // 뒤로 한자리씩 이동
      itemList[pos] = x;              // 삽입 위치 pos에 원소 삽입
      no++;
    }
  }
  public void delete(int x) {         // x 값 갖는 원소 삭제
    if (isEmpty())                    // 공백 리스트인 경우
      System.out.println("List Empty");
    else                              // 공백 리스트가 아닌 경우 삭제함.
    { int loc = -1;
      for(int i = 0; i <= no; i++)    // 삭제 위치(loc) 검색
        if (x == itemList[i])         // 값이 같으면 첨자 i 저장
          loc = i;                    // loc에 삭제 위치 저장
      if (loc == -1)                  // 삭제할 원소가 없는 경우
        System.out.println("삭제할 원소 "+x +" 없습니다. \n");
      else                            // 삭제할 원소가 있는 경우
      { for(int i = loc ; i < no; i++) // 앞으로 한자리씩 이동
          itemList[i] = itemList[i+1]; // loc 위치 원소 삭제
        no--;
        System.out.println("*** 삭제 후 선형 리스트 ***");
        print();  // 삭제 후 선형 리스트 출력
      }
    }
  }
  public void print() {
    for(int i = 0; i < no; i++)              // 원소 출력
      System.out.print(itemList[i]+", ");    // 각 원소는 ,로 분리해 출력
    System.out.println(itemList[no]+"\n");   // 마지막 원소 출력
  }
}
public class UseLinearList {
  public static void main(String args[]) {
    ArrayLinearList list1= new ArrayLinearList();
```

```
list1.insert(12);    // 선형 리스트에 12 삽입
list1.insert(57);
list1.insert(36);
list1.insert(87);
list1.insert(7);
System.out.println("*** 삽입 후 선형 리스트 ***");
list1.print();       // 선형 리스트 출력
list1.delete(24);    // 선형 리스트에서 24 삭제
list1.delete(12);
list1.delete(90);
list1.delete(7);
  }
}
```

실행 결과

```
*** 삽입 후 선형 리스트 ***
7, 12, 36, 57, 87

삭제할 원소 24 없습니다.

*** 삭제 후 선형 리스트 ***
7, 36, 57, 87

삭제할 원소 90 없습니다.

*** 삭제 후 선형 리스트 ***
36, 57, 87
```

3.5   컬렉션

컬렉션(Collection)은 프로그래밍에 필요한 다양한 자료 구조들을 제네릭 형식으로
제공해주는 자바 라이브러리이다. 제네릭은 다양한 종류의 자료 유형을 처리할 수 있

도록 일반화된 타입 매개변수(generic type)를 사용해 클래스나 메서드를 선언하는 기술이다. 자바에서는 벡터(Vector), 배열리스트(ArrayList), 스택(Stack), 큐(Queue), 맵(Map) 등의 자료구조를 제공하고 있다. 특히, 선형 리스트는 가변 배열인 벡터나 배열리스트를 사용해 표현하면 편리하게 활용할 수 있다.

컬렉션을 사용할 때, 주의할 점은 기본 자료형을 사용하지 않고 클래스 타입의 자료를 지정해야 한다. 즉, 기본 자료형의 데이터를 사용할 경우 래퍼(wrapper) 클래스로 지정해서 컬렉션을 사용한다. 래퍼 클래스는 기본 자료형에 대응하는 클래스 타입을 정의한 것으로, int 형은 Integer, char 형은 Character, 그 외 기본 자료형은 자료형의 첫 글자를 대문자로 바꿔서 double 형은 Double 클래스를 사용한다.

선형리스트를 만들 경우 벡터(Vector)나 배열리스트(ArrayList)를 사용하고 사용 방법은 서로 유사하다. 벡터나 배열리스트는 가변 크기의 배열을 다룰 수 있는 자료 구조로 삽입과 삭제, 이동 등의 기능을 손쉽게 사용할 수 있다.

벡터나 배열리스트에 저장된 자료는 요소(element)이고, 일반 배열과 달리 삽입하는 요소 수에 따라 벡터나 배열리스트의 크기를 자동으로 조절하고, 요소를 삽입하거나 삭제했을 때 사용자가 요소를 이동할 필요 없이 요소를 자동으로 이동시킨다. 벡터를 포함해 모든 컬렉션은 java.util 패키지에서 import하고, 벡터의 경우 import java.util.Vector; 문장을 사용해 import한다.

정수 자료를 저장하는 벡터 객체를 생성하는 방법은 다음과 같다. 일반 객체 생성과 다른 점은 Vector 뒤 〈 〉 안에 벡터에 저장할 요소의 클래스타입을 넣어주는 것이다.

```
Vector<Integer> v = new Vector<Integer>();  // 정수 값의 벡터
Vector<Integer> v = new Vector<>();          // 자바 7부터 사용
```

벡터에 요소를 삽입하려면 add(element) 메서드를 사용하고, 정해진 인덱스에 삽입할 경우 add(index, element) 메서드를 사용한다. 배열과 마찬가지로 벡터의 인덱스는 0부터 시작하고 벡터에 삽입하는 순서대로 들어간다.

```
v.add(12);  // v.add(new Integer(12)); 벡터 v의 인덱스 0에 12 저장
v.add(24);  // v.add(new Integer(24)); 벡터 v의 인덱스 1에 24 저장
```

벡터에 있는 요소를 가져올 경우 get(index) 메서드를 사용한다.

```
int n = v.get(1);  // 24 반환
                   // Integer iObj = v.get(1); int n = iObj.intValue();
```

remove(index) 메서드를 사용해 벡터 안에 있는 인덱스 위치의 요소를 삭제할 수 있고, clear() 메서드는 벡터 안에 있는 모든 요소를 삭제한다.

```
v.remove(0);  // 12를 삭제하고 뒤에 있는 요소가 앞으로 한 자리씩 이동함.
```

size() 메서드는 벡터 안에 있는 요소들의 개수를 반환하고, capacity() 메서드는 벡터의 용량을 반환한다.

```
int size = v.size();         // 벡터의 크기 - 저장된 요소의 수
int length = v.capacity();   // 벡터에 저장할 수 있는 총 요소의 수
```

ArrayList 객체를 생성하는 방법은 Vector와 동일하다.

```
ArrayList<String> a = new ArrayList<String>();  // 문자열 ArrayList
ArrayList<String> a = new ArrayList<>();        // 자바 7부터 사용
```

ArrayList 객체 a에 요소를 삽입/삭제하고, 요소를 가져오는 메서드는 Vector와 동일하고, a의 요소 개수를 가져올 때 size() 메서드를 사용하나 capacity() 메서드는 사용

할 수 없다.

다음 예제는 벡터에 정수 자료들을 삽입하고 특정 자료를 삭제한 후 출력하는 프로그램이다.

● 예제 3-9 ●	VectorList.java

```java
import java.util.Vector;
public class VectorList {
  static void print(Vector<Integer> v) {
    for(int i = 0; i < v.size()-1; i++) {
      int num = v.get(i);                  // 벡터의 i 요소 반환
      System.out.print(num+", ");    }     // 요소를 ,로 분리해 출력
    System.out.println(v.get(v.size()-1)); // 마지막 요소 출력
  }
  static int search(Vector<Integer> v, int x) { // 삭제 요소 인덱스 검색
    for(int i = 0; i < v.size(); i++) {
      int num = v.get(i);         // 벡터의 i 요소 정수
      if (num == x)               // 값이 같으면 찾은 경우
        return i;           }     // 인덱스 i 반환
    return -1;         // 찾지 못한 경우 -1 반환
  }
  public static void main(String[] args) {
    // 정수 값만 다루는 벡터 생성
    Vector<Integer> v = new Vector<>();   // 기본 용량은 10
    v.add(12);    // index 0에 12 삽입
    v.add(24);    // index 1에 24 삽입
    v.add(36);    // index 2에 36 삽입
    v.add(58);    // index 3에 58 삽입
    v.add(79);    // index 4에 79 삽입

    // 벡터 중간에 삽입하기
    v.add(2, 32);             // 24와 36 사이에 정수 32 삽입
    System.out.println("*** 삽입 후 리스트 ***");
    print(v);                 // 삽입 후 벡터 v 요소 출력
    System.out.println();
    int num = 24;             // num은 삭제할 값
```

```
    int no = search(v, num);   // 삭제할 num(24)의 인덱스 검색
    if (no != -1)              // 24 찾은 경우 삭제하고 리스트 출력
    { v.remove(no);
      System.out.println("*** 삭제 후 리스트 ***");
      print(v); }             // 삭제 후 벡터 v 요소 출력
    else System.out.println("* "+num+" 요소는 없습니다.");
  }
}
```

실행 결과

```
*** 삽입 후 리스트 ***
12, 24, 32, 36, 58, 79

*** 삭제 후 리스트 ***
12, 32, 36, 58, 79
```

- 자료를 하나의 묶음으로 취급하면 그 자료는 순차적인 자료 구조를 갖게 되고, 순차 자료를 표현하는 가장 간단한 방법은 배열을 사용하는 것이다.
- 배열은 동질의 많은 자료를 저장할 수 있는 자료 구조이다.
- 배열의 원소로는 기본 자료형과 참조형을 갖는 자료가 올 수 있다. 자바에서는 배열 도 객체로 취급한다.

> **배열 선언 예**
> ```
> int intArray1[];        // int[] intArray1;
> ```
>
> **배열 생성 예**
> ```
> intArray1 = new int[3];  // int intArray1[] = new int[3];
> ```

- 배열 원소를 [ ] 형태로 출력하기 위해 Arrays.toString(배열이름) 메서드를 출력문 에 사용한다. Arrays 클래스가 java.util 패키지에 들어 있어 java.util.Arrays를 import해서 사용한다.
- 자바에서는 하나 이상의 첨자를 갖는 다차원 배열을 사용할 수 있고, 이차원 배열의 생성 형식은 다음과 같다.

> **형식**
> ```
> 자료형[][] 배열이름 = new 자료형[크기1][크기2];
> ```
>
> **사용 예**
> ```
> int[][] intArray = new int[3][3];
> ```

- 행렬의 원소는 행과 열로 나타내기 때문에 행렬 A는 이차원 배열 A로 표현할 수 있다. 행과 열의 수가 같으면 정방 행렬(square matrix)이라 한다.
- 희소 행렬(Sparse Matrix)은 전체 원소 수에 비해 실제로 값을 사용하는 원소 수가 아주 적은 행렬이다.

- 희소 행렬에서 값을 갖고 있는 각 원소를 〈행, 열, 값〉 순으로 희소 배열의 하나의 행에 표현한다.
- 일차원 배열 L에서 각 원소를 저장하는데 필요한 셀의 크기가 s바이트이고 배열 L의 시작주소가 a일 때, L[i]의 주소는 a + i * s가 된다.
- 이차원 배열의 경우 각 원소를 일차원 형태로 저장하는데, 자바는 행 우선순서(row major order)로 이차원 배열을 저장한다. 행 우선순서는 행을 기준으로 첫 번째 행부터 마지막 행까지 순서대로 저장한다.
- n×m 배열 L의 시작주소가 a이고 각 원소를 저장하는데 필요한 셀의 크기가 s바이트일 때, L[i][j]의 주소는 a + ((i * m) + j) * s 이다.
- 선형 리스트(linear list) 혹은 순서 리스트(ordered list)는 순서를 가진 원소들의 열을 말한다. 리스트의 원소들은 나열된 대로 전후의 순서를 갖는 선형 리스트라 할 수 있다.
- 리스트는 일반적으로 L = $(e_1, e_2, \ldots e_n)$으로 표기한다. 원소가 없는 리스트는 공백 리스트(empty list)이고, L = ( )로 표기한다.
- 선형 리스트를 표현하는 가장 간단한 방법은 배열을 사용하는 것이다.
- 배열을 사용한 선형 리스트의 경우 표현이 간단하고 원소의 접근이 빠르다는 장점이 있는 반면 순차적으로 원소 값이 들어가 있어서, 삽입/삭제 시 원소들을 한 자리씩 이동해야 한다.
- 원소를 리스트에 삽입할 경우 리스트가 만원(full)이면 삽입할 수 없으므로 배열의 크기를 확장해야 하고 확장된 배열에 원소 값을 다시 저장하고 이 배열을 선형 리스트로 사용해 삽입한다.
- 특정 자료를 삽입할 때 첫 원소로 삽입하는 경우가 있고 중간에 삽입하는 경우도 있다. 자료의 크기 순서대로 삽입할 위치를 찾은 후 삽입한다.
- 특정 자료를 삭제할 경우는 선형 리스트가 공백인지 검사한 후 삭제 연산을 수행하고, 리스트가 공백이 아닌 경우 삭제할 자료가 리스트에 존재하는지 검사한 후 자료를 삭제한다.

- 컬렉션은 프로그래밍에 필요한 다양한 자료 구조들을 제네릭 형식으로 제공해주는 자바 라이브러리이다.

- 자바에서는 벡터(Vector), 배열리스트(ArrayList), 스택(Stack), 큐(Queue), 맵(Map) 등의 자료구조를 제공하고 있다. java.util 패키지에서 import해서 사용한다.

- 컬렉션을 사용할 때, 주의할 점은 기본 자료형을 직접 사용하지 않고 클래스 타입의 자료를 지정해야 한다. 즉, 기본 자료형의 데이터를 사용할 경우 래퍼(wrapper) 클래스로 지정해서 컬렉션을 사용한다.

- 선형리스트를 만들 경우 벡터(Vector)나 배열리스트(ArrayList)를 사용하고 사용 방법은 유사하다.

- 벡터나 배열리스트는 가변 크기의 배열을 다룰 수 있는 자료구조로 삽입과 삭제, 이동 등의 기능을 손쉽게 사용할 수 있다.

- 정수 자료를 저장하는 벡터 객체를 생성하는 방법은 다음과 같다.

```
Vector<Integer> v = new Vector<Integer>();  // 정수 값의 벡터
Vector<Integer> v = new Vector<>();          // 자바 7부터 사용
```

- 벡터에 요소를 삽입하려면 add(element) 메서드를 사용하고, 정해진 인덱스에 삽입할 경우 add(index, element) 메서드를 사용한다.

- 벡터에 있는 요소를 가져올 경우 get(index) 메서드를 사용한다.

- remove(index) 메서드를 사용해 벡터 안에 있는 인덱스 위치의 요소를 삭제할 수 있고, clear() 메서드는 벡터 안에 있는 모든 요소를 삭제한다.

- size() 메서드는 벡터 안에 있는 요소들의 개수를 반환하고, capacity() 메서드는 벡터의 용량을 반환한다.

연습문제

1 순차 자료를 표현하는 방법에는 어떤 것이 있는가?

2 리스트를 배열로 표현하는 방법을 예를 들어 설명하시오.

3 희소 행렬이란? 기억 공간을 절약하면서 희소 행렬을 배열로 표현하는 방법을 설명하시오.

4 이차원 배열을 기억공간에 저장하는 방법 두 가지를 기술하시오.

5 선형 리스트란 어떤 리스트인가?

6 선형 리스트를 배열로 표현할 때 장단점을 기술하시오.

7 두 행렬 a와 b가 있고, a[i][j]와 b[i][j]의 값 중에서 짝수일 경우 짝수 값만 합해서 짝수 합 행렬 even[i][j]에 저장하고, 홀수일 경우 홀수의 값만 합해 다른 행렬 odd[i][j]에 저장하고 모든 행렬을 출력하는 메서드를 람다식을 사용해 작성하시오. 행, 열은 2에서 5사이 난수로 생성하고 각 행렬 값은 0에서 9사이 난수로 생성해서 사용하시오. 행렬 합을 계산할 때 두 원소가 다 짝수거나 홀수면 두 수를 합한 값을 even이나 odd 행렬에 넣고, 둘 중 하나만 짝수면 그 값은 even에 넣고, 하나만 홀수면 odd에 넣고, 둘 다 짝수가 아니면 even에는 0, 둘 다 홀수가 아니면 odd에는 0이 들어간다.

8 학생 수를 입력받아 학번과 자바 점수와 자료구조 점수를 멤버변수로 갖는 Score 클래스를 만들어 학번은 1001부터 지정하고, 자바 점수와 자료구조 점수는 0~100 사이 난수로 생성하여 Score 클래스의 객체를 생성하면서 객체의 각 멤버변수에 값을 저장한다. Score 클래스 객체로 이뤄진 선형리스트를 작성하여 리스트 값을 출력하고 자바 점수와 자료구조 점수의 평균을 계산해 출력하시오.

*** Score 리스트 ***
학번   자바   자료구조
1001   90   80
1002   89   67
1003   45   67
:
자바 평균 :
자료구조 평균 :

4
CHAPTER

연결 리스트

선형 리스트는 표현이 간단하고 쉬운 반면 자료의 삽입과 삭제 시 기존 자료들의 이동으로 인해 많은 시간이 소요될 수 있고 삽입할 자료들을 위한 여분의 기억공간을 미리 확보하여 비효율적이라 할 수 있다.

선형 리스트의 단점을 해결하는 방법이 연결 리스트(linked list)를 작성하는 것이다.

4.1 연결 리스트 구조

연결 리스트는 자료를 저장할 필드와 자료의 위치 정보를 담고 있는 필드를 갖는 구조로 위치 정보는 다음에 연결할 원소의 위치를 나타낸다. 연결 리스트의 각 원소는 필요할 때마다 생성하고 생성한 원소를 연결하면서 만들어진다.

선형 리스트의 경우 자료의 삽입과 삭제 시 기존 자료들을 이동해야 하고 삽입할 자료들을 위한 기억공간을 미리 확보해야 하는 단점이 있다. 선형 리스트의 단점을 해결하기 위해 연결 리스트를 사용한다.

선형 리스트와는 달리 연결 리스트는 〈자료, 링크〉의 저장 구조를 갖는데 이것을 노드(node)라 한다. 노드는 자료를 저장하는 자료 필드와 다음 자료를 연결할 링크 필드로 구분한다. 자료 필드는 자료의 값을 저장하는 필드이고 링크 필드는 다음 원소의 위치를 저장하는 필드이다.

연결 리스트의 경우 선형 리스트와는 달리 리스트의 각 원소를 순차적으로 저장할 필요가 없고 기억장소의 임의의 위치에 저장할 수 있어 리스트가 저장된 물리적 순서가 리스트의 순서와 꼭 일치할 필요가 없다.

리스트 L = (kim, Lee, Park, Yoon)을 선형 리스트와 연결 리스트로 표현하면 다음과 같다.

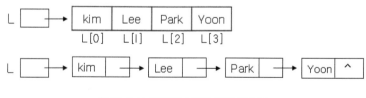

[그림 4.1] 선형 리스트와 연결 리스트

[그림 4.1]의 연결 리스트에서 마지막 노드의 링크가 ^이고, ^은 null을 나타내는 것으로 다음에 연결된 노드가 없음을 표시하는 것이다.

연결 리스트의 노드를 생성하려면 각 노드를 Node 클래스로 정의해야 한다. 연결 리스트에서 숫자, 문자열 등 다양한 유형의 값을 갖는 자료를 표현하기 위해, 자바의 최상위 클래스인 Object 클래스로 자료 필드를 선언하고, 링크 필드는 Node로 선언한다. Object 클래스는 자바의 최상위 클래스이고, 숫자, 문자, 객체 등 다양한 유형의 자료를 저장할 수 있다.

연결 리스트의 모든 노드는 Node 클래스의 객체이고, 링크 필드에는 다음 노드를 연결해야 하므로 Node로 링크 필드를 선언한다.

```
class Node {
    Object data;
    Node link;
}
```

연결 리스트를 생성하려면 Node 클래스 객체를 생성하여 각 노드에 값을 저장한다. [그림 4.1]의 연결 리스트 L의 첫 노드를 만드는 방법은 다음과 같다.

```
Node L = new Node();    // L 노드 생성
L.data = "Kim";         // L 노드의 data에 "Kim" 저장
L.link = null;          // 생략 가능, 자바 멤버변수는 null이 자동으로 들어감.
```

다음 그림처럼 첫 노드 뒤에 두 번째 노드를 연결하려면 다른 Node 객체 temp를 생성한 후 L.link = temp; 배정문을 사용해 첫 노드의 링크 필드인 L.link에 다음 객체 temp를 대입하여 연결한다. temp 객체(참조변수)에 위치 정보(reference)가 들어 있어 객체 이름을 대입하면 노드를 연결할 수 있다.

```
Node temp = new Node();   // temp 노드 생성
temp.data = "Lee";        // temp 노드의 data에 "Lee" 저장
L.link = temp;            // L("Kim" 노드) 뒤에 temp("Lee" 노드) 연결
```

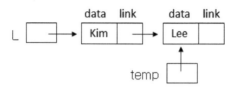

마찬가지 방법으로 뒤에 나오는 노드를 연결할 수 있다.

```
Node temp1 = new Node(); // temp1 노드 생성
temp1.data = "Park";
temp.link = temp1;        // temp("Lee" 노드) 뒤에 temp1("Park" 노드) 연결

Node temp2 = new Node(); // temp2 노드 생성
temp2.data = "Yoon";
temp1.link = temp2;       // temp1("Park" 노드) 뒤에 temp2("Yoon" 노드) 연결
temp2.link = null;        // "Yoon" 뒤에 연결된 노드 없음
```

다음 예제는 [그림 4.1]의 연결 리스트를 생성한 후 출력하는 프로그램이다.

● 예제 4-1 ● TestNode.java

```
class Node {
  Object data;
  Node link;
  void print(Node p)              // 연결 리스트 출력
    { while (p != null)
      { System.out.print(p.data+" -> ");  // "Kim"부터 순서대로 출력함.
        p = p.link;                // p가 다음 노드를 가리키게 함.
      }
```

```java
        System.out.println("null");
    }
}
public class TestNode {
    public static void main(String args[])
    { Node L = new Node();     // 첫 노드 생성
      L.data = "Kim";
      L.link = null;            // 생략 가능
      Node temp = new Node();
      temp.data = "Lee";
      L.link = temp;            // "Kim" 뒤에 "Lee" 연결
      Node temp1 = new Node();
      temp1.data = "Park";
      temp.link = temp1;        // "Lee" 뒤에 "Park" 연결
      Node temp2 = new Node();
      temp2.data = "Yoon";
      temp1.link = temp2;       // "Park 뒤에 "Yoon" 연결
      temp2.link = null;        // "Yoon" 뒤에 연결된 노드 없음
      System.out.println("*** 리스트 L 출력");
      L.print(L);   // 연결 리스트 출력
    }
}
```

실행 결과

*** 리스트 L 출력
Kim -> Lee -> Park -> Yoon -> null

연결 리스트는 자료 필드와 링크 필드를 갖는 노드라는 재귀 자료형을 사용하여 리스트의 각 노드를 연결할 수 있다. 각 노드는 링크라는 필드를 통해 연결하므로 특정 노드를 삽입하거나 삭제할 때 링크만 변경하면 되고 선형 리스트처럼 원소를 이동할 필요가 없으므로 효율적인 자료 구조라 할 수 있다.

각 노드는 필요할 때 기억공간을 할당받으므로 배열로 된 선형 리스트처럼 여분의 기억공간을 미리 할당받을 필요가 없고 노드를 삽입하거나 삭제할 때 기존의 자료를 이동시킬 필요도 없다.

연결 리스트를 생성하는 방법은 노드 객체를 생성한 후 각 노드의 링크 필드에 다음 노드 객체를 대입하여 연결하는 것이다.

반복문을 사용해 여러 노드를 연결하려면 마지막 노드에 새로운 노드를 연결해야 한다. 즉 마지막 노드를 가리키는 end 참조 변수를 사용해 end 뒤에 새 노드를 연결한 후, 새로 연결된 노드가 마지막 노드이므로 end가 새로 삽입된 노드를 가리키도록 변경해야 한다.

공백 리스트의 첫 노드로 삽입할 경우, L = temp; 문장으로 리스트 L이 새로운 노드를 가리키게 하고, 공백이 아닌 경우는 end 뒤에 새 노드를 연결해야 하므로 end.link = temp; 문장을 작성하고, end가 마지막 노드 즉, 새로 연결된 노드를 가리키게 해야 하므로 end = temp; 문장을 작성한다. 리스트가 공백이거나 공백이 아닌 경우 모두 end는 마지막 노드를 가리켜야 한다.

```java
temp = new Node();      // temp 노드 생성
temp.data = x;          // x가 삽입할 자료, temp 노드의 data에 x 저장
if (L == null)          // 공백 리스트인 경우
    L = temp;           // L이 temp를 가리킴.
else                    // 공백 리스트가 아닌 경우
    end.link = temp;    // end 뒤에 temp 연결함.
end = temp;             // end가 새로 삽입한 노드를 가리키게 함.
```

다음 예제는 for 문을 사용해 [그림 4.1]의 연결 리스트의 각 노드를 연결하여 리스트를 생성한 후 출력하는 프로그램이다.

```java
public class UseNode {
    public static void main(String args[]) {
        Node obj = new Node();
        obj.build();
    }
}
class Node {
    Object data;
    Node link;
    void build()
    { Node L = null, temp, end;
        end = null;                      // end는 마지막 노드를 가리키는 변수
        String[] data = {"Kim", "Lee", "Park", "Yoon"};
        for (int i=0; i < data.length; i++)   // 연결 리스트 생성
        { temp = new Node();             // temp 노드 생성
            temp.data = data[i];         // 자료 저장
            if (L == null)               // 공백 리스트인 경우
                L = temp;                // L이 temp를 가리킴.
            else                         // 공백 리스트가 아닌 경우
                end.link = temp;         // end 뒤에 temp 연결
            end = temp;                  // end가 새로 삽입한 노드를 가리키게 함.
        }
        System.out.println("*** 리스트 L 출력");
        L.print(L);                      // print(L);
    }
    void print(Node p)
    { while (p != null)                  // 각 노드 출력
        { System.out.print(p.data+" -> ");  // 현재 노드의 data 출력
            p = p.link;                  // p가 다음 노드를 가리키도록 변경함.
        }
        System.out.println("null");  // 마지막에 null 출력
    }
}
```

실행 결과

```
*** 리스트 L 출력
Kim -> Lee -> Park -> Yoon -> null
```

다음 예제는 연결 리스트의 각 노드의 자료를 입력받아 순서대로 노드를 연결하여 연결 리스트를 생성한 후 출력하는 프로그램이다. Node 클래스를 따로 만들지 않고 NodeEx 클래스에 data와 link를 멤버 변수로 선언해 연결 리스트를 만든 예제이다.

● 예제 4-3 ●   NodeEx.java

```java
import java.util.Scanner;
public class NodeEx
{ // 리스트 노드의 정의
  Object data;
  NodeEx link;

  void build()
  { NodeEx L = null, temp, end = null;
    System.out.println("자료를 입력하시오. \n --- 입력 마침 문자: * ");
    Scanner scanner = new Scanner(System.in);
    while (true) {
      String x = scanner.next();
      if (x.equals("*"))     // x가 "*"인 경우 while 루프 종료
        break;
      temp = new NodeEx();
      temp.data = x;
      if (L == null)         // 공백 리스트인 경우
        L = temp;            // L이 temp 가리킴.
      else                   // 공백 리스트가 아닌 경우
        end.link = temp;     // end 뒤에 temp 연결
      end = temp;            // end가 새로 삽입한 노드를 가리키게 함.
    }
    System.out.println("*** 리스트 출력 ***");
```

```
    display(L);              // 리스트 출력
  }
  void display(NodeEx p)    // 연결 리스트 출력
  { if (p != null)
    { System.out.print(p.data+" -> ");
      display(p.link);               }     // 다음 노드를 넣어 재귀 호출
    else  System.out.println("null");
  }

  public static void main(String args[])
  { NodeEx list=new NodeEx();
    list.build();
  }
}
```

실행 결과

```
자료를 입력하시오.
 --- 입력 마침 문자:  *
17 27 45 77 92 *
*** 리스트 출력 ***
17 -> 27 -> 45 -> 77 -> 92 -> null
```

다음 예제는 명령어 라인 인수를 사용하여 프로그램을 실행하면서 연결 리스트의 노드 자료를 실인수로 넘겨주는데, 먼저 연결 리스트의 총 노드 수를 입력하고 각 노드의 자료 값을 순서대로 입력한다. 4개의 자료를 연결할 경우, 명령어 라인 인수로 "4 12 35 56 79"를 입력해 실인수로 넘겨준다. 입력한 노드 자료를 갖는 연결 리스트를 생성한 후 출력하는 프로그램이다.

참고로, 이클립스에서 실행할 때, [Run]-[Run Configurations...] 메뉴를 선택한 후 창이 열리면 Main 탭에서 이름(Test)을 넣고, 프로젝트(4장)와 클래스 이름(ListTest)을 직접 입력하거나 [Browse...]나 [Search...] 버튼을 클릭해 해당 프로젝트의 클래스 파일을 선택하고, Arguments 탭을 눌러 "Program arguments:" 아래에 "4 12 35 56 79"를 입력하고, 맨 아래 [Run] 버튼을 눌러서 예제 프로그램을 실행한다.

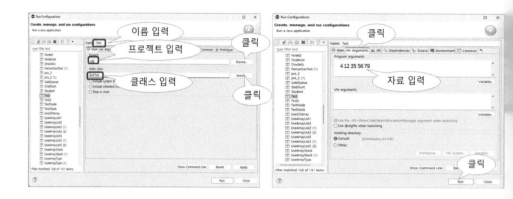

```java
class  Node {
  Object data;
  Node link;
}
public class ListTest {
    Node build(Node p, String[] args) {
      Node end = null, temp;
      // args[0]는 문자열이라 Integer.parseInt() 사용해 정수로 변경
      int no = Integer.parseInt(args[0]); // no에 총 자료 수 저장
      for (int i = 1; i <= no; i++)
      { temp = new Node();
        temp.data = args[i];  // 삽입할 자료 저장
        if (p == null)        // 공백인 경우
          p = temp;           // p가 temp를 가리킴.
        else                  // 공백이 아닌 경우
          end.link = temp;    // end 뒤에 temp 연결
        end = temp;           // end가 temp를 가리키도록 변경함.
      }
      return p;               // 변경된 p 연결 리스트 반환.
    }
    void display(Node p)      // 연결 리스트 출력
    { while (p != null)
      { System.out.print(p.data+" -> ");
        p = p.link;                        } // p가 다음 노드 가리킴.
      System.out.println("null");
    }
    public static void main(String args[])  {
```

```
        ListTest tp = new ListTest();
        Node L = null;
        L = tp.build(L, args);    // 연결 리스트 L 생성
        System.out.println("*** 리스트 출력  ***");
        tp.display(L);            // 연결 리스트 L 출력
    }
}
```

실행 결과

```
*** 리스트 출력  ***
12 -> 35 -> 56 -> 79 -> null
```

4.3   연결 리스트의 노드 삽입

연결 리스트에 특정한 원소를 삽입하는 경우 먼저 삽입할 위치를 찾아서 노드를 생성
한 후 그 위치에 원소를 삽입한다.

원소를 삽입하는 경우, 리스트의 앞부분에 삽입하는 경우도 있고 중간부분에 삽입하
는 경우가 있는데, 일반적으로 삽입할 위치를 찾을 때 원소들이 정렬되어 있다고 가정
하고 크기순으로 삽입할 원소의 위치를 정하게 된다. 연결 리스트에 원소를 삽입할 때
삽입할 노드의 앞 뒤 링크를 변경해야 하므로 삽입할 위치의 바로 앞 노드를 찾아야
한다.

Temp.data가 Object 타입이므로 정수형 변수 x와 크기를 비교하려면 캐스팅 연산자
(Integer)나 (int)를 사용해 Temp.data를 정수 클래스(Integer)나 정수(int)로 변환해야
한다. Integer로 캐스딩하면 정수 클래스 Integer 객체는 정수(int)로 자동 변환된다.
크기를 비교해 삽입할 위치를 찾는데, pos는 삽입할 위치의 바로 앞 노드(선행
노드)를 표시하고, 앞뒤 링크를 변경하면 새로운 노드를 삽입할 수 있다. 검색
후 pos가 null인 경우 리스트의 맨 앞에 삽입한다.

```
Node search(Node L, int x) {   // 삽입할 위치 검색
  Node temp = L;                 // temp가 L 노드를 가리킴.
  Node pos = null;               // pos의 초깃값은 null
  // while (temp != null && x > (int)temp.data)   // temp 가 null이 아니고,
  while (temp != null && x > (Integer)temp.data)  // x가 크면 반복함.
  { pos = temp;                  // pos가 temp 노드를 가리킴.
    temp = temp.link;    }       // temp는 다음 노드 가리키게 함.
  return pos;                    // pos 반환
}
```

원소를 삽입하는 경우, 맨 앞부분에 원소를 삽입하는 경우와 중간에 삽입하는 경우가 있다.

[삽입할 위치가 리스트의 앞부분인 경우]

```
insNode.data = x;    // insNode는 삽입할 노드, x는 삽입할 자료 7
insNode.link = L;    // L 노드 앞에 insNode 연결(insNode뒤에 L 연결)
L = insNode;         // L이 삽입한 insNode를 가리킴. L → insNode
```

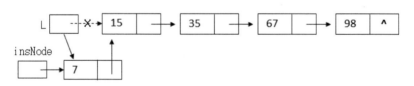

[그림 4.2] 리스트의 첫 노드로 삽입

[그림 4.2]에서 insNode는 연결 리스트에 삽입할 노드이고, 7이라는 자료를 갖는 노드를 리스트의 첫 노드로 삽입한다. L = insNode; 명령문에서 L에 insNode를 대입해 L이 새로 삽입한 노드를 가리키도록 변경한다.

```
temp = pos.link;        // temp가 pos의 후행 노드를 가리킴.
pos.link = insNode;     // pos 뒤에 삽입할 노드 insNode 연결
insNode.data = x;       // insNode의 자료 필드에 28 저장
insNode.link = temp;    // insNode 뒤에 temp 연결
```

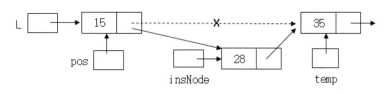

[그림 4.3] 리스트의 중간에 노드 삽입

[그림 4.3]은 자료 28을 15와 35사이에 삽입하는 경우인데 pos는 삽입한 insNode의 선행 노드이고, temp는 삽입한 insNode의 후행 노드이다.

다음 예제는 삽입 연산을 수행하면서 크기순으로 연결 리스트를 만들어 출력하는 프로그램이다. 삽입할 정수 x와 연결 리스트의 원소 temp.data와 크기를 비교할 때 캐스팅 연산자(Integer)를 사용해 Integer 객체로 변환해야 하고, Integer 대신 int를 사용해도 된다.

```
x > (Integer)temp.data     // x > (int)temp.data
```

```java
public class UseInsertNode {
    public static void main(String args[]) {
        Node obj = new Node();
        Node L = null;
        // 공백 연결리스트에 크기 순으로 자료 삽입
        L = obj.insert(L, 16);
        L = obj.insert(L, 6);
        L = obj.insert(L, 72);
        L = obj.insert(L, 2);
        L = obj.insert(L, 51);
        L = obj.insert(L, 89);
    }
}
class Node {
    Object data;
    Node link;

    Node search(Node L, int x) // 삽입할 위치 검색
    {
        Node temp = L;              // temp가 L 노드를 가리킴.
        Node pos = null;            // pos 뒤에 새 노드 삽입하게 됨.
        while (temp != null && x > (int)temp.data)
        { pos = temp;               // pos는 temp 노드를 가리킴.
          temp = temp.link;         // temp는 다음 노드 가리키게 함.
        }
        return pos;
    }

    Node insert(Node p, int x)
    { Node pos, insNode, temp = null;
      insNode = new Node();     // 삽입할 노드
      insNode.data = x;
      pos = search(p, x);       // pos는 삽입할 위치의 선행노드(pos뒤에 삽입)
      if (pos == null)          // 삽입할 원소 위치가 맨 앞일 경우
      { insNode.link = p;       // 삽입할 노드 맨 앞에 연결
        p = insNode;            // p가 삽입한 노드를 가리키게 함.
      }
```

```
    else                    // pos와 temp 사이에 새 노드 연결
    { temp = pos.link;       // temp가 pos 후행 노드를 가리킴.
      pos.link = insNode;    // pos 뒤에 새 노드 연결
      insNode.link = temp;   // 새 노드 뒤에 temp 연결
    }
    System.out.println("*** 원소 "+x+" 삽입 후 리스트 L 출력");
    print(p);
    return p;
  }

  void print(Node p)        // 연결 리스트 출력
  { while (p != null)
    { System.out.print(p.data+" -> ");
      p = p.link;            // p가 다음 노드를 가리키게 함.
    }
    System.out.println("null  \n");
  }
}
```

실행 결과

```
*** 원소 16 삽입 후 리스트 L 출력
16 -> null

*** 원소 6 삽입 후 리스트 L 출력
6 -> 16 -> null

*** 원소 72 삽입 후 리스트 L 출력
6 -> 16 -> 72 -> null

*** 원소 2 삽입 후 리스트 L 출력
2 -> 6 -> 16 -> 72 -> null

*** 원소 51 삽입 후 리스트 L 출력
2 -> 6 -> 16 -> 51 -> 72 -> null

*** 원소 89 삽입 후 리스트 L 출력
2 -> 6 -> 16 -> 51 -> 72 -> 89 -> null
```

다음 예제는 명령어 라인에서 실행하면서 연결 리스트의 노드 자료를 실인수로 넘겨받아 연결 리스트를 생성한 후 삽입 연산을 수행하면서 리스트를 출력하는 프로그램이다. 세 개의 자료를 연결할 경우 총 자료 수 3을 맨 앞에 넣고, 자료 값을 순서대로 세 개 넣어 "3 15 53 87"처럼 명령어 라인에서 입력한다.

● 예제 4-6 ●　　UseInsertNode2.java

```java
public class UseInsertNode2 {
   public static void main(String args[]) {
      Node obj = new Node ();
      Node L = obj.build(args);  // L 연결 리스트 만들기
      // 연결 리스트에 자료(65, 3, 39) 추가
      L = obj.insert(L, 65);
      L = obj.insert(L, 3);
      L = obj.insert(L, 39);
   }
}

class Node {
  Object data;
  Node link;

  Node build(String args[])
  { Node L = null, end = null, temp;
    int no = Integer.parseInt(args[0]);  // no는 총 자료 수
    for (int i = 1; i <= no; i++)         // 연결 리스트 생성
    { temp = new Node();      // 삽입할 임시 노드
      temp.data = Integer.parseInt(args[i]);  // 노드에 자료 값 저장
      if (L == null)          // 공백 리스트인 경우
         L = temp;            // L이 temp를 가리키게 함.
      else                    // 공백 리스트가 아닌 경우
         end.link = temp;     // end 뒤에 temp 연결
      end = temp;             // end가 temp를 가리키게 함.
    }
    System.out.println("*** 리스트 L 출력");
    L.print(L);
    return(L);  // 만든 연결리스트 반환
```

```java
      }

Node  search(Node  L, int x) // 삽입할 위치 검색
{ Node   temp = L;
  Node   pos = null;
  while (temp != null && x > (int)temp.data)
  { pos = temp;
    temp = temp.link;      // temp가 다음 노드를 가리키게 함.
  }
  return pos;
}


Node insert(Node p, int x)
{ Node pos, insNode, temp=null;
  insNode = new Node();    // 삽입할 노드
  insNode.data = x;
  pos = search(p, x);      // pos는 삽입할 위치 선행노드(pos 뒤에 삽입)
  if (pos == null)         // 삽입할 원소 위치가 맨 앞일 경우
  { insNode.link = p;      // 삽입할 노드 맨 앞에 연결
    p = insNode;           // p가 삽입한 노드를 가리키게 함.
  }
  else                     // pos와 temp 사이에 새 노드 연결
  { temp = pos.link;       // temp가 pos 후행 노드를 가리킴.
    pos.link = insNode;    // pos 뒤에 새 노드 연결
    insNode.link = temp;   // 새 노드 뒤에 temp 연결
  }
  System.out.println("*** 원소 "+x+" 삽입 후 리스트 L 출력");
  print(p);
  return p;
 }
void print(Node  p)        // 연결 리스트 출력
 { while (p != null)
     { System.out.print(p.data+" -> ");
       p = p.link;      } // p가 다음 노드를 가리키게 함.
   System.out.println("null  \n");
 }
}
```

실행 결과

```
*** 리스트 L 출력
17 -> 52 -> 77 -> null

*** 원소 65 삽입 후 리스트 L 출력
17 -> 52 -> 65 -> 77 -> null

*** 원소 3 삽입 후 리스트 L 출력
3 -> 17 -> 52 -> 65 -> 77 -> null

*** 원소 39 삽입 후 리스트 L 출력
3 -> 17 -> 39 -> 52 -> 65 -> 77 -> null
```

4.4   연결 리스트의 노드 삭제

연결 리스트에서 노드를 삭제하려면 먼저 삭제할 노드의 위치를 찾아야 한다. 노드를 삭제할 때 링크를 변경해야 하므로 삭제할 노드의 바로 앞 노드의 위치를 찾는다. pos는 삭제할 노드의 선행 노드이다.

[삭제할 위치 검색]

```java
Node delSearch(Node L, int x)    // 삭제 노드 검색
{  Node temp = L;
   Node pos = null;              // pos 초깃값은 null
   while (temp != null && x != (Integer)temp.data)
   { pos = temp;
     temp = temp.link;          // 다음 노드로 변경
   }
   return pos;
}
```

노드를 삭제할 경우, 삽입과 마찬가지로 리스트의 첫 노드를 삭제하는 경우와 중간에 있는 노드를 삭제하는 경우가 있다. 탐색 후 pos가 null인 경우 첫 노드를 삭제한다.

[연결 리스트의 첫 노드를 삭제하는 경우]

```
L = L.link;       // 두 번째 노드로 변경해 첫 노드 삭제
```

[그림 4.4] 리스트의 첫 노드 삭제

[중간에 있는 노드를 삭제하는 경우]

```
temp = pos.link;       // temp는 삭제할 노드
pos.link = temp.link;  // temp 노드 삭제
```

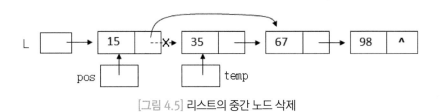

[그림 4.5] 리스트의 중간 노드 삭제

[그림 4.5]에서 pos는 삭제할 노드의 선행 노드이고, temp는 삭제할 노드이다.

다음 예제는 (15, 35, 67, 98, 128) 리스트를 연결 리스트로 생성한 후 삭제 연산을 수행하면서 연결 리스트를 출력하는 프로그램이다.

```java
public class UseDeleteNode {
    public static void main(String args[]) {
        Node obj = new Node();
        Node L = obj.build();  // L 연결 리스트 만들기
        // 연결 리스트에서 자료 삭제
        L = obj.delete(L, 15);
        L = obj.delete(L, 67);
        L = obj.delete(L, 30);
        L = obj.delete(L, 11);
    }
}


class Node {
    Object data;
    Node link;

    Node build()
    {   Node L = null, temp, end;
        end = L;
        int[] data = {15, 35, 67, 98, 128};
        for (int i = 0; i < data.length; i++)
        { temp = new Node();    // 삽입할 임시 노드
          temp.data = data[i];
          if (L == null)        // 공백 리스트인 경우
            L = temp;           // L이 temp를 가리킴.
          else                  // 공백 리스트가 아닌 경우
            end.link = temp;    // end 뒤에 연결
          end = temp;           // end가 연결된 temp 가리킴.
        }
        System.out.println("*** 리스트 L 출력");
        L.print(L);
        return(L);
    }

    Node delSearch(Node L, int x) // 삭제할 노드 위치 검색
    { Node temp = L;
      Node pos = null;
```

```
    while (temp != null && x != (int)temp.data)
     { pos = temp;
       temp = temp.link;      // temp가 다음 노드 가리키게 함.
     }
    return pos;
  }
Node delete(Node p, int x)    // 노드 삭제
{ Node pos, temp = null;
  pos = delSearch(p, x);
  if (pos == null || pos.link != null)  // 삭제할 노드가 있는 경우
  { if (pos == null)          // 삭제할 원소 위치가 첫 노드인 경우
       p = p.link;            // 첫 노드 삭제
    else                      //  중간 노드 삭제할 경우
    { temp = pos.link;        // temp는 pos 후행노드 가리킴.
      pos.link = temp.link;  // pos 뒤에 temp의 후행노드 연결해 삭제
    }
    System.out.println("*** 원소 "+x+" 삭제 후 리스트 L 출력");
    print(p);          // 연결 리스트 출력
  }
  else                 // 삭제할 노드가 없는 경우
    System.out.println("*** 삭제할 원소 "+x+" 없습니다.\n");
  return p;
}
void print(Node p)    // 출력
 { while (p != null)
   { System.out.print(p.data+" -> ");
     p = p.link;      // p가 다음 노드를 가리키도록 변경.
   }
   System.out.println("null  \n");
 }
}
```

실행 결과

***리스트 L 출력
15 -> 35 -> 67 -> 98 -> 128 -> null

***원소 15 삭제 후 리스트 L 출력
35 -> 67 -> 98 -> 128 -> null

***원소 67 삭제 후 리스트 L 출력
35 -> 98 -> 128 -> null

***삭제할 원소 30 없습니다.

***삭제할 원소 11 없습니다.

다음 예제는 삽입(insert) 연산으로 연결 리스트를 생성한 후 연결 리스트의 노드를 삽입하거나 삭제하는 프로그램이다.

● 예제 4-8 ●   UseInsDelNode.java

```java
public class UseInsDelNode {
    public static void main(String args[]) {
        Node obj = new Node();
        Node L = null;
        // 공백 연결 리스트 L에 자료 삽입과 삭제
        L = obj.insert(L, 26);
        L = obj.insert(L, 7);
        L = obj.insert(L, 15);
        L = obj.insert(L, 57);
        L  =obj.delete(L, 27);
        L = obj.insert(L, 105);
        L = obj.delete(L, 7);
        L = obj.delete(L, 105);
        L = obj.delete(L, 91);
        L = obj.insert(L, 35);
    }
}
```

```java
class Node {
  Object data;
  Node link;

  Node search(Node L, int x)     // 삽입 위치 검색
  { Node temp = L;
    Node pos = null;
    while (temp != null && x > (int)temp.data)
     { pos = temp;
       temp = temp.link;         // temp가 다음 노드 가리키게 함.
     }
     return pos;
  }
  Node delSearch(Node L, int x) // 삭제할 노드 검색
  { Node temp = L;
    Node pos = null;
    while (temp != null && x != (int)temp.data)
     { pos = temp;
       temp = temp.link;         // temp가 다음 노드 가리키게 함.
     }
     return pos;
  }

  Node insert(Node p, int x)     // 연결리스트에 x 삽입
  { Node insNode, pos = null, temp = null;
    insNode = new Node();        // 삽입할 노드
    insNode.data = x;
    pos = search(p, x);          // pos는 삽입할 위치 선행노드(pos 뒤에 삽입)
    if (pos == null)             // 맨 앞에 삽입할 경우
     { insNode.link = p;         // 삽입할 노드를 맨 앞에 연결
       p = insNode;     }        // p가 삽입한 노드를 가리키게 함.
    else                         // pos와 temp 사이에 새 노드 연결
     { temp = pos.link;          // pos 후행 노드가 temp가 됨.
       pos.link = insNode;       // pos 뒤에 새 노드 연결
       insNode.link = temp; }    // 새 노드 뒤에 temp 연결
    System.out.println("*** 원소 "+x+" 삽입 후 리스트 L 출력");
    p.print(p);
    return p;
  }
```

```java
Node delete(Node p, int x) // 노드 삭제
{ Node pos, temp = null;
  pos = delSearch(p, x);
  if (pos == null || pos.link != null)  // 삭제할 노드가 있는 경우
  { if (pos == null)      // 삭제할 원소 위치가 첫 노드인 경우
      p = p.link;         // 첫 노드 삭제
    else                  //  중간 노드 삭제할 경우
    {  temp = pos.link;
       pos.link = temp.link;
    }
    System.out.println("*** 원소 "+x+" 삭제 후 리스트 L 출력");
    print(p);
  }
  else                        // 삭제할 노드가 없는 경우
    System.out.println("*** 삭제할 원소 "+x+" 없습니다.\n");
  return p;
}
void print(Node p)            // 출력
 { while (p!=null)
   { System.out.print(p.data+" -> ");
     p = p.link;            }
   System.out.println("null  \n");
 }
}
```

실행 결과

```
*** 원소 26 삽입 후 리스트 L 출력
26 -> null

*** 원소 7 삽입 후 리스트 L 출력
7 -> 26 -> null

*** 원소 15 삽입 후 리스트 L 출력
7 -> 15 -> 26 -> null

*** 원소 57 삽입 후 리스트 L 출력
7 -> 15 -> 26 -> 57 -> null

*** 삭제할 원소 27 없습니다.

*** 원소 105 삽입 후 리스트 L 출력
7 -> 15 -> 26 -> 57 -> 105 -> null

*** 원소 7 삭제 후 리스트 L 출력
15 -> 26 -> 57 -> 105 -> null

*** 원소 105 삭제 후 리스트 L 출력
15 -> 26 -> 57 -> null

*** 삭제할 원소 91 없습니다.

*** 원소 35 삽입 후 리스트 L 출력
15 -> 26 -> 35 -> 57 -> null
```

4.5 기타 연결 리스트

4.5.1 원형 연결 리스트

연결 리스트에서 마지막 노드의 링크는 null인데, 원형 연결 리스트(circular linked list)는 마지막 노드가 처음 노드를 가리키는 리스트이다.

[그림 4.6] 원형 연결 리스트

단순 연결 리스트의 경우 어떤 노드의 후행 노드들은 쉽게 접근할 수 있지만 선행 노드들을 직접 접근할 수는 없다. 반면 원형 연결 리스트의 경우 한 방향으로 검색하면 한 노드에서 다른 모든 노드로 접근할 수 있는 이점이 있다.

```java
class RingNode {
    Object Data;
    RingNode link;
}
```

다음 예제는 (15, 35, 67, 98) 리스트를 원형 연결 리스트로 생성한 후 출력하는 프로그램이다.

● 예제 4-9 ●   UseRingNode.java

```java
public class UseRingNode {
    public static void main(String args[]) {
        RingNode obj = new RingNode();
        obj.build();       // 원형 연결리스트 만들기
    }
}
class RingNode {
    Object data;
    RingNode link;
    void build()
    { RingNode L = null, temp, end;
        end = L;
        int[] data = {15, 35, 67, 98};
        for (int i = 0; i < data.length; i++)
```

```
      { temp = new RingNode();   // 삽입할 임시 노드
        temp.data = data[i];
        if (L == null)           // 공백 리스트인 경우
           L = temp;             // L이 temp를 가리킴.
        else                     // 공백 리스트가 아닌 경우
           end.link = temp;      // end 뒤에 temp 연결
        end = temp;              // end가 새로 연결된 temp 가리킴.
      }
      end.link = L;          // 원형 연결 리스트의 마지막노드의 링크를 첫 노드로 지정
      System.out.println("*** 리스트 L 출력");
      L.print(L, end);       // print(L, end);
  }


void print(RingNode p, RingNode end)           // 리스트 출력
  { while (p != end)      // p가 마지막 노드(end)가 아닌 경우 반복
    { System.out.print(p.data+" -> ");
      p = p.link;         // p는 다음 노드 가리킴.
    }
    System.out.println(end.data+" -> null");  // 마지막 노드 출력
  }
}
```

실행 결과

```
*** 리스트 L 출력
15 -> 35 -> 67 -> 98 -> null
```

4.5.2 이중 연결 리스트

연결 리스트에서 어떤 노드의 선행 노드를 알려면 리스트의 처음부터 검색해야 한다. 이중 연결 리스트(double linked list)는 각 노드가 자신의 선행 노드와 후행 노드를 가리키는 링크를 동시에 갖는 연결 리스트이다. 이중 연결 리스트는 연결 리스트와 비교할 때 선행 노드와 후행 노드를 직접 접근하므로 삽입과 삭제 연산이 용이하다.

반면 링크 필드를 이중으로 갖고 있어 기억공간을 더 많이 사용하고 두 개의 링크 필드를 관리해야 하므로 단순 연결 리스트보다 더 복잡하다. 이중 연결 리스트의 노드 구조는 다음과 같다.

[그림 4.7] 이중 연결 리스트의 노드 구조

```
class DoubleNode {
    Object Data;
    DoubleNode llink, rlink;  }
```

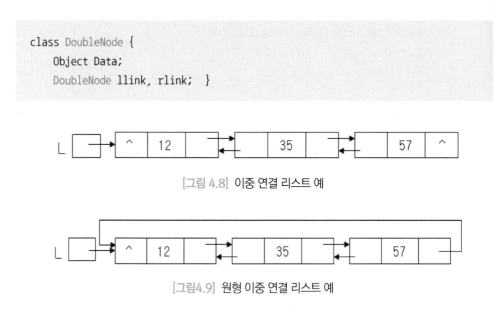

[그림 4.8] 이중 연결 리스트 예

[그림4.9] 원형 이중 연결 리스트 예

다음 예제는 (12, 35, 57) 리스트를 이중 연결 리스트로 생성한 후 오른쪽 링크를 사용하여 연결 리스트를 출력하고 왼쪽 링크를 사용하여 연결 리스트를 출력하는 프로그램이다.

● 예제 4-10 ●　　　UseDoubleNode.java

```
public class UseDoubleNode {
    public static void main(String args[]) {
        DoubleNode obj = new DoubleNode();
        obj.build();  // 이중 연결 리스트 만든 후 출력하기
    }
}
```

```java
class DoubleNode {
  Object data;
  DoubleNode llink, rlink;

  void build()
  { DoubleNode L = null, temp, end;
    end = L;
    int[] data = {12, 35, 57};
    for (int i = 0; i < data.length; i++)
    { temp = new DoubleNode();
      temp.rlink = null;      // 생략 가능
      temp.llink = null;      // 생략 가능
      temp.data = data[i];
      if (L == null)          // 공백 리스트인 경우
        L = temp;             // L이 temp 가리킴.
      else                    // 공백 리스트가 아닌 경우
      { end.rlink = temp;     // end 뒤에 temp 연결
        temp.llink = end;     // temp 앞에 end 연결
      }
      end = temp;             // end가 삽입한 노드(temp) 가리키게 함.
    }
    System.out.println("* 리스트 L 출력 - 오른쪽링크 사용 ");
    L.printrt(L);             // printrt(L);
    System.out.println();
    System.out.println("* 리스트 L 출력 - 왼쪽링크 사용 ");
    L.printlt(end);           // printlt(end);
  }
  void printrt(DoubleNode p) // 리스트의 첫 노드부터 출력
  { while (p != null)
    { System.out.print(p.data+" -> ");
      p = p.rlink;           // p가 후행 노드를 가리키게 함.
    }
    System.out.println("null");
  }

  void printlt(DoubleNode p) // 역순으로 리스트 출력
  { while (p != null)
    { System.out.print(p.data+" -> ");
      p = p.llink;           // p가 선행 노드를 가리키게 함.
```

```
        }
        System.out.println("null");
    }
}
```

실행 결과

* 리스트 L 출력 - 오른쪽링크 사용
12 -> 35 -> 57 -> null

* 리스트 L 출력 - 왼쪽링크 사용
57 -> 35 -> 12 -> null

4.6 자바 LinkedList 컬렉션

자바에서 연결리스트인 LinkedList 컬렉션을 제공하고, 컬렉션은 자바에서 제공하는
자료구조이다. LinkedList 외에도 Stack, Queue와 Deque 등을 제공하고 있다.
자바 컬렉션는 java.util 패키지에 포함되어 있어 import한 후 사용한다.
LinkedList의 주요 메서드들은 다음과 같다. 연결 리스트에 있는 각 자료는 요소
(element)라고 하고 인덱스는 0부터 시작한다.

```
boolean isEmpty()            // 연결 리스트가 비어 있는지 여부를 반환
boolean add(element)         // 연결 리스트의 끝에 요소 추가
void add(index, element)     // 지정된 인덱스에 요소 삽입
Object get(index)            // 지정된 인덱스의 요소 반환
Object remove(index)         // 지정된 인덱스의 요소 제거
void clear()                 // 연결 리스트의 모든 요소 제거
int size()                   // 연결 리스트의 크기(요소의 개수) 반환
boolean contains(element)    // 특정 요소가 포함되어 있는지 여부를 반환
```

문자열 자료를 갖는 연결리스트는 다음과 같이 생성한다.

```
LinkedList<String> linkedList = new LinkedList<>();
```

〈 〉 안에 원하는 자료형을 클래스타입으로 기술하는데, 기본 자료형일 경우 래퍼 (wrapper) 클래스로 지정한다. 만일 요소가 정수일 경우 Integer, 문자일 경우 Character, 그 외 기본 자료형들은 기본 자료형의 첫 글자를 대문자로 표시해 Float, Double 등으로 나타낸다.

다음 예제는 자바 컬렉션 연결 리스트를 생성한 후 삽입과 삭제 후 연결 리스트를 출력하는 프로그램이다.

● 예제 4-11 ●   TestLinkedList.java

```java
import java.util.LinkedList;
public class TestLinkedList {
  void print(LinkedList<String> linkedList) { // 연결 리스트 출력
    System.out.println("연결 리스트");
    for (String element : linkedList)          // 각 요소 출력
        System.out.print(element+" -> ");
    System.out.println("null \n");
    /* 다른 방법으로 출력
      for (int i = 0; i < linkedList.size(); i++)
          System.out.println(linkedList.get(i)+" -> ");
      System.out.println("null \n");
     */
  }
  public static void main(String[] args) {
    TestLinkedList tl = new TestLinkedList();
    LinkedList<String> linkedList = new LinkedList<>();
    linkedList.add("kim");
    linkedList.add("lee");
    System.out.println("* 연결 리스트 : "+linkedList); // [ ] 형태로 출력
```

```java
        System.out.print("* ");
        tl.print(linkedList);
        linkedList.add(0, "cho");
        System.out.print("* cho 삽입 후 ");
        tl.print(linkedList);
        String data = linkedList.get(0);    // "cho" 반환
        linkedList.remove(0);               // 인덱스 0의 "cho" 제거
        System.out.print("* cho 삭제 후 ");
        tl.print(linkedList);
        System.out.println("* 연결리스트의 크기 : "+linkedList.size()); // 2 반환
        boolean contains = linkedList.contains("kim"); // true 반환
        System.out.println("* kim이 있는가? "+contains);
        linkedList.clear();                             // 모든 요소 제거
        boolean isEmpty = linkedList.isEmpty();         // true 반환
        System.out.println("* 모든요소 삭제 후 빈 연결리스트인가 ? :"+isEmpty);
    }
}
```

실행 결과

```
* 연결 리스트 : [kim, lee]
* 연결 리스트
kim -> lee -> null

* cho 삽입 후 연결 리스트
cho -> kim -> lee -> null

* cho 삭제 후 연결 리스트
kim -> lee -> null

* 연결리스트의 크기 : 2
* kim이 있는가? true
* 모든요소 삭제 후 빈 연결리스트인가 ? :true
```

- 연결 리스트는 자료를 저장할 필드와 자료의 위치 정보를 담고 있는 필드를 갖는 구조로, 위치 정보는 다음에 연결할 노드의 위치를 나타낸다.
- 선형 리스트와는 달리 연결 리스트는 〈자료, 링크〉의 저장 구조를 갖는데 이것을 노드(node)라 한다.
- 연결 리스트의 각 노드는 필요할 때마다 생성하고 생성한 노드를 연결하면서 만들어진다.
- 선형 리스트의 경우 자료의 삽입과 삭제 시 기존 자료들을 이동해야 하고 삽입할 자료들을 위한 기억공간을 미리 확보해야 하는 단점이 있다.
- 선형 리스트의 단점을 해결하기 위해 연결 리스트를 사용한다.
- 연결 리스트의 노드를 생성하려면 각 노드를 나타내는 Node 클래스를 정의해야 한다. 연결 리스트에서 숫자, 문자열 등 다양한 유형의 값을 갖는 자료를 표현하기 위해, 자바의 최상위 클래스인 Object 클래스로 자료 필드를 선언하고, 링크 필드는 Node로 선언한다.

```
class Node {
    Object data;
    Node link;
}
```

- 연결 리스트는 자료 필드와 링크 필드를 갖는 노드라는 재귀 자료형을 사용하여 리스트의 각 노드를 연결할 수 있다.
- 노드를 연결하기 위해 link 필드에 연결할 객체를 대입한다. L 뒤에 temp를 연결할 경우 L.link = temp; 배정문을 사용해 객체 temp를 연결한다.
- 노드 객체를 생성한 후 각 노드의 링크 필드에 다음 노드 객체를 대입하여 연결한다.

- 각 노드는 링크라는 필드를 통해 연결하므로 특정 원소를 삽입하거나 삭제할 때 링크만 변경하면 되고 선형 리스트처럼 원소를 이동할 필요가 없으므로 효율적인 자료 구조라 할 수 있다.

- 각 노드는 필요할 때 기억공간을 할당받으므로 배열로 된 선형 리스트처럼 여분의 기억공간을 미리 할당받을 필요가 없고 노드를 삽입하거나 삭제할 때 기존의 자료를 이동시킬 필요도 없다.

- 연결 리스트에 특정한 노드를 삽입하는 경우 먼저 삽입할 위치를 찾아서 노드를 생성한 후 그 위치에 노드를 삽입한다.

- 노드를 삽입할 경우 리스트의 앞부분에 삽입하거나 중간부분에 삽입하는데, 일반적으로 삽입할 위치를 찾을 때 노드들이 정렬되어 있다고 가정하고 크기순으로 삽입할 노드의 위치를 정하게 된다.

- 연결 리스트에 노드를 삽입/삭제할 때 삽입/삭제할 노드의 링크를 변경해야 하므로 삽입/삭제할 위치의 바로 앞(선행) 노드를 찾아야 한다.

- 원형 연결 리스트(circular linked list)는 마지막 노드가 처음 노드를 가리키는 리스트이다. 원형 연결 리스트의 경우 한 방향으로 검색하면 한 노드에서 다른 모든 노드로 접근할 수 있는 이점이 있다.

- 이중 연결 리스트(double linked list)는 각 노드가 자신의 선행 노드와 후행 노드를 가리키는 링크를 동시에 갖는 연결 리스트이다. 이중 연결 리스트는 연결 리스트와 비교할 때 선행 노드와 후행 노드를 직접 접근하므로 삽입과 삭제 연산이 용이하다.

- 자바에서 연결리스트인 LinkedList 컬렉션을 제공하고, 컬렉션은 자바에서 제공하는 자료구조이다.

- LinkedList의 주요 메서드들은 다음과 같다. 연결 리스트에 있는 각 자료는 요소(element)라고 하고 인덱스는 0부터 시작한다.

```
boolean isEmpty()            // 연결 리스트가 비어 있는지 여부를 반환
boolean add(element)         // 연결 리스트의 끝에 요소 추가
void add(index, element)     // 지정된 인덱스에 요소 삽입
Object get(index)            // 지정된 인덱스의 요소 반환
Object remove(index)         // 지정된 인덱스의 요소 제거
void clear()                 // 연결 리스트의 모든 요소 제거
int size()                   // 연결 리스트의 크기(요소의 개수) 반환
boolean contains(element)    // 특정 요소가 포함되어 있는지 여부를 반환
```

- 문자열 자료를 갖는 연결리스트는 LinkedList<String> linkedList = new LinkedList<>(); 문장으로 생성한다.

연습문제

1 연결 리스트란 어떤 리스트인가? 연결 리스트의 자료 구조를 설명하시오.

2 연결 리스트의 각 노드를 연결하는 방법을 예를 들어 설명하시오.

3 리스트 L={5, 16, 38, 52, 69}를 연결 리스트로 생성하는 프로그램을 작성하시오.

4 위의 리스트에서 27이란 원소 값을 삽입하는 프로그램을 작성하시오.

5 위의 리스트에서 임의의 값을 삭제하는 프로그램을 작성하시오.

6 원형 연결 리스트란 무엇인가?

7 이중 연결 리스트의 구조를 설명하시오.

8 학번과 자바 점수와 자료구조 점수를 멤버변수로 갖는 Score 클래스를 정의하고, 학번과 자바, 자료구조 점수를 '*'가 나올 때까지 입력받아 Score 클래스 객체의 각 멤버변수에 저장한다. 연결리스트의 각 노드의 data 필드에 Score 클래스 객체를 저장하는 연결 리스트를 만들어 각 객체 값을 다음과 같이 출력하시오.

   *** Score 리스트 출력 ***
   1001 90 80 -> 1002 89 67 -> 1003 45 67 -> ...   -> null

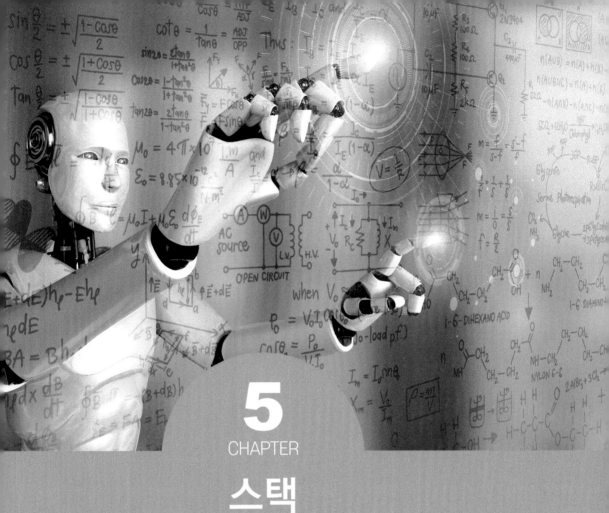

5

CHAPTER

스택

스택(stack)은 원소의 삽입과 삭제가 한 쪽 끝에서 이뤄지는 선형 리스트이다. 삽입과 삭제가 일어나는 곳이 top이고, 스택에 원소를 삽입하는 연산을 push라 하고 삭제하는 연산을 pop이라 한다.

5.1 스택 자료 구조

스택은 LIFO(Last-in First-out)의 특성을 갖는 자료 구조로 가장 마지막에 삽입한 원소를 가장 먼저 삭제하는 리스트로, top에서 삽입과 삭제가 일어난다. 일상생활에서 흔히 찾을 수 있는 스택 구조는 식당에서 이용하는 접시나 식기를 예로 들 수 있다. 접시나 식기의 경우 가장 위에 올려져 있는 것을 가장 먼저 사용하게 된다.

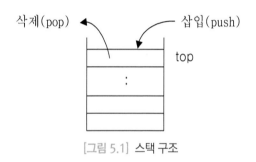

[그림 5.1] 스택 구조

[그림 5.1]에서 볼 수 있듯이 원소를 삽입할 경우 현재의 top 위에 삽입한 후 새로 삽입한 원소가 top이 되고, 삭제할 경우 top에 있는 원소를 삭제하고 그 아래 있는 원소가 top이 된다.

스택 S = $(e_1, e_2, ..., e_n)$이 있을 때 e_n은 top에 있는 원소이다. [그림 5.2]에서 스택에 각 원소를 삽입하고 삭제할 때 스택의 상태를 알 수 있다.

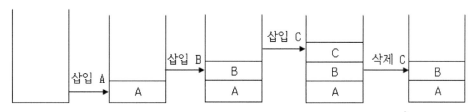

[그림 5.2] 스택 원소의 삽입과 삭제

[그림 5.2]에서 볼 수 있듯이 스택은 LIFO의 자료 구조로 맨 마지막에 삽입한 원소를 제일 먼저 삭제하게 된다. 스택의 이러한 특성 때문에 스택을 LIFO 리스트라 한다. 컴퓨터 시스템에서 스택 자료 구조를 사용하고 있는데, 프로그램을 실행할 때 시스템에서 사용하는 대표적인 스택으로 시스템 스택 혹은 실행 시간 스택이 있다. 시스템 스택은 프로그램에서 메서드를 호출할 때 호출과 복귀(return)에 따른 실행 순서를 관리할 수 있도록 제어한다.

메서드를 호출할 때 가장 나중에 호출된 메서드부터 가장 먼저 복귀하는 것이 스택의 LIFO와 같은 특성을 갖기 때문에 메서드 호출과 관련된 정보를 스택에 저장한다. 메서드의 호출과 복귀 순서는 스택 구조를 활용하면 효율적으로 관리할 수 있다.

수식에서 여는 괄호와 닫는 괄호의 개수나 모양이 맞는지 검사할 때 스택을 활용해 프로그램을 작성하면 효율적으로 구현할 수 있다. 괄호를 포함하고 우선순위에 따라 수식을 계산하는 복잡한 수식이 컴퓨터에서 실행되도록 구현할 때도 스택을 활용하면 프로그램을 쉽게 작성할 수 있다.

스택 활용에 관한 내용은 5.6절에 자세하게 나와 있다.

5.2 스택의 순차 표현

스택을 표현하는 가장 간단한 방법은 배열을 사용하여 스택의 각 원소를 나타내는 것이다. 스택 stk[n] 배열을 사용하면 첫 원소는 stk[0], 두 번째 원소는 stk[1], 마지막 top을 나타내는 원소는 stk[n 1]이 된다.

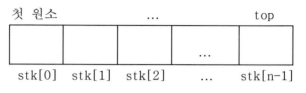

첫 원소   ...   top

stk[0]   stk[1]   stk[2]   ...   stk[n-1]

[그림 5.3] 순차 스택 구조

스택을 배열로 표현할 때 top 원소의 위치(첨자)를 나타내는 변수 top이 필요하고, 처음 스택을 생성할 때 원소가 없으므로 top을 -1로 설정하고 공백(empty) 스택임을 나타낸다. 스택에 들어가는 각 원소는 하나의 자료가 될 수도 있고 여러 가지 값을 가진 클래스타입의 객체나 배열 등 여러 필드로 구성된 복합 구조일 수도 있다. 스택에서 원소를 삽입하거나 삭제할 때 필요한 연산들이 있다.

[스택 생성]

```
public ArrayStack() {              // 스택 멤버변수들 초기화
    top = -1;
    size = 50;                     // 스택 크기
    increment = 10;                // 스택 확장 단위
    itemStack = new Object[size];  // 스택 원소 저장하는 배열
}
```

스택 itemStack을 배열로 생성하고 스택이 만원(full)일 경우 increment 변수가 10씩 증가하도록 배정한다. 초기 top의 값은 -1이다.

[공백 스택인지 확인하는 연산 isEmpty()]

```
public boolean isEmpty() {
    return top == -1;          // top이 -1일 때 공백 스택
}
```

스택이 공백일 경우는 top이 -1일 때이다. top == -1이라는 조건이 참이면 스택은 공백이다.

```
public void push(Object x) {   // 스택에 원소 삽입
  if (top == size-1)          // 스택이 만원(full)인 경우 배열 크기 확장
  { size += increment;        // size = size + increment; 10만큼 증가
    Object[] tempArray = new Object[size];   // 확장된 새 배열 생성
    for(int i = 0; i <= top; i++)            // 새 배열로 원소 이동
      tempArray[i] = itemStack[i];
    itemStack = tempArray;    // 새 배열이 itemStack이 됨.
  }
  itemStack[++top] = x;       // 원소 삽입
}
```

스택에 기본 자료형이나 객체 등 다양한 원소가 들어갈 수 있도록 스택 배열을 만들 때 Object로 지정한다. 삽입의 경우 스택이 만원(full)이면 더 이상 원소를 저장할 수 없으므로 스택의 크기를 확장해야 한다. 스택이 만원일 때 원소를 확장해야 하므로 임시 배열 tempArray를 사용하여 크기를 확장하고 기존의 스택인 itemStack의 각 원소를 저장한 후 이 임시 배열이 itemStack이 된다. 스택의 크기를 확장한 후 top의 값을 1증가하고 그 위치에 삽입할 원소를 저장한다.

[스택에서 원소를 삭제하는 연산]

```
public Object pop() {
  if (isEmpty())  // 스택이 공백인 경우
  { System.out.println("Stack Empty");
    return itemEmpty;  }
  return itemStack[top--]; // 공백이 아닌 경우, top 원소 반환하면서 1 감소.
}
```

원소를 삭제할 경우는 공백 스택인지 검사한 후 공백이 아닌 경우만 삭제할 수 있다. 공백이 아닌 경우 top에 있는 원소를 반환하면서 삭제해야 하므로 return itemStack[top--]; 문장을 사용해 현재 top에 있는 원소를 반환하면서 top을 1 감소시킨다.

```
public Object peek() {          // top 원소 반환하는 메서드
  if (isEmpty())                // 스택이 공백인 경우
  { System.out.println("Stack Empty");
    return itemEmpty;         }
  else  return itemStack[top]; // 공백이 아니면 top 원소 반환
}
```

다음 예제는 배열을 사용하여 스택을 생성한 후 push와 pop 연산을 수행한 후 스택을 출력하는 프로그램이다.

| ● 예제 5-1 ● | UseArrayStack.java |

```
class ArrayStack {
  private int top;                // top 원소의 위치 나타내는 변수
  private int size;               // 배열의 크기
  private int increment;          // 배열의 확장 단위
  private Object[] itemStack;     // 스택 원소 저장하는 배열
  private Object itemEmpty = "empty";

  public ArrayStack() {           // 스택 멤버변수들 초기화
    top = -1;
    size = 50;
    increment = 10;
    itemStack = new Object[size];
  }
  public boolean isEmpty()  {
    return top == -1;             // 공백 스택
  }
  public void push(Object x) {    // 원소 삽입
    if (top == size-1)            // 스택이 만원(full)인 경우 배열 크기 확장
    { size += increment;
      Object[] tempArray = new Object[size];
      for(int i = 0; i <= top; i++)     // 새로운 배열로 원소 이동
        tempArray[i] = itemStack[i];
```

```java
        itemStack = tempArray;
    }
    itemStack[++top] = x;              // 원소 삽입
}
public Object pop() {                  // top 원소 삭제
    if (isEmpty())
    { System.out.println("Stack Empty");
        return itemEmpty;              }
    return itemStack[top--];           // top 원소 반환, top 1 감소
}
public Object peek()  {                // top 원소 반환
    if (isEmpty())
    { System.out.println("Stack Empty");
        return itemEmpty;              }
    else  return itemStack[top];
}

public void print() {
    for(int i = 0; i < top; i++)       // 스택 출력
        System.out.print(itemStack[i]+", ");
    System.out.println(itemStack[top]);
    System.out.println();
}
}
public class UseArrayStack
{  public static void main(String args[]) {
        ArrayStack stack1 = new ArrayStack();
        stack1.push("han");            // 스택에 "han" 삽입
        stack1.push(1279);             // stack1.push(new Integer(1279));
        stack1.push("lee");
        stack1.push("Park");
        stack1.push(5734);
        System.out.println("*** push 연산 후 Stack ***");
        stack1.print();
        System.out.print("*** Top 원소 :");
        System.out.println(stack1.peek()+"\n");
        stack1.pop();                   // 스택에서 삭제
        System.out.println("*** pop 연산 후 Stack ***");
        stack1.print();
```

```java
        stack1.pop();
        System.out.println("*** pop 연산 후 Stack ***");
        stack1.print();
        System.out.print("*** Top 원소 :");
        System.out.println(stack1.peek()+"\n");
        stack1.pop();
        System.out.println("*** pop 연산 후 Stack ***");
        stack1.print();
    }
}
```

실행 결과

```
*** push 연산 후 Stack ***
han, 1279, lee, Park, 5734

*** Top 원소 : 5734

*** pop 연산 후 Stack ***
han, 1279, lee, Park

*** pop 연산 후 Stack ***
han, 1279, lee

*** Top 원소 :lee

*** pop 연산 후 Stack ***
han, 1279
```

5.3 　스택의 연결 표현

배열을 사용하여 스택을 순차적으로 표현하면 간단하고 쉽게 스택을 구성할 수 있지만, 스택의 크기가 가변적이고 여러 개의 스택을 동시에 사용할 경우 스택을 효율적으로 관리하기 힘들다.

연결 리스트를 사용하여 스택을 표현하면 스택이 만원(full)인지 검사할 필요도 없고, 스택이 만원일 경우 스택 배열을 확장시켜 확장시킨 배열에 스택의 원소 값을 저장할 필요도 없다.

[그림 5.4]는 연결 리스트로 표현한 스택이다.

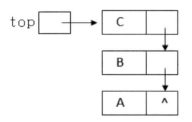

[그림 5.4] 연결 리스트 스택

스택의 맨 위를 가리키는 top은 노드를 삽입하고 삭제하는 위치를 나타낸다. 스택에 노드를 삽입할 때 top 앞에 노드를 삽입하고 top이 새 노드를 가리키게 하고, 노드를 삭제할 경우 top이 다음 노드를 가리키도록 변경한다. top 노드의 링크를 변경하면 삽입과 삭제가 간단하게 이뤄진다.

스택의 자료를 나타내는 Node 클래스는 다음과 같다.

```
class Node
  { Object data;
    Node link;
  }
```

다음 스택을 연결 리스트로 만들어 보자. Node 객체 top은 스택의 멤버변수이다.

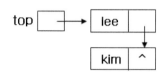

처음 스택은 공백이므로 새로운 노드 temp를 생성해 temp.data에 "kim"을 넣어주고, top = temp; 문장으로 top이 temp를 가리키게 한다. 자바에서 노드 객체를 생성할 때 멤버 변수의 초깃값은 null이 자동으로 들어가므로 temp.link = null; 문장은 생략 가능하다.

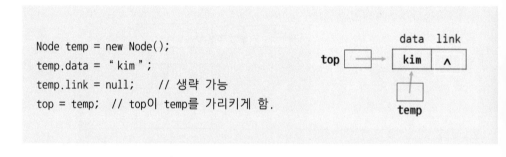

스택에 두 번째 노드를 삽입하려면 temp를 생성해 temp.data에 "lee"를 넣어주고, temp.link = top; 문장으로 temp 뒤에 top을 연결해 현재 top 앞에 temp 노드를 삽입한 후, top = temp; 문장으로 top이 새로 삽입한 temp를 가리키도록 변경한다.

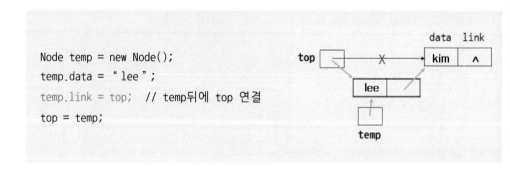

두 과정을 비교해보면 스택이 공백이 아닌 경우 temp.link = top; 문장을 추가해 수행하는 것을 알 수 있다.

예제 5-2는 다음 스택을 연결 리스트로 만드는 프로그램이다.

● 예제 5-2 ●　　CreatelinkedStack.java

```java
class Node
{ Object data;
  Node link;
}
class Stack {
  Node top;

  void create(String x){
    Node temp = new Node(); // 삽입할 임시 노드
    temp.data = x;          // temp.link = null; 생략함.
    if(top != null)         // 스택이 공백이 아닌 경우
      temp.link = top;      // temp 뒤에 top 연결
    top = temp;             // top이 삽입한 노드(temp)를 가리킴.
  }

  void print()
  { Node temp;
    temp = top;
    while (temp != null)    // temp가 null이 아닌 동안 출력
    { System.out.println(temp.data + " -> ");
      temp = temp.link;     // temp는 다음 노드를 가리킴.
    }
    System.out.println("null");
  }
}
public class CreatelinkedStack {
  void build(Stack stk) {
```

```
        stk.create("kim");      // 연결 리스트 스택에 "kim" 삽입
        stk.create("lee");
        stk.create("pak");
        stk.create("yoon");
    }
    public static void main(String args[]) {
        CreatelinkedStack obj = new CreatelinkedStack();
        Stack stk = new Stack();
        obj.build(stk);          // 4개의 노드를 갖는 연결 리스트 스택 만들기
        System.out.println("*** 스택 출력");
        stk.print();             // 스택 출력
    }
}
```

실행 결과

```
*** 스택 출력
yoon ->
pak ->
lee ->
kim ->
null
```

5.4 스택 노드의 삽입과 삭제

하나의 노드를 스택에 삽입하는 연산과 스택에서 노드를 삭제하는 연산은 스택을 활용할 때 빈번하게 사용하는 연산들이다.

스택에 노드를 처음 삽입하는 경우, 공백(empty) 스택에 노드를 삽입하는 것이므로 top이 삽입한 노드를 가리키도록 명령문을 작성한다. 공백이 아닌 경우는 top 앞에 새 노드를 삽입한 후 top이 새 노드를 가리키게 한다. 두 경우 모두 top이 새로 삽입한 노드를 가리키게 한다.

[노드 삽입 연산]

```
void push(Object x) {
  Node temp = new Node();    // 삽입할 노드
  temp.data = x;             // temp.link = null 생략 가능
  if (top != null)           // 스택이 공백이 아닌 경우
    temp.link = top;         // top 앞에 temp 노드 삽입.
  top = temp;                // top이 삽입한 노드(temp)를 가리킴.
}
```

스택에서 노드를 삭제할 경우 공백 스택인지 검사한 후 공백이 아닌 경우 top이 가리키는 노드(top 노드)를 삭제한다. pop하면서 top 자료를 반환할 때, 스택 자료가 문자열인 경우 data = (String)top.data; 문장처럼 캐스팅 연산자를 사용해 문자열로 변환한 다음 data에 저장해야 한다.

[노드 삭제 연산]

```
Object pop() {
  String data= "StackEmpty";  // 초깃값은 "StackEmpty "
  if (top == null)            // 스택이 공백인 경우
    System.out.println("공백 스택--- pop을 수행할 수 없습니다. ");
  else                        // 스택이 공백이 아닌 경우
  { data = (String)top.data;  // top 자료를 문자열로 변환 후 data에 저장함.
    top = top.link;           // top이 다음 노드를 가리키게 함.
  }
  return data;                // top 링크 변경 전 top 자료 반환함.
}
```

예제 5-3은 연결 리스트로 생성한 스택에 삽입 연산을 수행한 후 스택을 출력하는 프로그램이다.

```java
class Node
{ Object data;
  Node link;
}
class Stack {
   Node top;

   void push(Object x) {
     Node temp = new Node();        // 삽입할 노드
     temp.data = x;                 // temp.link = null
     if (top != null)               // 스택이 공백이 아닌 경우
        temp.link = top;            // top 앞에 temp 노드 삽입.
     top = temp;                    // top이 새 노드 temp를 가리킴.
   }

   void print()
   { Node temp;
     temp = top;
     while (temp != null)
     { System.out.println(temp.data + " -> ");
       temp = temp.link;     // temp는 다음 노드 가리킴.
     }
     System.out.println("null");
   }
}
public class LinkedStack {
 public static void main(String args[]) {
   Stack stk = new Stack();
   stk.push("kim");
   stk.push("lee");
   stk.push("pak");
   stk.push("yoon");
   System.out.println("*** 스택 출력");
   stk.print();
   stk.push("cho");
   System.out.println("*** push 연산 후 스택 출력");
   stk.print();
```

```
        stk.push("han");
        System.out.println("*** push 연산 후 스택 출력");
        stk.print();
    }
}
```

실행 결과

```
*** 스택 출력
yoon ->
pak ->
lee ->
kim ->
null
*** push 연산 후 스택 출력
cho ->
yoon ->
pak ->
lee ->
kim ->
null
*** push 연산 후 스택 출력
han ->
cho ->
yoon ->
pak ->
lee ->
kim ->
null
```

예제 5-4는 연결 리스트로 생성한 스택의 삽입과 삭제 연산을 수행한 후 출력하는 프로그램이다. peek()는 스택의 top 원소를 반환하는 메서드이다.

```java
class Node
{ Object data;
  Node link;
}
class Stack {
    Node top;
    String itemEmpty = "StackEmpty";

    void push(Object x) {
      Node temp = new Node();    // 삽입할 노드
      temp.data = x;             // temp.link = null
      if (top != null)           // 스택이 공백이 아닌 경우
         temp.link = top;        // top 앞에 temp 노드 삽입.
      top = temp;                // top이 삽입한 노드 temp를 가리킴.
    }
    Object pop(){                // 삭제하고 삭제된 값 반환
      String data= itemEmpty;    // 초깃값은 "StackEmpty"
      if (top == null)
         System.out.println("공백 스택--- pop을 수행할 수 없습니다. ");
      else
      { data = (String)top.data; // top 자료를 문자열로 변환 후 data에 저장함.
        top = top.link;          // top이 다음 노드를 가리키게 함.
      }
     return data;  // top 링크 변경 전 top 자료 반환함.
    }
    Object peek( ) {             // 스택에서 top 원소 반환
      if ( top == null )         // 스택이 공백인 경우
      { System.out.println("공백 스택입니다.");
        return itemEmpty;
      }
      else return top.data;      // top 자료 반환함.
    }
    void print()
    { Node temp;
      temp = top;                // temp가 top을 가리킴.
      while (temp != null)
        { System.out.println(temp.data + " -> ");
```

```
            temp = temp.link;        // temp는 다음 노드 가리킴.
        }
      System.out.println("null");
    }
  }

public class LinkedStack2 {
    public static void main(String args[]) {
        Stack stk = new Stack();
        stk.push("kim");            // 스택에 "kim" 삽입
        stk.push("lee");
        stk.push("pak");
        stk.push("yoon");
        System.out.println("*** 스택 출력");
        stk.print();
        System.out.println("*** 스택 top 원소 : "+stk.peek());
        System.out.println("*** 삭제된 원소 : "+stk.pop());
        System.out.println("*** pop 연산 후 스택 출력");
        stk.print();
        System.out.println("*** 스택 top 원소 : "+stk.peek());
        System.out.println("*** 삭제된 원소 : "+stk.pop());
        System.out.println("*** pop 연산 후 스택 출력");
        stk.print();
        stk.push("oh");
        System.out.println("*** push 연산 후 스택 출력");
        stk.print();
    }
}
```

실행 결과

```
*** 스택 출력
yoon ->
pak ->
lee ->
kim ->
null
*** 스택 top 원소 : yoon
*** 삭제된 원소 : yoon
*** pop 연산 후 스택 출력
pak ->
lee ->
kim ->
null
*** 스택 top 원소 : pak
*** 삭제된 원소 : pak
*** pop 연산 후 스택 출력
lee ->
kim ->
null
*** push 연산 후 스택 출력
oh ->
lee ->
kim ->
null
```

5.5   자바 Stack 컬렉션

자바에서는 LIFO 기능의 Stack 컬렉션(Collection)을 제공하고 있다. 컬렉션은 자바
에서 자료 구조를 구현한 라이브러리이다. Stack은 java.util 패키지에 포함되어 있고
여러 가지 메서드를 갖고 있다. 정수, 실수, 문자, 객체 등 다양한 자료들이 스택에 들
어갈 수 있도록 Object 클래스를 사용하고 있다.

```
boolean empty()        // 공백 스택인지 검사
void push(element)     // 스택에 요소 삽입
Object pop()           // 스택의 top 요소 삭제
Object peek()          // 스택의 top 요소 반환
int size()             // 스택의 요소 수 반환
```

공백 스택일 때 pop()과 peek()를 호출할 수 없고 호출했을 경우 StackEmpty Exception이 발생한다.

만일 스택에 사용할 요소가 기본 자료형일 경우 기본 자료형에 대응하는 래퍼 클래스로 지정한다. 정수일 경우 Integer를 사용해 Stack 객체를 생성한다.

```
Stack<Integer> stk = new Stack<>();      // Integer 사용
```

정수뿐만 아니라 다양한 종류의 자료형을 갖는 스택을 사용할 경우 Object를 사용해 Stack 객체를 생성한다.

```
Stack<Object> stkOBJ = new Stack<>();  // Object 사용
```

예제 5-5는 자바에서 제공하는 Stack을 사용하여 삽입과 삭제 연산을 수행하는 프로그램이다.

● 예제 5-5 ●   TestStack.java

```java
import java.util.Stack;
public class TestStack {
  void print(Stack<Integer> stk) {     // 스택 출력
    System.out.println("* 정수 스택 * ");
    for (Integer element : stk)        // 각 요소 출력
       System.out.print(element+" ");
    System.out.println("\n");
  }
```

```java
public static void main(String args[]) {
    TestStack ts = new TestStack();
    Stack<Integer> stk = new Stack<>();
    for (int j=0; j<10; j++)
        stk.push(j*2);
    int size = stk.size();              // 스택 사이즈 반환
    System.out.println("* 스택 크기: "+size);
    System.out.println("* top 요소 :"+stk.peek());
    ts.print(stk);
    stk.pop();                          // 스택의 top 요소 삭제
    System.out.println("* pop 연산 후 top 요소 :"+stk.peek());
    stk.push(20);
    System.out.println("* 20 push 후 top 요소 : "+stk.peek());
    System.out.println();
    ts.print(stk);
    Stack<Object> stkObj = new Stack<>();  // 다양한 자료 저장 스택
    stkObj.push("kim");
    System.out.println("* stkObj top 요소 : "+stkObj.peek());
    stkObj.push("컴퓨터공학과");
    System.out.println("* stkObj top 요소 : "+stkObj.peek());
    stkObj.push(230001);
    System.out.println("* stkObj top 요소 : "+stkObj.peek());
    size = stkObj.size();               // 스택 사이즈 반환
    System.out.println("* stkObj 스택 크기 : "+size+"\n");
    System.out.println("* stkObj 스택 요소 :"+stkObj);
    for (int j=0; j < size; j++)
        System.out.println("* pop 한 스택 요소 : "+stkObj.pop());
    }
}
```

실행 결과

```
* 스택 크기: 10
* top 요소 :18
* 정수 스택 *
0 2 4 6 8 10 12 14 16 18

* pop 연산 후 top 요소 :16
* 20 push 후 top 요소 : 20

* 정수 스택 *
0 2 4 6 8 10 12 14 16 20

* stkObj top 요소 : kim
* stkObj top 요소 : 컴퓨터공학과
* stkObj top 요소 : 230001
* stkObj 스택 크기 : 3

* stkObj 스택 요소 :[kim, 컴퓨터공학과, 230001]
* pop 한 스택 요소 : 230001
* pop 한 스택 요소 : 컴퓨터공학과
* pop 한 스택 요소 : kim
```

5.6 스택 활용

스택은 LIFO 특성을 갖고 있어 다양한 분야에서 활용할 수 있는 자료구조이다. 스택
의 활용 분야는 다음과 같다.

(1) 시스템 스택

메서드의 호출과 복귀에 따른 수행 순서를 보면 가장 마지막에 호출한 메서드를 가장
먼저 복귀하므로 메서드의 호출과 복귀 순서는 스택 구조를 응용하여 관리할 수 있다.
메서드 수행에 필요한 지역변수, 매개변수 및 수행 후 복귀할 주소 등의 정보를 시스

템 스택에 삽입한다. 시스템 스택의 top은 현재 실행중인 메서드에 대한 정보가 들어 있다. 메서드의 실행이 끝나면 시스템 스택의 top를 삭제(pop)하면서 스택에 저장된 복귀 주소로 복귀하고, 전체 프로그램을 종료하면 시스템 스택은 공백이 된다.

(2) 수식의 괄호 검사

수식에서 여는 괄호와 닫는 괄호의 개수나 모양이 맞는지 검사할 때 스택을 활용한다. 수식을 읽으면서 왼쪽 괄호를 만나면 스택에 삽입(push)하고 오른쪽 괄호를 만나면 스택에서 삭제(pop)한다. 현재의 오른쪽 괄호와 삭제한 왼쪽 괄호가 같은 종류의 괄호인 경우 괄호의 쌍이 맞는 것이고, 수식을 모두 처리했을 때 스택이 공백이면 왼쪽 괄호와 오른쪽 괄호의 개수가 맞는 수식이다.

예제 5-6은 Stack 클래스를 상속받아 서브클래스 MatchParen을 만들어 수식에서 괄호가 맞는지 검사해 출력하는 프로그램이다. Scanner 객체를 생성할 때 Scanner scan = new Scanner("({ ( )})");처럼 사용해 수식을 직접 입력하지 않고 System.in 자리에 수식 "({ ( )})"을 넣어서 실행하면 편리하게 사용할 수 있다.

● 예제 5-6 ●	MatchParen.java

```java
import java.util.Scanner;

class Node
{ Object data;
  Node link;
}
class Stack {
  Node top;
  String itemEmpty = "StackEmpty";

  void push(Object x) {
    Node temp = new Node();       // 삽입할 노드
    temp.data = x;                // temp.link = null; 생략 가능함.
    if (top != null)              // 스택이 공백이 아닌 경우
      temp.link = top;            // top 앞에 temp 노드 삽입.
```

```
    top = temp;                    // top이 삽입한 노드(temp)를 가리킴.
  }
  Object pop(){                    // 스택에서 top 원소 삭제
    Object data = itemEmpty;    // 초깃값은 "StackEmpty"
    if (top == null)
      System.out.println("공백 스택--- pop을 수행할 수 없습니다. ");
    else
    { data = top.data;           // 공백이 아니면 top.data
      top = top.link;    }
    return data;
  }
  Object peek( ) {                 // 스택에서 top 원소 반환
    if ( top == null )           // 스택이 공백인 경우
    { System.out.println("공백 스택입니다.");
      return itemEmpty;
    }
    else return top.data;
  }

  public boolean isEmpty(){
    return (top == null);
  }
  void print()
  { Node temp;
    temp = top;                   // temp는 top 노드 가리킴.
    while (temp != null)
    { System.out.println(temp.data + " -> ");
      temp = temp.link;    // temp는 다음 노드 가리킴.
    }
    System.out.println("null");
  }
}

public class MatchParen  extends Stack {
  static void match() {
    MatchParen stk = new MatchParen();
    System.out.print("수식을 입력하세요 --> ");
    Scanner scan = new Scanner(System.in);
    // Scanner scan = new Scanner("({ ( )})");
```

```java
        String data = scan.nextLine();
        char ch;
        int i;
        boolean notMatch = false;;
        for (i=0; i<data.length();i++)
        { ch = data.charAt(i);  // 입력받은 수식에서 한 문자씩 ch에 대입
          switch(ch) {
            case '(':  case '{': case '[':   // 여는 괄호일 경우 스택에 삽입
                stk.push(ch);
                break;
            case ')': if(stk.isEmpty() || (char)stk.pop()!='(')
                        notMatch=true;
                    break;
            case ']': if(stk.isEmpty() || (char)stk.pop()!='[')
                        notMatch=true;
                    break;
            case '}': if(stk.isEmpty() || (char)stk.pop()!='{')
                        notMatch=true;
                    break;
          }
          if (notMatch) break;  // 괄호 모양이 맞지 않으면 for 문 반복 끝냄.
        }
        // if (stk.isEmpty() && i == data.length())
        if (stk.isEmpty() && !notMatch)
            System.out.println("괄호가 맞음");
        else System.out.println("괄호가 맞지않음");
    }

    public static void main(String args[]) {
        MatchParen.match();    // match();
    }
}
```

실행 결과

수식을 입력하세요 --> [{ ( ))]
괄호가 맞지않음

(3) 수식의 후위 표기법 변환

연산자와 피연산자로 구성된 수식을 표기하는 방법은 연산자의 위치에 따라 세 가지로 나눌 수 있다. 일반적으로 사용하는 수식은 "x+y"와 같이 중위표기법(infix notation)으로 표시한다. 중위표기법은 피연산자들 사이에 연산자를 표기하는 방법이다.

전위표기법(prefix notation)은 연산자를 앞에 표기하고 피연산자를 뒤에 표기하는 방법이다. 후위표기법(postfix notation)은 연산자를 피연산자 뒤에 표기하는 방법이다.

[표 5.1] 수식의 표기법

중위표기법	전위표기법	후위표기법
x+y	+xy	xy+
x+y*z	+x*yz	xyz*+

일반적으로 수식에서 사용하는 표기법은 중위표기법이지만, 컴퓨터에서 수식을 처리할 때 가장 효율적인 방법은 후위표기법이다. 후위표기법을 사용하면 괄호나 연산자 우선순위를 따로 고려하지 않고 왼쪽에서 오른쪽으로 표기된 순서대로 수식을 계산할 수 있다. 중위표기법의 수식을 입력하면 컴퓨터에서 수식을 효율적으로 처리하기 위해 스택을 사용하여 후위표기법으로 변환하게 된다.

(4) 후위표기법 수식의 연산

컴퓨터에서 후위표기법의 수식을 연산할 때도 스택을 사용한다. 수식에서 피연산자를 만나면 스택에 삽입(push)하고, 연산자를 만나면 피연산자들을 스택에서 삭제(pop)하여 연산하고, 연산 결과를 다시 스택에 삽입한다. 수식이 끝나면, 스택에 있는 연산 결과 값을 삭제(pop)하여 출력한다.

(5) 회문(Palindrome) 검사나 역순 문자열 생성

앞뒤가 똑같은 문장이나 단어인 회문을 검사할 때 스택의 LIFO 특성을 이용하면 회문 검사를 간단하게 수행할 수 있다. 검사할 문장이나 단어를 이등분해서 앞부분을 스택에 삽입(push)한 후, 단어의 길이가 홀수일 경우만 중간 값을 버리고, 스택에 있는 문자를 하나씩 삭제(pop)하면서 삭제한 문자가 나머지 뒷부분의 문자와 같은지 비교해서 모두 같으면 회문이다.

역순 문자열을 생성할 경우, 문자열의 각 문자를 첫 문자부터 마지막 문자까지 순서대로 스택에 삽입(push)하고, 스택에 있는 모든 문자들을 하나씩 삭제(pop)하면서 출력하면 문자열을 역순으로 바꿀 수 있다.

그밖에 텍스트 에디터의 undo 기능이나 웹브라우저의 방문기록의 뒤로가기 기능 등에 스택을 다양하게 활용할 수 있다.

- 스택(stack)은 원소의 삽입과 삭제가 한 쪽 끝에서 이뤄지는 선형 리스트이다.
- 삽입과 삭제가 일어나는 곳이 top이고, 스택에 원소를 삽입하는 연산을 push라 하고 삭제하는 연산을 pop이라 한다.
- 스택은 LIFO(Last-in First-out)의 특성을 갖는 자료 구조로 가장 마지막에 삽입한 원소를 가장 먼저 삭제하는 리스트로, top에서 삽입과 삭제가 일어난다.
- 컴퓨터 시스템에서 스택 자료 구조를 사용하고 있는데, 프로그램을 실행할 때 시스템에서 사용하는 대표적인 스택으로 시스템 스택 혹은 실행 시간 스택이 있다.
- 메서드를 호출할 때 가장 나중에 호출된 메서드부터 가장 먼저 복귀하는 것이 스택의 LIFO와 같은 특성을 갖기 때문에 메서드 호출과 관련된 정보를 스택에 저장한다.
- 스택을 표현하는 가장 간단한 방법은 배열을 사용하여 스택의 각 원소를 나타내는 것이다.
- 스택을 배열로 표현할 때 top 원소의 위치를 나타내는 변수 top이 필요하고, 처음 스택을 생성할 때 원소가 없으므로 top은 -1로 설정하고 공백(empty) 스택임을 나타낸다.
- 스택에 들어가는 각 원소는 하나의 자료가 될 수도 있고 여러 가지 값을 가진 클래스 타입의 객체나 배열 등 여러 필드로 구성된 복합 구조일 수도 있다.
- 원소를 삭제할 경우는 공백 스택인지 검사한 후 공백이 아닌 경우만 삭제할 수 있다.
- peek()는 스택의 top 원소를 반환하는 메서드이다.
- 배열을 사용하여 스택을 순차적으로 표현하면 간단하고 쉽게 스택을 구성할 수 있지만, 스택의 크기가 가변적이고 여러 개의 스택을 동시에 사용할 경우 스택을 효율적으로 관리하기 힘들다.
- 연결 리스트를 사용하여 스택을 표현하면 스택이 만원(full)인지 검사할 필요도 없고, 스택이 만원일 경우 스택 배열을 확장시켜 확장시킨 배열에 스택의 원소 값을 저장할 필요도 없다.
- Node 클래스를 사용해 스택의 자료를 나타낸다.

- 스택의 맨 위를 가리키는 top은 노드를 삽입하고 삭제하는 위치를 나타낸다.
- 스택에 노드를 삽입할 때 공백일 경우는 top이 삽입한 노드를 가리키고, 공백이 아닌 경우 top 앞에 노드를 삽입하고 top이 새 노드를 가리키게 한다.
- 스택에서 노드를 삭제할 경우 공백 스택인 지 검사한 후 공백이 아닌 경우 top이 가리키는 노드(top 노드)를 삭제한다.
- pop하면서 top 자료를 반환할 때, 스택 자료가 문자열인 경우 data = (String) top.data; 문장처럼 캐스팅 연산자를 사용해 문자열로 변환한 다음 data에 저장해야 한다.
- 자바에서는 LIFO 기능의 Stack 컬렉션(Collection)을 제공하고 있다. Stack은 java.util 패키지에 포함되어 있고 여러 가지 메서드를 갖고 있다.

```
boolean empty()        // 공백 스택인지 검사
void push(element)     // 스택에 요소 삽입
Object pop()           // 스택의 top 요소 삭제
Object peek()          // 스택의 top 요소 반환
int size()             // 스택의 요소 수 반환
```

- 스택 자료가 정수일 경우 Integer를 사용해 Stack〈Integer〉 stk = new Stack〈〉();처럼 생성한다.
- 스택의 활용 분야는 시스템 스택, 수식의 괄호 검사, 수식의 후위 표기법 변환, 후위 표기법 수식의 연산, 회문(Palindrome) 검사나 역순 문자열 생성 등이다.

연습문제

1 스택은 어떤 구조로 이뤄진 리스트인가?

2 스택을 선형 리스트로 구현할 때 필요한 연산에는 어떤 것이 있는가?

3 스택을 연결 리스트로 생성하고 스택에 자료를 삽입할 때 고려해야 할 사항은
  무엇인가?

4 다음과 같은 스택을 연결 리스트로 구성하는 프로그램을 작성하시오.

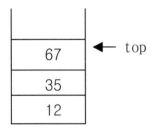

5 위의 스택에 push(83), push(96)을 수행하고 pop(), pop()을 수행한 후
  스택을 출력하는 프로그램을 작성하시오.

6 한 줄에 빈칸으로 분리된 여러 개의 수식을 입력받아 각 수식에서 괄호의 개수
  나 모양이 맞는 수식인지 판별하는 프로그램을 연결 리스트 스택을 사용해 작성
  하시오.

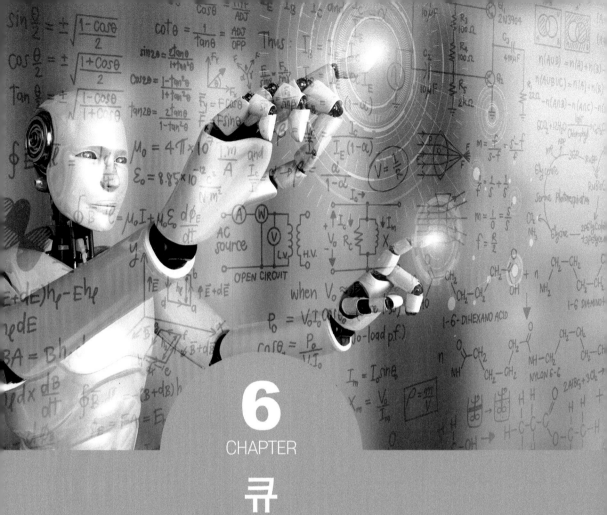

6
CHAPTER

큐

큐(queue)는 FIFO(First-in First-out)의 특성을 갖는 자료 구조로 삽입과 삭제가 서로 다른 곳에서 이뤄지는 리스트이다. 삽입은 큐의 한쪽 끝(rear)에서 일어나고 삭제는 다른 쪽 끝(front)에서 이뤄지도록 제한되어 있는 리스트이다.

6.1 큐 자료 구조

큐는 제일 먼저 삽입한 원소를 가장 먼저 삭제하는 특성을 가진 FIFO 리스트이다. 큐는 서비스를 기다리는 대기 행렬이라 생각할 수 있는데 선착순 서버나, 프린터의 대기행렬이 큐이다. 큐에서 삽입은 rear에서 일어나고, 삭제는 front에서 일어난다.

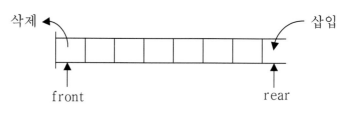

[그림 6.1] 큐 작동 구조

큐 $Q = (a_0, a_1, ..., a_n)$이 있을 때 a_0는 front 원소이고 a_n은 rear 원소이다. 큐에 임의의 원소를 삽입하고 삭제하는 과정은 [그림 6.2]와 같다.

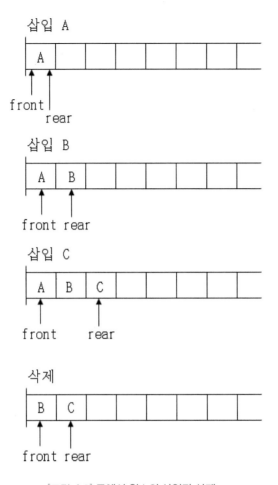

삽입 A

삽입 B

삽입 C

삭제

[그림 6.2] 큐에서 원소의 삽입과 삭제

[그림 6.2]에서 알 수 있듯이 삽입하는 위치는 rear로, rear 뒤에 원소를 삽입하고, front에 있는 원소를 삭제한다. 제일 먼저 삽입한 A를 제일 먼저 삭제한다.

큐는 순서를 기다리는 대기 행렬과 같은 특성을 갖는다. 먼저 들어온 순서대로 서비스를 제공받고 나가게 된다. 컴퓨터 시스템에서 운영체제는 컴퓨터에서 처리할 작업들을 들어온 순서에 따라 처리하고자 할 때, 작업을 처리하는 큐를 만들어서 들어온 순서대로 작업을 처리하도록 한다.

큐를 표현하는 가장 간단한 방법은 배열을 사용하는 것이다. 큐 배열 Q[n]은 큐의 순차 표현이고 큐에 저장할 수 있는 최대 원소는 n개이다. 큐에서 원소를 삽입하고 삭제하기 위해 front와 rear라는 변수가 필요하다.

큐에 원소를 삽입하거나 삭제할 때 필요한 기능은 다음과 같다.

[공백 큐인지 검사하는 연산]

```java
public boolean isEmpty() {
    return (count == 0);   // count가 0일 때 큐가 공백
}
```

처음 큐가 만들어질 때 rear와 front는 같은 위치를 가리키고, 한 개의 원소가 삽입된 경우 첫 원소가 front가 된다. 배열에서 삽입하는 과정의 편의상 rear는 마지막 원소 다음 위치를 나타내게 하여 rear 위치에 바로 삽입한다.

큐의 원소 수를 나타내는 count 변수를 사용해 큐가 공백인지 검사한다. count 변수 값을 0으로 초기화한 후 큐에 원소를 삽입할 때마다 count 변수 값을 1씩 증가한다. 큐가 공백일 때는 count 변수 값이 0이다.

큐에 원소를 삽입할 경우 큐가 만원(full)인지 검사해서 만원일 경우 큐 배열을 확장하고 확장한 임시 배열에 기존의 원소 값을 이동해야 한다. 확장한 배열이 다시 큐가 되고 rear 위치에 원소를 삽입한다.

삽입 연산이 반복되면 rear가 점점 증가하면서 큐의 크기를 나타내는 size에 근접하게 되는데, 삭제 연산을 통해 배열의 앞부분은 비어 있을 가능성이 있다.

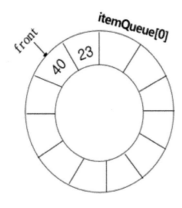

[그림 6.3] 원형 큐

[그림 6.3]처럼 원형 큐(circular queue)를 사용하면 비어있는 배열의 앞부분을 활용해 새로운 값을 삽입할 수 있고 다음과 같이 size로 나눠 나머지 값을 취하면 큐가 원형으로 돌아가게 할 수 있다.

```
rear = (rear + 1) % size;
```

[큐에 원소를 삽입하는 연산]

```
public void insert(Object x) {    // 원형 큐에 x 삽입
  if( count == size ) {       // 배열이 만원(full)이면 increment만큼 확장
    int oldsize = size;
    size += increment;       // 새로운 배열크기
    Object[ ] tempArray = new Object[size]; // 확장된 새 임시 배열
    for (int i = 0; i < count; i++, front = (front + 1) % oldsize)
      tempArray[i] = itemQueue[front];      // 새 배열로 큐 원소 이동
    itemQueue = tempArray;                  // 새 배열이 큐 배열이 됨.
    front = 0;
    rear = count;
  } // end of if( count == size )
  itemQueue[rear] = x;         // 새로운 원소 삽입
```

```
    rear = (rear + 1) % size;  // rear 위치 1증가, 큐가 원형으로 돌아감.
    count++ ;
}
```

큐에서 원소를 삭제할 경우 큐가 공백인지 검사한 후 공백이 아닌 경우 front에 있는
원소를 삭제하고 front는 다음 원소가 된다.

삽입과 삭제 연산을 계속 수행하다보면 front와 rear가 size에 근접하는 값이 될 수 있
고 배열 앞부분의 빈 공간을 활용하기 위해 큐를 원형으로 관리해서, 삭제할 때도
size로 나눠 나머지 값을 취하게 해서 배열의 앞부분의 값을 삭제한다.

```
front = (front + 1) % size;
```

배열이 원형 큐로 작동되도록 하려면 front를 1 증가시킨 후 size로 나눠서 나머지 값
을 취해야 한다.

[큐에서 원소를 삭제하는 연산]

```
public Object delete() {        // 원형 큐에서 원소 삭제해서 반환
    if ( isEmpty() )            // 큐가 공백인 경우
    { System.out.println("Queue Empty");
      return itemEmpty;         // itemEmpty = "QueueEmpty";
    }
    // 큐가 공백이 아닌 경우
    Object tempItem = itemQueue[front];   // 삭제 할 원소 저장
    front = (front + 1) % size;  // front를 1 증가해 삭제, 원형 큐로 작동함.
    count--;                     // 원소 수 1 감소함.
    return tempItem;             // 삭제한 원소 반환
}
```

[큐의 front 원소를 반환하는 연산]

```
public Object peek() {          // 원형 큐의 front 원소 반환
  if ( isEmpty() )              // 큐가 공백인 경우
   { System.out.println("Queue Empty");
     return itemEmpty;          // itemEmpty = "QueueEmpty"
   }
  else   // 큐가 공백이 아닌 경우
     return itemQueue[front];
}
```

예제 6-1은 배열을 사용해 원형 큐를 생성하는 프로그램이다. 삽입하는 과정에 편의
상 rear는 마지막 원소가 아닌 마지막 원소 다음 위치를 나타내고 rear 위치에 바로
삽입한다.

● 예제 6-1 ●　　　ArrayQueue.java

```
public class ArrayQueue {
  private int front;          // 큐의 삭제 위치
  private int rear;           // 큐의 삽입 위치
  private int count;          // 큐의 원소 수
  private int size;           // 배열의 크기
  private int increment;      // 배열의 확장 단위
  private Object[] itemQueue; // 큐 원소 저장 배열
  private Object itemEmpty = "QueueEmpty";

  public ArrayQueue() {       // 큐 생성자, 멤버 변수 초기화
   front = 0;                 // 삭제 위치
   rear = 0;                  // 삽입 위치
   count = 0;                 // 큐 배열의 원소 수
   size = 50;                 // 큐 배열 크기
   increment = 10;            // 큐 배열이 만원(full)일 때 10개씩 증가
   itemQueue = new Object[size];   // 큐 배열
  }
```

```java
public boolean isEmpty() {
    return (count == 0);          // count가 0일 때 큐가 공백
}

public void insert(Object x) {
    if( count == size )  {        // 배열이 만원이면 increment만큼 확장
        int oldsize = size;
        size += increment;        // 새로운 배열크기
        Object[ ] tempArray = new Object[size];  // 확장된 새 배열
        for (int i = 0; i < count; i++, front = (front + 1) % oldsize)
            tempArray[i] = itemQueue[front];     // 새 배열로 원소 이동
        itemQueue = tempArray;    // 새 배열이 큐 리스트가 됨.
        front = 0;
        rear = count;
    }
    itemQueue[rear] = x;          // 새로운 원소 삽입
    rear = (rear + 1) % size;     // 원형 큐라 나머지 취함.
    count++ ;                     // 원소 수 1 증가
}

public Object delete( ) {         // 큐에서 원소를 삭제해서 반환
    if ( isEmpty() )              // 큐가 공백인 경우
    { System.out.println("Queue Empty");
        return itemEmpty;   }
    // 큐가 공백이 아닌 경우
    Object tempItem = itemQueue[front];
    front = (front + 1) % size;   // 원형 큐라 나머지 취함.
    count--;                      // 원소 수 1 감소
    return tempItem;
}

public Object peek( ) {           // 큐에서 원소 값 반환
    if ( isEmpty() )              // 큐가 공백인 경우
    {  System.out.println("Queue Empty");
        return itemEmpty;  }
    else  // 큐가 공백이 아닌 경우
        return itemQueue[front];
}
```

```java
  public void print() {              // 원형 큐 출력
    if ( isEmpty() ) System.out.println("Queue Empty");
    else {
      int no = front;                // front 원소부터 시작
      while (true) {
        System.out.print(itemQueue[no++]+" ");
        if (no == size) no = no % size;   // 원형 큐라 나머지 취함.
        if (no == rear) break;            // rear 앞 원소까지 출력
      }
    }
    System.out.println("\n");
  }
  public static void main(String args[]) {
    ArrayQueue que = new ArrayQueue();
    que.insert("han");        // 큐에 "han" 삽입
    que.insert(1234);         // Que.insert(new Integer(1234));
    que.insert("lee");
    que.insert("kim");
    System.out.println("*** Insert 연산 후 큐 ***");
    que.print();              // 큐 출력
    que.delete();             // 큐의 front 요소 삭제
    System.out.println("*** Delete 연산 후 큐 ***");
    que.print();
    que.delete();
    System.out.println("*** Delete 연산 후 큐 ***");
    que.print();
    que.insert("Cho");
    System.out.println("*** Insert 연산 후 큐 ***");
    que.print();
    que.insert("park");
    System.out.println("*** Insert 연산 후 큐 ***");
    que.print();
    que.delete();
    System.out.println("*** Delete 연산 후 큐 ***");
    que.print();
  }
}
```

실행 결과

```
*** Insert 연산 후 큐 ***
han 1234 lee kim

*** Delete 연산 후 큐 ***
1234 lee kim

*** Delete 연산 후 큐 ***
lee kim

*** Insert 연산 후 큐 ***
lee kim Cho

*** Insert 연산 후 큐 ***
lee kim Cho park

*** Delete 연산 후 큐 ***
kim Cho park
```

6.3 큐 연결 리스트

큐를 순차 표현인 배열로 구현할 경우 간단하지만 큐가 만원(full)일 경우 큐를 확장해서 기존 원소 값을 이동해야한다. 이런 단점을 보완하기 위해 큐를 연결 리스트로 작성한다.

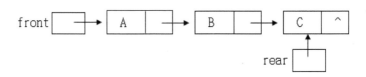

[그림 6.4] 연결 리스트 큐 구조

큐의 자료를 나타내는 Node 클래스는 다음과 같다.

```
class Node
{ Object data;
   Node link;
}
```

다음 큐를 연결 리스트로 만들어 보자.

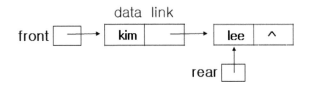

front, rear는 노드 객체이고, 처음에 큐는 공백이므로 새로운 노드를 생성해 temp.data에 "kim"을 대입하고 첫 노드이므로 front = temp; rear = temp;처럼 front 와 rear 모두 temp를 가리키게 한다.

자바에서 노드 객체를 생성할 때 멤버 변수의 초깃값에 null이 자동으로 들어가므로 temp.link = null; 문장은 생략 가능하다.

```
Node temp = new Node();
temp.data = "kim";
temp.link = null;  // 자바에서는 생략 가능함.
front = temp;      // front가 temp를 가리킴.
rear = temp;       // rear가 temp를 가리킴.
```

두 번째 "lee"를 삽입하는 경우, 새로운 노드를 생성해 temp.data에 "lee"를 대입하고 rear.link = temp; 문장을 사용해 rear 뒤에 temp를 연결한다. 삽입 후 rear는 마지막 노드를 가리키게 해야 하므로 rear = temp; 문장으로 rear가 temp를 가리키게 한다.

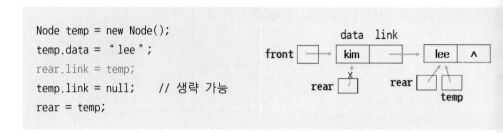

```
Node temp = new Node();
temp.data = "lee";
rear.link = temp;
temp.link = null;     // 생략 가능
rear = temp;
```

큐의 삽입 연산에서 rear는 마지막 노드를 가리키게 해야 하므로, rear = temp; 문장은 큐가 공백인 경우, 공백이 아닌 경우에 모두 적용하는 문장이다.

예제 6-2는 연결 리스트로 다음 큐를 생성하는 프로그램이다.

```
        data link
front ┌─┬→┌────┬──┐→┌────┬──┐→┌────┬──┐→┌─────┬──┐
      └─┘ │ kim │  │ │ lee │  │ │ pak │  │ │yoon │ ∧│
          └────┴──┘ └────┴──┘ └────┴──┘ └─────┴──┘
                                              ↑
                                      rear ┌─┐
                                           └─┘
```

● 예제 6-2 ●   LinkedQueue.java

```java
class Node
  { Object data;
    Node link;
  }

class Queue {
  Node front, rear;

  void create(Object x)      // x를 삽입해 연결 리스트 큐 생성
    { Node temp = new Node(); // temp는 삽입할 노드
      temp.data = x;
      temp.link = null;       // 자바에서는 생략 가능함.
      if(front == null)       // 큐가 공백인 경우
        front = temp;         // front가 새 노드(temp) 가리킴.
      else                    // 큐가 공백이 아닌 경우
        rear.link = temp;     // rear 다음에 새 노드(temp) 연결
      rear = temp;            // rear가 삽입한 노드(temp)를 가리킴.
    }
```

```
  void print()                // 연결 리스트 각 노드 출력
 { Node temp;
   temp = front;              // temp가 시작 위치(front)를 가리키게 함.
   while (temp != null)       // temp가 null이 아닌 동안 출력
   { System.out.print(temp.data + " -> ");
     temp = temp.link;        // 출력 후 temp는 다음 노드를 가리키게 함.
   }
   System.out.println("null");
 }
}


public class LinkedQueue {
  public static void main(String args[]) {
     Queue que = new Queue();
     que.front = que.rear = null;  // 생략 가능
     que.create("kim");  // 연결 리스트 큐에 "kim" 삽입
     que.create("lee");
     que.create("pak");
     que.create("yoon");
     System.out.println("*** 큐 출력");
     que.print();  // 연결 리스트 큐 출력
   }
 }
```

실행 결과

```
*** 큐 출력
kim -> lee -> pak -> yoon -> null
```

연결 리스트 큐의 삽입과 삭제

연결 리스트 큐에 노드를 삽입할 때는 공백의 연결 리스트 큐에 첫 노드로 삽입하는 경우와 중간에 삽입하는 경우가 있다. 첫 노드로 삽입하거나, 현재의 rear 다음 노드로 삽입한 두 경우 모두 삽입한 후, rear가 새로 삽입한 노드를 가리키게 한다.

[큐에 노드를 삽입하는 연산]

```java
void insert(Object x)
 { Node temp = new Node();  // temp는 삽입할 노드
   temp.data = x;
   temp.link = null;        // 자바에서는 생략 가능함.
   if (front == null)       // 큐가 공백인 경우
      front = temp;         // front가 새 노드(temp) 가리킴.
   else                     // 공백 큐가 아닌 경우
      rear.link = temp;     // rear 다음 노드로 삽입
   rear = temp;             // rear가 삽입한 노드(temp) 가리킴.
 }
```

다음 예제는 insert() 메서드로 각 노드를 연결하여 큐를 생성한 후 출력하는 프로그램이다.

● 예제 6-3 ●   LinkedQueue2.java

```java
class Node
 { Object data;
   Node link;
 }
class Queue {
   Node front, rear;

   void insert(Object x)
   { Node temp = new Node(); // temp는 삽입할 노드
```

```java
      temp.data = x;
      temp.link = null;        // 자바에서는 생략 가능함.
      if (front == null)       // 큐가 공백인 경우
         front = temp;
      else                     // 공백 큐가 아닌 경우
         rear.link = temp;     // rear 다음 노드로 삽입
      rear = temp;             // rear가 삽입한 노드(temp) 가리킴.
   }

   void print()
   { Node temp;
     temp = front;            // temp가 시작 위치(front)를 가리키게 함.
     while (temp != null)     // temp가 null이 아닌 동안 출력
     { System.out.print(temp.data + " -> ");
        temp = temp.link;     // 출력 후 temp는 다음 노드를 가리킴.
     }
     System.out.println("null \n");
   }
}

public class LinkedQueue2 {
  public static void main(String args[]) {
    Queue que = new Queue();
    que.front = que.rear = null; // 생략 가능
    que.insert("kim");    // 연결리스트 큐에 "kim" 삽입
    que.insert(35);       // que.insert(new Integer(35));
    que.insert("pak");
    que.insert(82);
    System.out.println("*** 큐 출력");
    que.print();
    que.insert("lee");
    System.out.println("*** 삽입 후 큐 출력");
    que.print();
    que.insert(125);
    System.out.println("*** 삽입 후 큐 출력");
    que.print();
  }
}
```

실행 결과

```
*** 큐 출력
kim -> 35 -> pak -> 82 -> null

*** 삽입 후 큐 출력
kim -> 35 -> pak -> 82 -> lee -> null

*** 삽입 후 큐 출력
kim -> 35 -> pak -> 82 -> lee -> 125 -> null
```

[큐에서 노드를 삭제하는 연산]

```
Object delete() {            // front 노드의 자료 반환
  if (front == null)        // 큐가 공백인 경우
   { System.out.println("공백 큐입니다"); return "QueueEmpty"; }
  else
   { Object data = front.data;
     front = front.link;    // front가 다음 노드 가리키게 해 첫 노드 삭제
     if (front == null)     // 삭제 후 큐가 공백이 되는 경우
        rear = null;        // 공백일 경우 rear도 null로 변경함.
     return data;           // 삭제된 자료 반환
   }
}
```

연결 리스트 큐에서 노드를 삭제할 경우 공백인지 검사하여 삭제한다. 노드를 삭제한 후 큐가 공백이 될 수 있어, front가 null일 때 rear도 null로 변경해야 한다.

예제 6-4는 연결 리스트 큐에서 삽입과 삭제를 수행한 후 결과를 출력하는 프로그램이다. peek()는 front가 가리키는 노드의 자료 값을 반환하는 메서드이다.

```
class Node
 { Object data;
   Node link;
 }

class Queue {
  Node front, rear;
  private Object itemEmpty = "QueueEmpty";

  void insert(Object x) {
    Node temp = new Node();      // temp는 삽입할 노드
    temp.data = x;
    temp.link = null;            // 자바에서는 생략 가능함.
    if (front == null)           // 큐가 공백인 경우
       front = temp;
    else                         // 공백 큐가 아닌 경우
       rear.link = temp;         // rear 다음 노드로 삽입
    rear = temp;                 // rear가 삽입한 노드(temp) 가리킴.
  }
  Object delete() {
    if (front == null)           // 큐가 공백인 경우
    { System.out.println("공백 큐입니다"); return itemEmpty; }
    else
    { Object data = front.data;
      front = front.link;   // front가 다음 노드 가리키게 해 첫 노드 삭제
      if (front == null)    // 삭제 후 큐가 공백이 되는 경우
         rear = null;       // 공백일 경우 rear도 null로 변경함.
      return data;
    }
  }
  Object peek( ) {           // 큐에서 front 노드 반환
    if ( front == null )     // 큐가 공백인 경우
    { System.out.println("큐가 공백입니다.");
       return itemEmpty;       }
    else return front.data;
  }
```

```java
  void print()
  { Node temp;
    temp = front;            // temp가 시작 위치(front)를 가리키게 함.
    while (temp != null)     // temp가 null이 아닌 동안 출력
    { System.out.print(temp.data + " -> ");
      temp = temp.link;      // 출력 후 temp는 다음 노드를 가리키게 함.
    }
    System.out.println("null \n");
  }
}

public class LinkedQueue3 {
  public static void main(String args[]) {
    Queue que = new Queue();
    que.front = que.rear = null;  // 생략 가능
    que.insert("kim");   // 연결리스트 큐에 "kim" 삽입
    que.insert(35);      // que.insert(new Integer(35));
    que.insert("park");
    que.insert(82);
    System.out.println("*** 큐 출력");
    que.print();
    que.delete();        // 연결리스트 큐에서 노드 삭제
    System.out.println("*** 삭제 후 큐 출력");
    que.print();
    que.delete();
    System.out.println("*** 삭제 후 큐 출력");
    que.print();
    que.insert("yoon");
    System.out.println("*** 삽입 후 큐 출력");
    que.print();
    que.insert(157);
    System.out.println("*** 삽입 후 큐 출력");
    que.print();
    System.out.println("*** 삭제될 원소 : "+que.peek());
    que.delete();
    System.out.println("*** 삭제 후 큐 출력");
    que.print();
  }
}
```

실행 결과

```
*** 큐 출력
kim -> 35 -> park -> 82 -> null

*** 삭제 후 큐 출력
35 -> park -> 82 -> null

*** 삭제 후 큐 출력
park -> 82 -> null

*** 삽입 후 큐 출력
park -> 82 -> yoon -> null

*** 삽입 후 큐 출력
park -> 82 -> yoon -> 157 -> null

*** 삭제될 원소 : park
*** 삭제 후 큐 출력
82 -> yoon -> 157 -> null
```

6.5 덱

스택과 큐의 성질을 합한 선형 리스트가 덱(deque: double-ended queue)이다. 덱은 스택이나 큐를 확장하여 삽입과 삭제를 리스트의 양 끝에서 수행하는 자료 구조로 스택이나 큐보다 수행 가능한 연산이 더 많이 있다. 리스트의 양 끝에서 삽입과 삭제가 가능하므로 삽입 연산이나 삭제 연산이 두개씩 있다.

```
insertFirst(D, x);
insertLast(D, x);
deleteFirst(D);
deleteLast(D);
```

[표 6.1]에서 정수 값을 갖는 덱 D에서 연산을 수행한 결과를 볼 수 있다.

[표 6.1] 덱 연산 수행

연산	덱(D)
insertFirst(D, 5)	(5)
insertFirst(D, 2)	(2, 5)
insertLast(D, 6)	(2, 5, 6)
deleteFirst(D)	(5, 6)
deleteLast(D)	(5)
insertFirst(D, 4)	(4, 5)
insertLast(D, 7)	(4, 5, 7)
deleteFirst(D)	(5, 7)

스택 연산과 덱 연산을 비교하여 표시하면 다음과 같다.

스택 연산	덱 연산
push(S, x)	insertLast(D, x)
pop(S)	deleteLast(D)
peek(S)	last(D)

큐 연산과 덱 연산을 비교하면 다음과 같다.

큐 연산	덱 연산
insert(Q, x)	insertLast(D, x)
delete(Q)	deleteFirst(D)
peek(Q)	first(D)

다음 예제는 배열을 사용하여 덱을 생성한 후 삽입과 삭제 연산을 수행하고 갱신된 덱을 출력하는 프로그램이다. 큐 배열과 마찬가지로 rear는 마지막 원소 다음 위치를 나타내 rear 위치에 원소를 바로 삽입한다. 덱의 경우 삽입과 삭제 연산이 복잡해 큐처럼 원형으로 유지할 수 없어 삽입과 삭제 후 자료를 이동하는 과정을 수행한다.

```java
public class ArrayDeque {
    private int front;          // 덱의 삭제 위치
    private int rear;           // 덱의 삽입 위치
    private int count;          // 덱의 원소 수
    private int size;           // 배열의 크기1
    private int increment;      // 배열의 확장 단위
    private Object[] itemDeque; // 덱 원소 저장 배열
    private Object itemEmpty = "empty";

    public ArrayDeque() {       // 덱 생성자
        front = 0;              // 초기화
        rear = 0;
        count = 0;              // 원소 수
        size = 20;              // 초기 덱의 크기
        increment = 10;         // 만원(full)일 때 10개씩 증가
        itemDeque = new Object[size];
    }
    public boolean isEmpty() {  // 공백 덱인지 체크
        return (count == 0);
    }
    public void increseArray(){         // 만원(full)일 때 처리
        size += increment;              // 새로운 배열크기
        Object[ ] tempArray = new Object[size]; // 확장된 새 배열
        for (int i=0; i<rear; i++)      // 새 배열로 원소 이동
            tempArray[i] = itemDeque[i];
        itemDeque = tempArray;          // 새 배열이 덱이 됨.
    }
    public void insertLast(Object x) { // 끝(rear)에 삽입
        itemDeque[rear] = x;            // 새로운 원소 삽입
        rear++;
        if (rear == size)               // 만원(full)일 때 배열 확장
            increseArray();
        count++ ;
    }
    public void insertFirst(Object x){ // 첫(첨사 0) 뒤지에 삽입
        if (count != 0)                 // 공백이 아닌 경우 이동
            for (int i=count; i>0; i--) // 마지막 원소부터 뒤로 이동
```

```java
            itemDeque[i] = itemDeque[i-1];
      itemDeque[0] = x;                 // 새로운 원소 삽입
      count++ ;
      rear = count;                     // 삽입 후 rear는 count 위치가 됨.
      if (rear==size)                   // 만원(full)일 때 배열 확장
         increseArray();
   }
   public Object deleteFirst( ) {       // 덱의 첫 원소 삭제해서 반환
      if ( isEmpty() )                  // 덱이 공백인 경우
      { System.out.println("덱이 공백입니다.");
         return itemEmpty;
      }
      // 덱이 공백이 아닌 경우
      Object tempItem = itemDeque[0];   // tempItem에 삭제 할 원소 저장
      for (int i=0; i<count; i++)       // 바로 앞으로 원소 하나씩 이동
         itemDeque[i] = itemDeque[i+1];
      count --; rear--;                 // 원소 수와 rear 1 감소
      return tempItem;                  // 삭제 된 원소 반환
   }

   public Object deleteLast( ) {     // 덱의 마지막 원소 삭제해서 반환
      if ( isEmpty() )               // 덱이 공백인 경우
      { System.out.println("Deque Empty");
         return itemEmpty;
      }
      // 덱이 공백이 아닌 경우
      Object tempItem = itemDeque[rear-1]; // tempItem은 삭제될 원소 저장
      rear--;                            // rear 1 감소해 삭제 처리
      count--;                           // 원소 수 1 감소
      return tempItem;                   // 삭제된 원소 반환
   }
   public Object first( ) {              // 덱에서 첫 원소 반환
      if ( isEmpty() )                   // 덱이 공백인 경우
      { System.out.println("Deqeue Empty");
         return itemEmpty;
      }
      else return itemDeque[front];      // front 원소 반환
   }
```

```java
public Object last( ) {                   // 덱에서 마지막 원소 반환
    if ( isEmpty() )                      // 덱이 공백인 경우
    { System.out.println("Deqeue Empty");
      return itemEmpty;
    }
    else return itemDeque[rear-1];        // 마지막 원소 반환
}
public void print() {
    if ( isEmpty() )                      // 덱이 공백인 경우
       System.out.println("Deqeue Empty");
    else                                  // 공백이 아닌 경우 출력
       for(int i = 0; i < rear; i++)      // 덱 출력
          System.out.print(itemDeque[i]+" ");
    System.out.println("\n");
}
public static void main(String args[]) {
    ArrayDeque deQue= new ArrayDeque();
    deQue.insertFirst("han");
    System.out.println("*** InsertFirst 연산 후 덱 ***");
    deQue.print();
    deQue.deleteLast();
    System.out.println("*** DeleteLast연산 후 덱 ***");
    deQue.print();
    deQue.insertFirst(1234);
    deQue.insertLast("yoon");
    deQue.insertFirst("kim");
    System.out.println("*** 세 번의 삽입 연산 후 덱 출력 ***");
    deQue.print();
    deQue.insertLast(3457);
    System.out.println("*** InsertLast 연산 후 덱 ***");
    deQue.print();
    deQue.deleteLast();
    System.out.println("*** DeleteLast연산 후 덱 ***");
    deQue.print();
    deQue.deleteFirst();
    System.out.println("*** DeleteFirst 연산 후 덱 ***");
    deQue.print();
    deQue.insertFirst("cho");
    System.out.println("*** InsertFirst 연산 후 덱 ***");
```

```
    deQue.print();
    deQue.insertLast("park");
    System.out.println("*** InsertLast 연산 후 덱 ***");
    deQue.print();
    System.out.println("First : "+deQue.first());
    System.out.println("Last : "+deQue.last());
  }
}
```

실행 결과

```
*** InsertFirst 연산 후 덱 ***
han

*** DeleteLast연산 후 덱 ***
Deqeue Empty


*** 세 번의 삽입 연산 후 덱 출력 ***
kim 1234 yoon

*** InsertLast 연산 후 덱 ***
kim 1234 yoon 3457

*** DeleteLast연산 후 덱 ***
kim 1234 yoon

*** DeleteFirst 연산 후 덱 ***
1234 yoon

*** InsertFirst 연산 후 덱 ***
cho 1234 yoon

*** InsertLast 연산 후 덱 ***
cho 1234 yoon park

First : cho
Last : park
```

6.6 자바 큐 컬렉션과 덱 컬렉션

자바에서 큐 컬렉션은 데이터를 순서대로 저장하고 관리하는 FIFO 자료구조이고, 자바의 덱은 양방향 큐로 큐의 FIFO 기능과 스택의 LIFO 기능을 모두 제공하는 자료구조이다.

6.6.1 큐 컬렉션

자바의 큐 컬렉션는 java.util 패키지에 포함되어 있어 Queue 인터페이스를 import한 후 사용한다. 자바에서 java.util.Queue 인터페이스를 제공하고 있어 다양한 메서드를 사용할 수 있다. 큐에 있는 각 자료는 요소(element)라고 하고 인덱스는 0부터 시작한다.

```
boolean add(element)      // 큐에 요소 추가
boolean offer(element)    // 큐에 요소 추가하고, 실패할 경우 false 반환
Object remove()  // 큐 첫 번째 요소 제거하고 반환
Object poll()    // 큐 첫 번째 요소 제거하고 반환, 공백 큐인 경우 null 반환
Object peek()    // 큐 첫 번째 요소 반환하고, 공백 큐인 경우 null 반환
int size()               // 큐에 포함된 요소의 개수 반환
boolean isEmpty()        // 큐가 비어있는지 여부를 반환
void clear()             // 큐의 모든 요소를 제거
boolean contains(element) // 요소가 큐에 포함되어 있는지 여부를 반환
```

다음 예제는 자바 컬렉션의 큐 연결 리스트를 생성한 후 삽입과 삭제 후 큐 연결 리스트를 출력하는 프로그램이다. 문자열 요소를 갖는 큐 연결리스트를 생성할 경우 Queue〈String〉 queue = new LinkedList〈〉();처럼 작성한다. 만일 요소가 기본 자료형인 경우 대응하는 래퍼 클래스로 지정한다. 정수일 경우 Integer, 문자일 경우 Character, 그 외 기본 사료형들은 기본 사료형의 첫 글자를 대문자로 표시해 Float, Double 등으로 나타낸다.

```java
import java.util.LinkedList;
import java.util.Queue;

public class TestQueue {
    void print(Queue<String> queue) {          // 큐 연결 리스트 출력
        for (String element : queue)           // 각 요소 출력
            System.out.print(element+" -> ");
        System.out.println("null \n");
    }
    public static void main(String[] args) {
        TestQueue tq = new TestQueue();
        Queue<String> queue = new LinkedList<>();    // 큐 연결 리스트 생성
        // 요소 추가
        queue.add("kim");      // queue.offer("kim");
        queue.add("lee");
        queue.add("cho");

        // 요소 확인
        System.out.println("* 큐 연결리스트 : "+queue); // [ ] 형태로 큐 출력
        System.out.println("* 큐 연결리스트");
        tq.print(queue);

        // 요소 제거
        String element = queue.remove();     // 첫 번째 요소 제거
        // String element = queue.poll();    // 첫 번째 요소 제거

        System.out.println("* 제거된 요소 : "+element);  // kim 출력함.
        System.out.println("* 제거 후 큐 연결리스트 ");
        tq.print(queue);    // lee, cho 출력함.
        System.out.println("* 큐 연결리스트 : "+queue);
        System.out.println("* 큐 연결리스트의 크기 : "+queue.size());
    }
}
```

실행 결과

```
* 큐 연결리스트 : [kim, lee, cho]
* 큐 연결리스트
kim -> lee -> cho -> null

* 제거된 요소 : kim
* 제거 후 큐 연결리스트
lee -> cho -> null

* 큐 연결리스트 : [lee, cho]
* 큐 연결리스트의 크기 : 2
```

자바에서 우선순위가 있는 PriorityQueue 컬렉션을 제공하고, 우선순위 큐에서는 요소를 삽입한 순서와 상관없이 우선순위가 높은 요소를 먼저 삭제한다. 우선순위 큐에서 요소의 우선순위는 기본적으로 요소의 "순서"나 Comparable 인터페이스를 구현한 객체의 순서에 따라 결정한다. 자바에서 기본 자료형은 이미 "순서"를 가지고 있다. 예를 들어, 정수(Integer)의 경우 작은 값이 더 높은 우선순위를 가져 우선순위 큐에 추가하면 우선순위가 높은 값을 맨 앞에 삽입하고 가장 먼저 삭제한다. 만일, 사용자 정의 객체를 우선순위 큐에 저장하는 경우, 해당 객체가 Comparable 인터페이스를 구현해 우선순위를 설정해야 한다. Comparable 인터페이스는 compareTo() 메서드를 정의하고, 이 메서드를 사용하여 객체의 우선순위를 비교한다. compareTo() 메서드는 두 객체를 비교하여 음수, 0, 양수 중 하나를 반환하는데, 반환 값의 의미는 다음과 같다.

- 음수: 첫 번째 객체의 우선순위가 더 높음을 나타낸다.
- 0: 두 객체의 우선순위가 같음을 나타낸다.
- 양수: 두 번째 객체의 우선순위가 더 높음을 나타낸다.

예를 들어, 사용자 정의 객체인 Student 클래스가 있고, 멤버 변수로 이름과 나이를 갖고 있을 때, 이름으로 우선순위 큐를 만들기 위해 Student 클래스는 Comparable 인터페이스를 구현해야 한다.

다음 예제는 자바 컬렉션 우선순위 큐를 생성한 후 삽입과 삭제 후 우선순위 큐를 출력하는 프로그램이다. Comparable 인터페이스를 구현할 때 Comparable에 사용할 클래스 타입을 Comparable〈Student〉처럼 명시해야한다. compareTo() 메서드를 사용하여 Student 객체의 이름을 비교하고, name.compareTo(st.name)을 통해 이름의 알파벳 순서를 기준으로 우선순위를 결정해서 우선순위 큐를 생성한다.

● 예제 6-7 ●　　　StudentPriorityQueue.java

```java
import java.util.PriorityQueue;
class Student implements Comparable<Student> {  // Student 타입
    private String name;
    private int age;
    public Student(String name, int age) {
        this.name = name;
        this.age = age;
    }
    public int compareTo(Student st) {
        return this.name.compareTo(st.name);
    }
    public String toString() {
        return name+" "+age;
    }
}
public class StudentPriorityQueue {
    void print(PriorityQueue<Student> pqu) { // 우선순위 큐 출력
        System.out.println("* 우선순위 큐");
        for (Student element : pqu)              // 각 요소 출력
            System.out.println(element);
    }
    public static void main(String[] args) {
        StudentPriorityQueue tq = new StudentPriorityQueue();
        PriorityQueue<Student> pqu = new PriorityQueue<>();
        pqu.add(new Student("kim", 24));      // 우선순위 큐에 삽입
        pqu.add(new Student("lee", 21));
```

```
pqu.add(new Student("cho", 27));
pqu.add(new Student("han", 22));
pqu.add(new Student("hong", 35));
System.out.println("* 우선순위 큐 : "+pqu);   // [ ] 형태로 출력
tq.print(pqu);
Student highPriority = pqu.peek(); // 가장 높은 우선순위 cho 27
System.out.println("\n* 가장 높은 우선순위 요소 : "+highPriority);
Student data = pqu.remove();        // 가장 높은 우선순위 요소 삭제
System.out.println("* 삭제된 가장 높은 우선순위 요소 : "+data);
System.out.println("\n* 우선순위 큐 : "+pqu);
tq.print(pqu);
    }
}
```

실행 결과

```
* 우선순위 큐 : [cho 27, han 22, kim 24, lee 21, hong 35]
* 우선순위 큐
cho 27
han 22
kim 24
lee 21
hong 35

* 가장 높은 우선순위 요소 : cho 27
* 삭제된 가장 높은 우선순위 요소 : cho 27

* 우선순위 큐 : [han 22, hong 35, kim 24, lee 21]
* 우선순위 큐
han 22
hong 35
kim 24
lee 21
```

6.6.2 덱 컬렉션

자바의 덱 컬렉션은 양방향 큐로, 큐의 FIFO 기능과 스택의 LIFO 기능을 모두 제공하는 자료구조이다. 덱은 java.util.Deque 인터페이스를 통해 사용할 수 있고, 다양한 메서드를 제공한다.

[요소 추가 메서드]

```
void addFirst(element)       // 덱의 맨 앞에 요소 추가
void addLast(element)        // 덱의 맨 뒤에 요소 추가
boolean offerFirst(element)  // 덱 맨 앞에 요소 추가, 실패할 경우 false 반환
boolean offerLast(element)   // 덱 맨 뒤에 요소 추가, 실패할 경우 false 반환
```

[요소 제거 메서드]

```
Object removeFirst() // 덱의 맨 앞 요소 제거하고 반환
Object removeLast()  // 덱의 맨 뒤 요소 제거하고 반환
Object pollFirst()   // 덱 맨 앞 요소 제거하고 반환, 공백인 경우 null 반환
Object pollLast()    // 덱 맨 뒤 요소 제거하고 반환, 공백인 경우 null 반환
```

[요소 접근 메서드]

```
Object getFirst()    // 덱의 맨 앞 요소 반환
Object getLast()     // 덱의 맨 뒤 요소 반환
Object peekFirst()   // 덱의 맨 앞 요소 반환, 공백인 경우 null 반환
Object peekLast()    // 덱의 맨 뒤 요소 반환, 공백인 경우 null 반환
```

[기타 메서드]

```
boolean isEmpty()        // 덱이 비어있는지 여부를 반환
int size()               // 덱 요소의 개수 반환
void clear()             // 덱의 모든 요소 제거
boolean contains(element) // 요소가 덱에 포함되어 있는지 여부를 반환
```

다음 예제는 자바 컬렉션 덱 리스트를 생성한 후 삽입과 삭제 후 덱 리스트를 출력하는 프로그램이다. 문자열 요소를 갖는 덱 리스트를 생성할 경우 〈〉 안에 String을 넣어 Deque〈String〉 deque = new ArrayDeque〈〉();처럼 작성한다.

● 예제 6-8 ●　　TestDeque.java

```java
import java.util.Deque;
import java.util.ArrayDeque;

public class TestDeque {
  void print(Deque<String> deque) { // 덱 출력
    System.out.println("* 덱 리스트");
    for (String element : deque)      // 각 요소 출력
        System.out.print(element+" ");
    System.out.println("\n");
  }
  public static void main(String[] args) {
    TestDeque td = new TestDeque();
    Deque<String> deque = new ArrayDeque<>();

    // 덱의 앞과 뒤에 요소 추가
    deque.addFirst("kim");
    deque.addLast("lee");
    deque.offerFirst("cho");
    deque.offerLast("han");

    // 덱의 요소 출력
    System.out.println("* 덱 리스트 : " + deque);  // [ ] 형태로 출력
```

```
        td.print(deque);

        // 덱의 첫 번째 요소와 마지막 요소 확인
        String first = deque.getFirst();
        String last = deque.getLast();
        System.out.println("* 첫 번째 요소: " + first);      // cho 출력
        System.out.println("* 마지막 요소: " + last);         // han 출력

        // 덱의 요소 제거
        first = deque.removeFirst();
        last = deque.pollLast();
        System.out.println("* First 제거된 요소 : " + first); // cho 출력
        System.out.println("* Last 제거된 요소 : " + last);    // han 출력

        // 덱의 요소 출력
        System.out.println("* 덱 리스트 : " + deque);           // [ ] 형태로 출력
        td.print(deque);
        System.out.println("* 덱의 크기 : "+deque.size());    // 덱 요소 수 반환
    }
}
```

실행 결과

```
* 덱 리스트 : [cho, kim, lee, han]
* 덱 리스트
cho kim lee han

* 첫 번째 요소: cho
* 마지막 요소: han
* First 제거된 요소 : cho
* Last 제거된 요소 : han
* 덱 리스트 : [kim, lee]
* 덱 리스트
kim lee

* 덱의 크기 : 2
```

- 큐(queue)는 FIFO(First-in First-out)의 특성을 갖는 자료 구조이다.
- 삽입은 큐의 rear에서 일어나고 삭제는 front에서 이뤄지는 리스트이다.
- 큐는 제일 먼저 삽입한 원소를 가장 먼저 삭제하는 특성을 가진 FIFO 리스트이다.
- 큐는 서비스를 기다리는 대기 행렬이라 생각할 수 있는데 선착순 서버나, 프린터의 대기행렬이 큐이다.
- 큐는 먼저 들어온 순서대로 서비스를 제공받고 나가게 된다.
- 큐를 표현하는 가장 간단한 방법은 배열을 사용하는 것이다. 큐에서 원소를 삽입하고 삭제하기 위해 front와 rear라는 변수가 필요하다.
- 큐의 원소 수를 나타내는 count 변수를 사용해 공백 큐를 검사한다.
- 큐에 원소를 삽입할 경우 큐가 만원(full)인지 검사해서 만원일 경우 큐 배열을 확장하고 확장한 임시 배열에 기존의 원소 값을 이동해야 한다. 확장한 배열이 다시 큐가 되고 rear 위치에 원소를 삽입한다.
- 큐를 원형으로 관리해 원형 큐(circular queue)를 사용하면 비어있는 배열의 앞부분을 활용해 새로운 값을 삽입할 수 있다. rear = (rear + 1) % size;처럼 size로 나눠 나머지 값을 취하면 큐가 원형으로 돌아가게 할 수 있다.
- 큐에서 원소를 삭제할 경우 큐가 공백인지 검사한 후 공백이 아닌 경우 front에 있는 원소를 삭제하고 front는 다음 원소가 된다. front도 size로 나눠 나머지 값을 취하면 큐가 원형으로 돌아가게 할 수 있다.
- 큐를 순차 표현인 배열로 구현할 경우 간단하지만 큐가 만원(full)일 경우 큐를 확장해서 기존 원소 값을 이동해야한다. 이런 단점을 보완하기 위해 큐를 연결 리스트로 작성한다.
- 연결 리스트 큐에 노드를 삽입할 때는 공백 큐에 첫 노드로 삽입하는 경우와 중간에 삽입하는 경우가 있다. 첫 노드로 삽입하거나 현재의 rear 다음 노드로 삽입한 두 경우 모두 노드를 삽입한 후, rear가 새로 삽입한 노드를 가리키게 한다.

- 연결 리스트 큐에서 노드를 삭제할 경우 공백인지 검사하여 삭제한다. 노드를 삭제한 후 큐가 공백이 될 수 있어, front가 null일 때 rear도 null로 변경해야 한다.
- 스택과 큐의 성질을 합한 선형 리스트로 덱(deque: double-ended queue)이 있다.
- 덱은 스택이나 큐를 확장하여 삽입과 삭제를 리스트의 양 끝에서 수행하는 자료 구조로 스택이나 큐보다 수행 가능한 연산이 더 많이 있다.
- 덱은 리스트의 양 끝에서 삽입과 삭제가 가능하므로 삽입 연산이나 삭제 연산이 두개씩 있고, insertFirst(D, x), insertLast(D, x), deleteFirst(D), deleteLast(D)가 있다.
- 자바에서 큐 컬렉션은 데이터를 순서대로 저장하고 관리하는 FIFO 자료구조이고, 덱 컬렉션은 양방향 큐로 큐의 FIFO 기능과 스택의 LIFO 기능을 모두 제공하는 자료구조이다.
- 큐에 있는 각 자료는 요소(element)라고 하고 인덱스는 0부터 시작한다. 큐의 메서드는 다음과 같다.

```
boolean add(element)     // 큐에 요소 추가
boolean offer(element) // 큐에 요소 추가하고, 실패할 경우 false 반환
Object remove()  // 큐의 첫 번째 요소 제거하고 반환
Object poll()    // 첫 번째 요소 제거하고 반환, 공백 큐인 경우 null 반환
Object peek()    // 첫 번째 요소 반환하고, 공백 큐인 경우 null 반환
int size()               // 큐의 요소의 개수 반환
boolean isEmpty()        // 큐가 비어있는지 여부를 반환
void clear()             // 큐의 모든 요소 제거
boolean contains(element)  // 요소가 큐에 포함되어 있는지 여부 반환
```

- 자바에서 우선순위가 있는 PriorityQueue 컬렉션을 제공한다.
- 우선순위 큐에서 요소의 우선순위는 기본적으로 요소의 "순서"나 Comparable 인터페이스를 구현한 객체의 순서에 따라 결정한다.
- Comparable 인터페이스는 compareTo() 메서드를 정의하고, 이 메서드를 사용하여 객체의 우선순위를 비교한다.

- 덱 컬렉션은 java.util.Deque 인터페이스를 통해 사용할 수 있고, 다양한 메서드를 제공한다.

- 덱에 요소를 추가하는 다음과 같은 메서드가 있다.

  addFirst(element), addLast(element), offerFirst(element), offerLast(element)

- 덱에서 요소를 제거하는 다음과 같은 메서드가 있다.

  removeFirst(), removeLast(), pollFirst(), pollLast()

- 덱에서 요소에 접근하는 다음과 같은 메서드가 있다.

  getFirst(), getLast(), peekFirst(), peekLast()

- 그밖에, 덱의 메서드에는 isEmpty(), size(), clear(), contains(element)가 있다.

1 큐는 어떤 자료 구조를 갖는 리스트인가?

2 큐를 배열로 표현할 때 장단점을 기술하시오.

3 큐를 연결 리스트로 표현할 때 장단점을 기술하시오.

4 다음과 같은 큐를 생성하는 자바 프로그램을 작성하시오.

2	7	15	38	57	61	89	

5 100장의 티켓을 연결리스트 큐를 활용해 판매하는 프로그램을 작성하시오. 먼저, 고객 수를 입력받은 후 고객번호와 이름, 구매할 티켓 수를 입력하고 입력된 고객 순서대로 티켓을 판매한다. 고객이 구매하려는 티켓이 남아 있는 티켓보다 큰 경우 구매할 수 없어 다음 사람이 구매하고, 구매할 티켓 수가 남아 있는 티켓보다 작거나 같은 경우만 구매할 수 있다. 입력한 모든 고객 리스트(고객번호 고객이름 구매 수)를 출력하고, 티켓을 구매한 리스트와 구매하지 못한 리스트를 출력하고, 판매하지 못하고 남은 티켓 수를 출력한다.

고객번호	고객 이름	구매 수
1001	김철수	31
…		

7
CHAPTER

트리

트리는 자료를 계층적으로 표현하는 자료 구조로 컴퓨터의 여러 응용분야에서 유용하게 사용하고 있다. 트리는 공백이 아닌 노드의 유한한 집합으로 하나의 루트 노드와 분리된 서브트리들로 분할되어 있다.

7.1 　트리의 기본 개념

트리는 노드들의 계층 구조로 이뤄진 자료 구조로, 하나의 루트 노드와 나머지 노드들은 n(≥0)개의 분리된 집합 $T_1, T_2, ..., T_n$으로 분할되어 있다. T_i는 트리가 되고 루트의 서브트리이다.

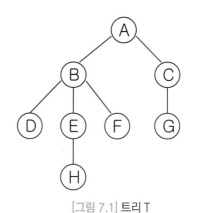

[그림 7.1] 트리 T

[그림 7.1]의 트리 T를 중심으로 트리에서 사용하는 용어를 정의하면 다음과 같다.

* 루트 노드 : 트리의 가장 상위에 있는 노드이다. A가 루트노드이다.
* 노드의 차수(degree) : 노드의 서브트리의 수를 의미한다. 노드 B의 차수는 3이고 노드 C의 차수는 1이다.
* 트리의 차수(degree) : 트리에 있는 노드의 차수 중 가장 큰 차수가 트리의 차수가 된다. 트리 T의 차수는 3이다.
* 리프(leaf) 혹은 단말(terminal) 노드 : 차수가 0인 노드이다. D, F, G, H가 단말

노드이다.

- 자식(children) 노드 : 노드 x의 서브트리의 루트들이 x의 자식 노드이다. B의 자식 노드들은 D, E, F이다.
- 부모(parent) 노드 : 노드 x의 루트로 가는 경로 상에서 x 바로 위에 있는 노드가 x의 부모 노드이다. D, E, F의 부모 노드는 B이다.
- 형제(sibling) 노드 : 같은 부모를 갖는 노드들이 형제노드이다. D, E, F는 형제 노드이다.
- 조상(ancestors) 노드 : 루트에서 노드 x의 경로 상에 있는 모든 노드들이 x의 조상 노드이다. H의 조상 노드는 A, B, E이다.
- 자손(descendants) 노드 : 노드 x의 서브트리에 있는 모든 노드들이 x의 자손 노드이다. B의 자손 노드는 D, E, F, H이다.
- 레벨(level) : 루트 노드를 레벨 1이라 하고 자식 노드로 내려가면서 레벨이 1씩 증가한다. 노드 H의 레벨은 4이다.
- 트리의 높이(height) 혹은 깊이(depth) : 트리에 속한 노드의 레벨 중 최댓값을 갖는 레벨이다. 트리 T의 레벨은 4이다.
- 트리군(Forest) : 여러 개의 분리된 트리들의 유한 집합이다. 트리 T에서 루트 노드를 제거하면 두 개의 트리로 구성된 트리군을 이룬다.

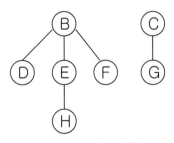

[그림 7.2] 트리군

트리를 연결 리스트로 표현할 때 [그림 7.3]처럼 서브트리의 수에 따라 링크의 수가 달라진다.

노드 A	자료	링크1	링크2	
노드 B	자료	링크1	링크2	링크3

[그림 7.3] 트리의 노드 자료 구조

각 노드의 링크수가 다를 경우 프로그램을 작성할 때 용이하지 않기 때문에 노드 구조를 일정하게 만드는 것이 좋다. 각 노드의 최대 차수가 2가 되는 노드 즉, 링크 수가 두 개이면 유용하게 사용할 수 있는 자료 구조이다.

7.2 이진트리

이진트리(binary tree)는 트리의 특수한 경우로, 컴퓨터의 여러 응용분야에서 가장 많이 사용하는 자료구조이다. 이진트리는 모든 노드가 두 개의 서브트리를 갖고 각 서브트리는 공백이 될 수 있다. 트리의 경우 두 개의 서브트리를 가질 때 순서를 구별하지 않지만 이진트리에서는 왼쪽 서브트리와 오른쪽 서브트리를 서로 다른 것으로 구별한다.

[정의] 이진트리

이진트리는 노드의 유한 집합으로 루트와 두 개의 분리된 이진트리인 왼쪽 서브트리와 오른쪽 서브트리로 구성된다.

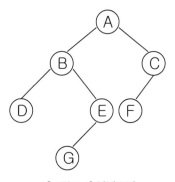

[그림 7.4] 이진트리

이진트리는 서브트리에 순서가 있으므로 다음 두 트리는 서로 다른 트리이다.

[그림 7.5] 서로 다른 이진트리

이진트리 중 특별한 트리가 있는데 [그림 7.6]처럼 왼쪽 노드만 갖는 트리나 오른쪽 노드만 갖는 트리를 편향 이진트리(skewed binary tree)라 한다.

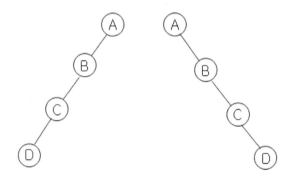

[그림 7.6] 편향 이진트리

[그림 7.7]에는 완전 이진트리와 포화 이진트리가 있다. 포화 이진트리는 트리의 모든 노드가 두 개의 서브트리를 갖는 트리이다. 완전 이진트리의 경우, 각 노드는 자신보다 위에 있는 레벨의 모든 노드를 생성한 후 다음 레벨로 내려가면서 노드를 생성하고 마지막 레벨에서는 왼쪽부터 자식 노드를 갖는 트리이다. 즉 임의의 두 단말 노드의 레벨의 차이는 1이하이고 왼쪽에서 오른쪽으로 채워진 이진트리이다.

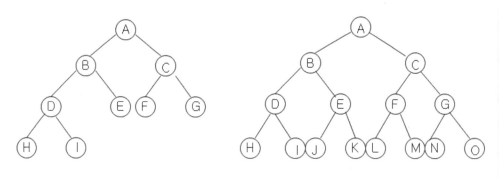

완전 이진트리   포화 이진트리

[그림 7.7] 완전 이진트리와 포화 이진트리

7.3   이진트리의 표현

배열을 사용해 이진트리를 표현하려면 각 노드를 규칙적인 순서대로 저장하는 것이 좋다. [그림 7.8]처럼 배열을 사용해 이진트리를 표현할 수 있다. 트리의 위에서 아래로, 왼쪽에서 오른쪽으로 번호를 붙여서 각 번호에 해당하는 배열의 원소에 자료 값을 저장한다.

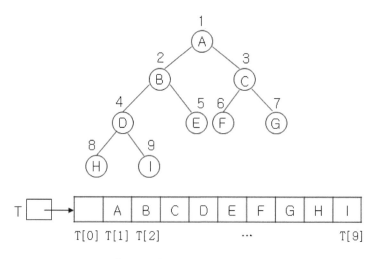

[그림 7.8] 이진트리의 순차 표현

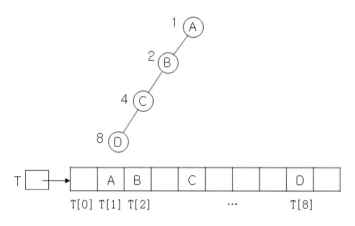

[그림 7.9] 편향 이진트리의 순차 표현

[표 7.1]에서 각 노드의 저장 위치를 계산하는 방법을 알 수 있다. n개의 노드를 가진 이진트리를 배열에 표현하려면 최대의 노드를 갖는 포화 이진트리를 고려하여 각 노드를 저장해야 한다.

[표 7.1] 트리의 배열 위치

노드	배열 원소	조건
i의 부모	T[$\lfloor i/2 \rfloor$]	i > 1
i의 왼쪽 자식	T[2*i]	2*i ≤ n
i의 오른쪽 자식	T[2*i+1]	(2*i+1) ≤ n

트리를 순차적으로 표현할 경우 간단하고 쉬운 반면 특수한 트리 형태인 편향 이진트리의 경우 배열의 원소를 저장하는 공간을 낭비하고, 트리에 새로운 노드를 삽입하거나 삭제할 경우 선형 리스트의 단점을 그대로 갖는다. 원소를 삽입하거나 삭제할 때 각 원소를 이동해야 하는 경우가 생기고 자료가 많은 경우 이동에 상당한 시간을 소요하게 된다.

순차 표현의 단점을 보완하기 위해 트리를 링크로 연결하는 방법을 많이 사용하고 있다.

llink	data	rlink

llink는 왼쪽 서브트리를 가리키는 링크이고 rlink는 오른쪽 서브트리를 가리키는 링크이다.

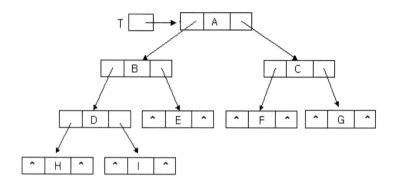

[그림 7.10] 이진트리의 연결 표현

두 개의 연결 링크를 사용하여 이진트리를 자바로 구현하려면 이진트리의 노드를 TreeNode 클래스로 정의해야 한다.

```
class TreeNode {
    Object data;
    TreeNode llink;
    TreeNode rlink;   }
```

[트리 노드를 생성하는 build() 메서드]

```
TreeNode build(TreeNode t1, Object x, TreeNode t2) {
    TreeNode temp = new TreeNode();   // 트리 노드 객체 생성
    temp.data = x;            // x 값 저장
    temp.llink = t1;          // 왼쪽 링크에 t1 연결, 왼쪽 서브 트리
    temp.rlink = t2;          // 오른쪽 링크에 t2 연결, 오른쪽 서브 트리
    return temp;              // 생성된 트리 노드 반환
}
```

다음 이진트리를 만들어 보자. 먼저, 이진트리의 단말 노드부터 생성해야 한다.

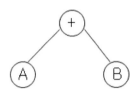

왼쪽 단말 노드부터 생성하기 위해 build(null, 'A', null)를 호출하면 temp.data에 'A'
가 들어가고 temp.llink = null; 문장으로 왼쪽 링크는 null이 들어가고, 오른쪽 링크
에도 temp.rlink = null; 문장으로 null이 들어가서 다음 트리노드가 만들어진다.

반환하는 트리 노드를 n1에 저장하기 위해 TreeNode n1 = T.build(null, 'A', null);
문장처럼 작성하면 n1이 반환한 트리노드를 가리키게 된다.

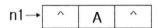

동일한 방법으로, 오른쪽 단말 노드도 TreeNode n2 = T.build(null, 'B', null); 문장
으로 생성한다.
루트 노드는 왼쪽 링크에 n1을 연결하고 오른쪽 링크에 n2를 연결하기 위해
TreeNode root = T.build(n1, '+', n2); 문장으로 생성하면 다음 이진트리가 만들어
진다.

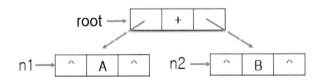

다음 이진트리처럼 수식의 우선순위를 고려해 트리를 만들 수 있다. 괄호를 사용해 우선순위가 높은 '+'가 '*'보다 아래로 내려가도록 작성해야 한다.

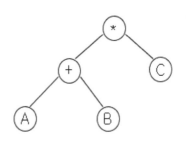

[그림 7.11] (A + B) * C 수식 트리

예제 7-1은 [그림 7.11]의 트리를 생성하여 각 서브트리의 루트부터 출력하는 프로그램이다. 이진트리의 단말노드부터 각 노드를 생성해 연결한다.

● 예제 7-1 ●	UseTreeNode.java

```java
class TreeNode{
  Object data;
  TreeNode llink;
  TreeNode rlink;

  public TreeNode build(TreeNode tr1, Object data, TreeNode tr2){
    TreeNode temp = new TreeNode();
    temp.data = data;        // data 저장
    temp.llink = tr1;        // 왼쪽 링크에 tr1 연결, 왼쪽 서브 트리
    temp.rlink = tr2;        // 오른쪽 링크에 tr2 연결, 오른쪽 서브 트리
    return temp;             // 생성된 트리 노드 반환
  }

  public void inorder(TreeNode root){
    if (root != null){
      inorder(root.llink);   // 왼쪽 서브 트리 재귀 호출
      System.out.printf("%c ", root.data);   // root 노드 출력
      inorder(root.rlink);   // 오른쪽 서브 트리 재귀 호출
    }
  }
}
```

```
class UseTreeNode{
   public static void main(String args[]){
      TreeNode T = new TreeNode();
      TreeNode n4 = T.build(null, 'B', null);  // 단말(리프) 노드부터 생성함.
      TreeNode n3 = T.build(null, 'A', null);
      TreeNode n2 = T.build(null, 'C', null);
      TreeNode n1 = T.build(n3, '+', n4);
      TreeNode root = T.build(n1, '*', n2);
      System.out.print("*** 이진트리 : ");
      T.inorder(root);    // 트리 노드 출력
      System.out.println();
   }
}
```

실행 결과

*** 이진트리 : A + B * C

7.4 이진트리 순회

트리에 있는 각 노드를 방문하는 순서는 아주 다양하므로 트리의 각 노드는 일정한 규칙을 갖고 순회(traverse)하는 것이 바람직하다. 이진트리를 순회할 때 각 노드에서 취할 수 있는 순회는 왼쪽 서브트리 이동(L), 현재 노드 방문(V), 오른쪽 서브트리 이동(R) 등 세 가지를 고려할 수 있다. 항상 왼쪽을 먼저 순회한다고 가정하면 세 가지 순회 방법 LVR, LRV, VLR이 있는데, V를 중심으로 표현하면, LVR은 중위(inorder) 순회, LRV은 후위(postorder) 순회, VLR은 전위(preorder) 순회라 한다.

[그림 7.11]의 트리를 순회한 결과는 다음과 같다.

- 중위(inorder) : A + B * C
- 전위(preorder) : * + A B C
- 후위(postorder) : A B + C *

[중위 순회]

```java
public void inorder(TreeNode root) {      // 중위 순회 출력
  if (root != null) {
      inorder(root.llink);     // 왼쪽 서브트리 중위 순회 재귀 호출
      System.out.print(root.data+" "); // root 노드 자료 출력
      inorder(root.rlink);     // 오른쪽 서브트리 중위 순회 재귀 호출
  }
}
```

[전위 순회]

```java
public void preorder(TreeNode root) {     // 전위 순회 출력
  if (root != null) {
      System.out.print(root.data+" "); // root 노드 자료 출력
      preorder(root.llink);    // 왼쪽 서브트리 전위 순회 재귀 호출
      preorder(root.rlink);    // 오른쪽 서브트리 전위 순회 재귀 호출
  }
}
```

[후위 순회]

```java
public void postorder(TreeNode root) {    // 후위 순회 출력
  if (root != null) {
      postorder(root.llink);  // 왼쪽 서브트리 후위 순회 재귀 호출
      postorder(root.rlink);  // 오른쪽 서브트리 후위 순회 재귀 호출
      System.out.print(root.data+" ");  // root 노드 자료 출력
  }
}
```

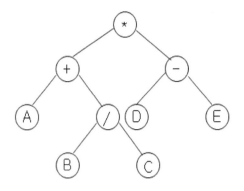

[그림 7.12] 수식 트리

[그림 7.12]의 트리를 순회한 결과는 다음과 같다.

- **중위**(inorder) : A + B / C * D - E
- **전위**(preorder) : * + A / B C - D E
- **후위**(postorder) : A B C / + D E - *

예제 7-2는 [그림 7.12]의 트리를 만든 후 중위, 전위, 후위로 순회한 결과를 출력하는 프로그램이다.

<table>
<tr><td>● 예제 7-2 ●</td><td>UseTreeNode2.java</td></tr>
</table>

```java
class TreeNode{
  Object data;
  TreeNode llink;
  TreeNode rlink;

  public TreeNode build(TreeNode tr1, Object data, TreeNode tr2){
    TreeNode temp = new TreeNode();
    temp.data = data;        // data 저장
    temp.llink = tr1;        // 왼쪽 링크에 tr1 연결, 왼쪽 서브 트리
    temp.rlink = tr2;        // 오른쪽 링크에 tr2 연결, 오른쪽 서브 트리
    return temp;             // 생성된 트리 노드 반환
  }
```

```java
    public void preorder(TreeNode root){  // 전위 순회 출력
      if (root != null){
         System.out.printf("%c ", root.data); // root 노드 자료 출력
         preorder(root.llink);    // 왼쪽 서브트리 전위 순회 재귀 호출
         preorder(root.rlink);    // 오른쪽 서브트리 전위 순회 재귀 호출
      }
    }
    public void inorder(TreeNode root){   // 중위 순회 출력
      if (root != null){
         inorder(root.llink);     // 왼쪽 서브트리 중위 순회 재귀 호출
         System.out.printf("%c ", root.data);  // root 노드 자료 출력
         inorder(root.rlink);     // 오른쪽 서브트리 중위 순회 재귀 호출
       }
    }
    public void postorder(TreeNode root){ // 후위 순회 출력
      if (root != null){
         postorder(root.llink);  // 왼쪽 서브트리 후위 순회 재귀 호출
         postorder(root.rlink);  // 오른쪽 서브트리 후위 순회 재귀 호출
         System.out.printf("%c ", root.data);  // root 노드 자료 출력
      }
    }
}


public class UseTreeNode2 {
    public static void main(String args[]) {
        UseTreeNode2 T = new UseTreeNode2();
        TreeNode n;
        n = T.create();        // 이진트리 생성 후, n이 이진트리 가리킴.
        System.out.printf("\n* Preorder  : ");
        n.preorder(n);         // 전위 순회 출력
        System.out.printf("\n* Inorder   : ");
        n.inorder(n);          // 중위 순회 출력
        System.out.printf("\n* Postorder : ");
        n.postorder(n);        // 후위 순회 출력
    }

    TreeNode create(){        // 트리 아래에서부터 각 노드 생성해 연결
       TreeNode T = new TreeNode();
       TreeNode n5 = T.build(null, 'B', null);    // 단말(리프) 노드부터 생성함.
```

```
    TreeNode n4 = T.build(null, 'C', null);
    TreeNode n3 = T.build(null, 'A', null);
    TreeNode n2 = T.build(n5, '/', n4);
    TreeNode n1 = T.build(n3, '+', n2);
    n4 = T.build(null, 'D', null);
    n3 = T.build(null, 'E', null);
    n2 = T.build(n4, '-', n3);
    TreeNode root = T.build(n1, '*', n2);
    return root;   // 생성된 이진 트리 반환
  }
}
```

실행 결과

```
* Preorder  : * + A / B C - D E
* Inorder   : A + B / C * D - E
* Postorder : A B C / + D E - *
```

7.5 이진 탐색 트리

이진 탐색 트리(binary search tree)는 이진트리의 검색을 신속하게 하기 위해 각 노드의 값을 일정한 순서대로 정돈하여 생성하는 트리로, 새로운 노드를 삽입할 때 일정한 순서대로 삽입하고 삭제하는 자료 구조이다. 이진 탐색 트리에서의 연산은 노드의 값을 기초로 실행한다.

[정의] 이진 탐색 트리

이진 탐색 트리는 이진트리로 공백이 아닌 경우 다음 성질을 만족한다

(1) 모든 노드는 서로 다른 값을 갖는다.
(2) 왼쪽 서브트리에 있는 노드들의 값은 자신의 루트보다 작다.

(3) 오른쪽 서브트리에 있는 노드들의 값은 루트보다 큰 값을 갖는다.

(4) 왼쪽 서브트리와 오른쪽 서브트리는 모두 이진 탐색 트리가 된다.

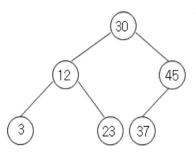

[그림 7.13] 이진 탐색 트리

예제 7-3은 [그림 7.14]의 이진 탐색 트리를 생성한 후 중위, 전위, 후위로 순회한 결과를 출력하는 프로그램이다. 루트 노드인 rt는 static TreeNode rt; 문장으로 작성해 클래스 멤버이고, 하나만 생성해서 모든 객체가 공유한다.

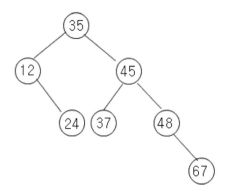

[그림 7.14] 이진 탐색 트리

● 예제 7-3 ●   UseSearchTree.java

```java
public class UseSearchTree {
    public static void main(String args[]) {
        TreeNode obj = new TreeNode();
        int x[] = { 35, 12, 24, 45, 37, 48, 67 };
        for(int j = 0; j < x.length; j++)  // 이진 탐색 트리 생성
            obj.build(TreeNode.rt, x[j]);   // obj.build(obj.rt, x[j]); 호출 가능
```

```
        System.out.println("*** 트리 T 출력  --- inorder");
        obj.inorder(TreeNode.rt);          // obj.inorder(obj.rt); 호출 가능
        System.out.println("\n");
        System.out.println("*** 트리 T 출력  --- preorder");
        obj.preorder(TreeNode.rt);         // obj.preorder(obj.rt); 호출 가능
        System.out.println("\n");
        System.out.println("*** 트리 T 출력  --- postorder");
        obj.postorder(TreeNode.rt);        // obj.postorder(obj.rt); 호출 가능
        System.out.println();
    }
}
class TreeNode {
    int data;
    TreeNode llink, rlink;
    static TreeNode rt;                    // rt는 루트노드

    void build(TreeNode p, int x)
    { TreeNode pos = null;                 // pos는 삽입할 x의 부모 노드
      TreeNode temp = new TreeNode();
      temp.data = x;
      temp.llink = temp.rlink = null;      // 생략 가능
      if ( p == null)                      // 이진 탐색 트리가 공백인 경우
       { rt = temp;                        // 루트 노드 rt가 temp 가리킴.
         return;          }
      while (p != null)                    // x가 들어갈 위치 검색
       {  pos = p;
          if (x < p.data)
             p = p.llink;                  // 왼쪽 서브트리 탐색
          else
             p = p.rlink;                  // 오른쪽 서브트리 탐색
       }
       if (x < pos.data)                   // 크기를 비교해 연결
          pos.llink = temp;                // 왼쪽에 연결
       else if (x > pos.data)
          pos,rlink = temp;                // 오른쪽에 연결
    }
    void inorder(TreeNode p)        // 중위 순회 출력
    { if (p != null)
```

```
     { inorder(p.llink);
       System.out.print(p.data+"  ");  // System.out.printf("%d ",p.data);
       inorder(p.rlink);
     }
  }
  void preorder(TreeNode p)      // 전위 순회 출력
  { if (p != null)
     { System.out.print(p.data+"  ");
       preorder(p.llink);
       preorder(p.rlink);
     }
  }
  void postorder(TreeNode p)      // 후위 순회 출력
  { if (p != null)
     { postorder(p.llink);
       postorder(p.rlink);
       System.out.print(p.data+"  ");
     }
  }
}
```

실행 결과

```
*** 트리 T 출력 --- inorder
12   24   35   37   45   48   67

*** 트리 T 출력 --- preorder
35   12   24   45   37   48   67

*** 트리 T 출력 --- postorder
24   12   37   67   48   45   35
```

이진트리의 링크들을 보면 다른 노드를 연결하는 링크가 있고 null 값을 갖는 링크가 있다. 이진트리 링크의 경우, 사용하지 않고 null 값을 갖는 링크가 사용하는 링크보다 더 많은 것을 알 수 있다. n개의 노드를 갖는 트리에서 최대로 n-1개의 링크가 다른 노드를 연결하고 있고, 나머지 n+1개의 링크는 모두 null이다.

스레드 이진트리는 null 값을 갖는 링크에 유용한 정보를 나타내는 노드를 연결한 트리로 null인 링크에 스레드를 저장하는 트리이다. 스레드는 다른 노드를 가리키도록 연결하는 정보를 갖는데, 어떤 노드 p의 왼쪽 자식이 null인 경우, p의 왼쪽 링크는 중위 순회로 트리를 방문할 때 p의 선행 노드(선행자)를 가리키게 하고, p의 오른쪽 자식이 null인 경우, p의 오른쪽 링크는 p의 후행 노드(후행자)를 가리키게 한다.

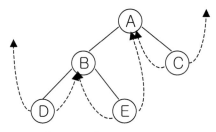

[그림 7.15] 스레드 이진 트리

스레드 이진트리인 경우 링크 필드에 연결한 노드가 자식 노드인지 스레드인지 구분하기가 쉽지 않다. 스레드를 구분하기 위해 별도의 두 필드를 추가로 갖도록 한다. LT와 RT를 사용해 각 필드가 참인 경우 스레드를 나타내도록 한다.

- LT: true면 중위 선행자에 대한 스레드
       false면 왼쪽 자식을 가리키는 링크
- RT: true면 중위 후행자에 대한 스레드
       false면 오른쪽 자식을 가리키는 링크

스레드를 나타내는 각 노드의 구조는 다음과 같다.

LT	llink	data	rlink	RT

[그림 7.15]에서 D와 C 노드의 경우 선행자와 후행자가 없는데, 스레드 이진 트리에 헤드 노드를 만들어 D의 llink와 C의 rlink를 가리키게 한다.

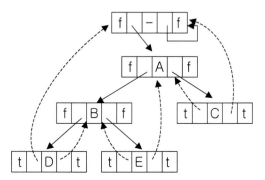

[그림 7.16] 스레드 이진트리(t:true, f:false)

스레드 이진트리가 공백일 경우 헤드 노드는 다음과 같다.

헤더 노드의 llink는 스레드 이진트리를 가리키지 않으므로 true(t)이고 rlink는 원래의 값처럼 false(f)이다.

- 트리는 자료를 계층적으로 표현하는 자료 구조로 컴퓨터의 여러 응용분야에서 유용하게 사용하고 있다.
- 트리는 공백이 아닌 노드의 유한한 집합이고 노드들의 계층 구조로 이루어진 자료 구조로, 하나의 루트 노드와 분리된 서브트리들로 분할되어 있다.
- 루트 노드는 트리의 가장 상위에 있는 노드이다.
- 노드의 차수(degree)는 노드의 서브트리의 수를 의미한다.
- 트리의 차수(degree)는 트리에 있는 노드의 차수 중 가장 큰 차수가 트리의 차수가 된다.
- 리프(leaf) 혹은 단말(terminal) 노드는 차수가 0인 노드이다.
- 노드 x의 자식(children) 노드는 x의 서브트리의 루트들이다.
- 노드 x의 부모(parent) 노드는 루트로 가는 경로 상에서 x 바로 위에 있는 노드이다.
- 형제(sibling) 노드는 같은 부모를 갖는 노드들이다.
- 노드 x의 조상(ancestors) 노드는 루트에서 x의 경로 상에 있는 모든 노드들이다.
- 노드 x의 자손(descendants) 노드는 x의 서브트리에 있는 모든 노드들이다.
- 레벨(level)은 루트 노드를 레벨 1이라 하고 자식 노드로 내려가면서 레벨이 1씩 증가한다.
- 트리의 높이(height) 혹은 깊이(depth)는 트리에 속한 노드의 레벨 중 최댓값을 갖는 레벨이다.
- 트리군(Forest)은 여러 개의 분리된 트리들의 유한 집합이다. 트리 T에서 루트 노드를 제거하면 여러 개의 트리로 구성된 트리군을 이룬다.
- 이진트리(binary tree)는 두 개의 서브트리를 갖는 트리의 특수한 경우로, 컴퓨터의 여러 응용분야에서 가장 많이 사용하는 자료구조이다.
- 이진트리 중 왼쪽 노드만 갖는 트리나 오른쪽 노드만 갖는 트리를 편향 이진트리(skewed binary tree)라 한다.
- 포화 이진트리는 트리의 모든 노드가 두 개의 서브트리를 갖는 트리이다.

- 완전 이진트리의 경우, 각 노드는 자신보다 위에 있는 레벨의 모든 노드를 생성한 후 다음 레벨로 내려가면서 노드를 생성하고, 마지막 레벨에서는 왼쪽부터 자식 노드를 갖는 트리이다.

- 배열을 사용해 이진트리를 표현하려면 각 노드를 규칙적인 순서대로 저장하는 것이 좋다.

- 트리를 순차적으로 표현할 경우 간단하고 쉬운 반면 편향 이진트리의 경우 배열의 원소를 저장하는 공간을 낭비하고, 트리에 새로운 노드를 삽입하거나 삭제할 경우 각 원소를 이동해야 하는 선형 리스트의 단점을 그대로 갖는다.

- 순차 표현의 단점을 보완하기 위해 트리를 링크로 연결하는 방법을 많이 사용하고 있다. 왼쪽 서브트리를 가리키는 링크와 오른쪽 서브트리를 가리키는 링크를 갖는다.

- 이진트리의 각 자료를 방문하는 것을 순회한다고 하고 각 노드에서 취할 수 있는 순회는 왼쪽 서브트리 이동(L), 현재 노드 방문(V), 오른쪽 서브트리 이동(R) 등 세 가지를 고려할 수 있다.

- 세 가지 순회 방법 LVR, LRV, VLR이 있는데, V를 중심으로 표현하면, LVR은 중위(inorder) 순회, LRV은 후위(postorder) 순회, VLR은 전위(preorder) 순회라 한다.

- 이진 탐색 트리(binary search tree)는 이진트리의 검색을 신속하게 하기 위해 각 노드의 값을 일정한 순서대로 정돈하여 생성하는 트리로, 새로운 노드를 삽입할 때 일정한 순서대로 삽입하고 삭제하는 자료 구조이다.

- 이진 탐색 트리에서의 연산은 노드의 값을 기초로 실행한다.

- 이진 탐색 트리에서 모든 노드는 서로 다른 값을 갖고, 왼쪽 서브트리에 있는 노드들의 값은 자신의 루트보다 작고, 오른쪽 서브트리에 있는 노드들의 값은 루트보다 큰 값을 갖는다. 왼쪽 서브트리와 오른쪽 서브트리는 모두 이진 탐색 트리가 된다.

- 스레드 이진트리는 null 값을 갖는 링크에 유용한 정보를 나타내는 노드를 연결한 트리로 null인 링크에 스레드를 저장하는 트리이다.

- 스레드는 다른 노드를 가리키도록 연결하는 정보를 갖는데, 어떤 노드 p의 왼쪽 자식이 null인 경우, p의 왼쪽 링크는 중위 순회로 트리를 방문할 때 p의 선행 노드(선행자)를 가리키게 하고, p의 오른쪽 자식이 null인 경우, p의 오른쪽 링크는 p의 후행 노드(후행자)를 가리키게 한다.
- 스레드를 구분하기 위해 별도의 두 필드를 추가로 갖고, LT와 RT를 사용해 각 필드가 참인 경우 스레드를 나타내도록 한다.
- 스레드 이진트리에 헤드 노드를 만들어 선행자가 없거나 후행자가 없는 노드의 스레드는 헤드 노드를 가리키게 한다.

연습문제

1 다음의 트리 T에 대해 물음에 답하시오.

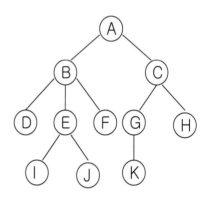

  ⑴ B와 G 노드의 차수는?

  ⑵ 트리 T의 차수는?

  ⑶ 트리 T에서 리프 노드들을 열거하시오.

  ⑷ E 노드의 조상들은?

  ⑸ B 노드의 자손 노드들은?

  ⑹ 트리 T의 높이는?

2 이진트리의 특징을 설명하시오.

3 이진트리의 종류를 트리를 그려서 서로 비교하여 설명하시오.

4 이진트리의 순회 방법을 설명하시오.

5 이진 탐색 트리는 어떤 트리를 말하는가?

6 스레드 이진트리는 어떤 특징을 갖는 트리인가?

7 7*5+(3-2) 수식을 우선순위를 고려해 이진트리로 만드는 프로그램을 작성하고
   완성된 트리를 전위, 중위, 후위로 순회한 결과를 출력하시오.

8
CHAPTER

그래프

트리는 노드와 노드간에 계층적인 특징을 갖는 구조이다. 그래프는 정점(vertex)과
정점간에 계층적인 구조를 갖지 않고 정점간에 연관 관계를 표현할 수 있는 자료 구
조이다.

그래프는 정점과 정점을 연결하는 간선(edge)으로 만들어진 수학적 구조로 표현력이
뛰어나고, 실제로 다양한 분야에 그래프를 응용하고 있다.

8.1 그래프 정의

그래프는 정점과 두 정점을 잇는 간선으로 이뤄진 자료 구조로 비선형적인 자료들을
표현하기 위해 널리 사용하고 있다.

[정의] 그래프

그래프 G는 G = (V, E)이다. V는 공백이 아닌 정점(vertex)의 유한 집합이고 E는 간
선(edge)으로 서로 다른 두 정점을 잇는 간선의 유한집합이다. 그래프 G의 정점 집합
은 V(G)로, 간선 집합은 E(G)로 표기한다.

그래프는 무방향(undirected) 그래프와 방향(directed) 그래프로 구분한다. 무방향
그래프는 간선에 방향이 없는 그래프로 간선을 표현하는 두 정점의 쌍에 순서가 없는
그래프이다. 정점 V_0와 V_1사이의 간선은 (V_0, V_1)이나 (V_1, V_0)로 표현하고, 두 간
선은 같은 간선을 나타낸다.

방향 그래프는 간선에 방향이 있는 그래프로 V_0와 V_1사이의 간선은 $\langle V_0, V_1 \rangle$으로
표현하는데 V_0는 꼬리(tail)라 하고 V_1은 머리(head)라 한다. $\langle V_1, V_0 \rangle$는 $\langle V_0,$
$V_1 \rangle$과 다른 방향의 간선을 나타낸다.

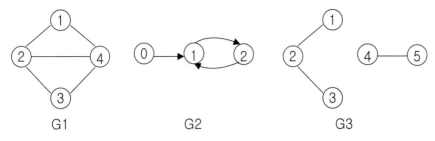

[그림 8.1] 그래프 유형

[그림 8.1]에서 G1과 G3 그래프는 무방향 그래프이고 G2는 방향 그래프이다. 각 그래프의 정점과 간선을 표현하면 다음과 같다.

V(G1) = {1, 2, 3, 4}   E(G1) = {(1, 2), (1, 4), (2, 3), (2, 4), (3, 4)}

V(G2) = {0, 1, 2}   E(G2) = {⟨0, 1⟩, ⟨1, 2⟩, ⟨2, 1⟩}

V(G3) = {1, 2, 3, 4, 5}   E(G3) = {(1, 2), (2, 3), (4, 5)}

완전 그래프는 간선을 최대로 갖는 그래프이다. n개의 정점을 가진 무방향 그래프의 최대 간선 수는 $\frac{n(n-1)}{2}$이고, n개의 정점을 가진 방향 그래프의 최대 간선 수는 $n(n-1)$이다.

무방향 그래프의 간선 $(V_0,\ V_1)$에서 V_0와 V_1은 서로 인접(adjacent)하고 있다고 하고, 간선 $(V_0,\ V_1)$은 V_0와 V_1에 부속(incident)된다고 말한다. 예로서, 그래프 G1에서 정점 2와 4는 정점 1에 인접하고 간선 (1, 2)는 정점 1과 정점 2에 부속된다. 그래프 G'가 있을 때, V(G') ⊆ V(G)이고 E(G') ⊆ E(G)이면, 그래프 G'는 그래프 G의 부분그래프(subgraph)라 한다. [그림 8.2]는 그래프 G1의 부분그래프들을 보여주고 있다.

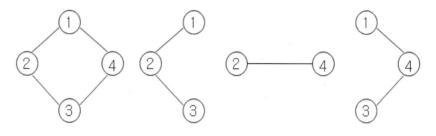

[그림 8.2] 부분그래프

그래프 G에서 정점 V_0와 $V_n (n > 0)$까지의 경로는 간선으로 연결된 V_0, V_1, V_2, ... V_{n-1}, V_n으로, 간선 (V_0, V_1), (V_1, V_2), ... , (V_{n-1}, V_n)이 존재할 때 가능하다. 경로의 길이는 경로를 구성하는 간선의 수이고, 단순 경로는 모두 서로 다른 간선으로 구성된 경로이다. 예로서, 그래프 G1에서 1, 2, 3, 4 경로의 길이는 3이고, 1, 2, 3, 4는 단순 경로이고 1, 2, 4, 2는 단순 경로가 아니다.

사이클(cycle)은 첫 번째 정점과 마지막 정점이 같은 단순 경로이다. 무방향 그래프에서 사이클의 길이는 3이상이고 방향 그래프에서 사이클의 길이는 2이상이다.

그래프 G1에서 1, 2, 4, 1과 G2에서 1, 2, 1은 사이클이다. 방향 그래프에서 사이클이 없는 그래프를 DAG(directed acyclic graph)라 한다.

그래프에서 정점 V_0와 V_n까지의 경로가 있을 때 정점 V_0와 V_n은 연결(connected) 되었다고 한다. 그래프에서 서로 다른 모든 쌍의 정점들 사이에 경로가 있을 때 연결 (connected) 그래프라 한다. 그래프 G1은 연결 그래프이지만 그래프 G3는 연결 그래프가 아니다. 트리는 그래프의 특수한 예라 할 수 있고 사이클이 없는 연결 그래프이다.

방향 그래프를 구성하는 모든 정점들 간에 양방향으로 경로가 존재하면 강력 연결 (strongly connected)이라 한다. 만일 정점들 간에 양방향 경로가 하나라도 존재하지 않을 경우 약한 연결(weakly connected)이라 한다.

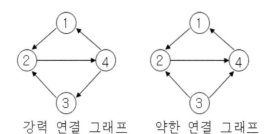

강력 연결 그래프　　　약한 연결 그래프

[그림 8.3] 연결 그래프

[그림 8.3]에서 약한 연결 그래프의 경우, 정점 1에서 3으로 가는 경로, 정점 2에서 3으로 가는 경로, 4에서 3로 가는 경로가 존재하지 않기 때문에 약한 연결이고, 첫 번째 그래프의 경우 모든 정점의 쌍에 대해 경로가 존재하여 강력 연결 그래프가 된다.

8.2 　그래프 표현

그래프를 표현하는 방법은 여러 가지가 있는데, 그 중 인접 행렬이나 인접 리스트를 사용해 그래프를 표현한다.

8.2.1 인접 행렬

인접 행렬 A는 크기가 $n \times n$의 이차원 배열이고 A[n][n]은 다음과 같이 정의한다.

```
A[i][j] = 1   (i, j) ∈ E(G)
A[i][j] = 0   (i, j) ∉ E(G)
```

G1, G2, G3 그래프를 인접 행렬로 표현하면 [그림 8.4]와 같다.

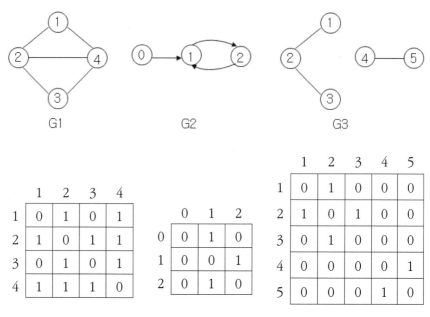

[그림 8.4] 인접 행렬

[그림 8.4]에서 볼 수 있듯이 무방향 그래프의 경우 인접 행렬로 표현하면 간선의 특징상 대각선을 중심으로 대칭인데 반해, 방향 그래프의 경우 간선에 방향이 있어 대칭이 되지 않을 수도 있으므로 인접 행렬을 표현하는데 필요한 공간은 n^2가 된다.

예제 8-1은 그래프 G1의 인접 행렬 값을 입력한 후 그래프의 간선들을 정점별로 출력하는 프로그램이다. 프로그램을 실행할 때 행렬 값을 직접 입력하지 않고, Scanner 객체를 생성하면서 System.in이 들어가는 자리에 다음과 같이 입력할 값을 대신 넣는다.

```
Scanner scanner = new Scanner("0 1 0 1 1 0 1 1 0 1 0 1 1 1 1 0");
```

System.in 자리에 대신 들어간 자료를 입력으로 받아서 바로 실행한다. 복잡한 자료를 입력해야 하는 경우 유용하게 사용할 수 있다.

● 예제 8-1 ●   Usegraph.java

```java
import java.util.Scanner;
class Graph {
  int size = 4;
  int edge[][] = new int[size][size];
  public void create()
  { //행렬 값을 직접 입력하는 대신 System.in 자리에 입력값 바로 넣어줌.
    Scanner scanner = new Scanner("0 1 0 1 1 0 1 1 0 1 0 1 1 1 1 0");
    System.out.print("입력된 인접 행렬 : " );
    for(int i = 0; i < size; i++)      // i는 행
       for (int j = 0; j < size; j++)  // j는 열
       { int num = scanner.nextInt();  // 순서대로 입력받음.
         edge[i][j] = num;             // 입력받은 값 edge 행렬에 저장
         System.out.print(num+" ");    // 입력받은 값 출력
       }
    System.out.println();
  }
  public void print()
  { for (int i = 0; i < size; i++) {   // i는 행
      for(int j = 0; j < size; j++)    // j는 열
         if(edge[i][j] == 1)           // 간선이 있는 경우 행과 열 출력
            System.out.print("("+(i+1)+", "+(j+1)+") "); // 첨자에 1 더해 출력
      System.out.println();
    } // end of for(int i = 0; ...
  }
}
public class Usegraph
{ public static void main(String args[])
   { Graph grp = new Graph();
```

```
        grp.create();
        System.out.println("\n *** 인접 간선 출력" );
        grp.print();
    }
}
```

실행 결과

입력된 인접 행렬 : 0 1 0 1 1 0 1 1 0 1 0 1 1 1 1 0

 *** 인접 간선 출력
(1, 2) (1, 4)
(2, 1) (2, 3) (2, 4)
(3, 2) (3, 4)
(4, 1) (4, 2) (4, 3)

8.2.2 인접 리스트

그래프를 인접 리스트로 표현하는 방법은 모든 정점에 대해 인접한 정점들을 연결 리스트로 만드는 것이다. 리스트의 노드 구조는 정점을 저장하는 필드와 인접 정점을 연결하는 링크 필드가 필요하다.

vertex	link

[그림 8.5]에서 그래프 G1, G2, G3에 대한 인접 리스트를 볼 수 있다.

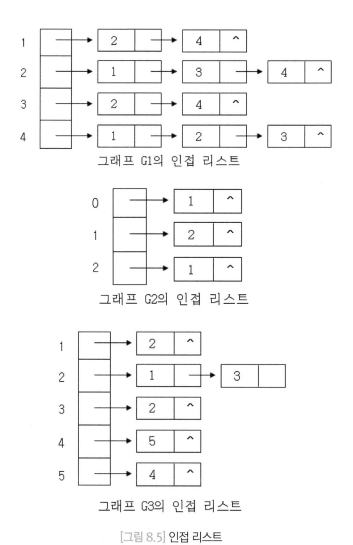

그래프 G1의 인접 리스트

그래프 G2의 인접 리스트

그래프 G3의 인접 리스트

[그림 8.5] 인접 리스트

예제 8-2는 그래프의 인접 행렬 값을 입력받아 인접 리스트로 그래프를 생성한 후 그래프의 간선들을 정점별로 출력하는 프로그램이다. 프로그램을 실행할 때 행렬 값을 직접 입력하지 않고, Scanner 객체를 생성하면서 System.in이 들어가는 자리에 입력할 값을 대신 넣으면 자료를 입력으로 받아서 바로 실행한다.

```java
import java.util.Scanner;
class node {
  int x;
  node link;
}
class LinkGraph {
  int size = 4;
  node link = null;
  public void create(LinkGraph linklist[])
  { int num;
    LinkGraph pt;
    System.out.print("입력된 인접 행렬 : " );
    Scanner scanner = new Scanner("0 1 0 1 1 0 1 1 0 1 0 1 1 1 1 0");
    for(int i = 0; i < size; i++)  // 각 정점별로 인접리스트 생성
    { pt = linklist[i];       // pt에 각 정점 대입
      node end = pt.link;    // 처음 end는 각 정점의 link 대입. 초깃값은 null
      for (int j = 0; j < size; j++)
      { num = scanner.nextInt();  // 순서대로 자료 입력받음.
        System.out.print(num+" "); // 입력받은 값 출력
        if (num == 1)            // 정점 배열 원소 각 i에 연결 리스트 작성
        { node temp = new node();  // 정점 저장할 temp 생성
          temp.x = j + 1;        // 인접 정점의 첨자 1 증가한 값으로 저장
          if (end == null)       // 공백인 경우
            pt.link = temp;      // pt가 temp를 가리킴.
          else                   // 공백이 아닌 경우
            end.link = temp;     // end 뒤에 연결
          end = temp;            // end가 새로 연결한 temp를 가리킴.
        }
      }
    }
    System.out.println();
  }
  public void print(LinkGraph grp[])
  { LinkGraph pt;
    for(int i = 0; i < size; i++)
    { pt = grp[i];
      node temp = pt.link;
```

```
      while (temp != null)
      { System.out.print("("+(i+1)+", "+temp.x+")  ");
        temp = temp.link;           // 출력 후 다음 노드 가리킴.
      }
      System.out.println();
    }
  }
}
public class Uselinkgraph
{ public static void main(String args[])
  { LinkGraph obj = new LinkGraph();
    LinkGraph g[] = new LinkGraph[4];  // 정점 배열 선언
    for (int i = 0; i < 4; i++)
        g[i] = new LinkGraph();         // 정점 배열 생성
    obj.create(g);                      // 인접 리스트 생성
    System.out.println("\n *** 인접 리스트 간선 출력 ");
    obj.print(g);
  }
}
```

실행 결과

```
입력된 인접 행렬 : 0 1 0 1 1 0 1 1 0 1 0 1 0 1 1 1 1 0

 *** 인접 리스트 간선 출력

(1, 2)  (1, 4)
(2, 1)  (2, 3)  (2, 4)
(3, 2)  (3, 4)
(4, 1)  (4, 2)  (4, 3)
```

8.3 　그래프 연산

그래프에서 수행하는 연산중에 중요한 것은 주어진 어떤 정점을 시작으로 규칙적인 방법으로 다른 모든 정점을 순회하는 것이다. 그래프를 순회하는 방법은 깊이 우선 탐색(depth first search: DFS)과 너비 우선 탐색(breadth first search: BFS)이 있다.

8.3.1 깊이 우선 탐색

깊이 우선 탐색은 깊이에 따라 모든 정점을 순회하는 탐색방법으로 방문한 정점에서 더 이상 탐색할 수 없는 상황이 발생하면 직전 탐색 정점으로 돌아가 그 정점에서 미 방문 정점을 다시 찾아 탐색한다.

[깊이 우선 탐색 알고리즘]

1. 시작 정점 v를 방문한다.
2. 정점 v에 인접한 정점 중 방문하지 않은 정점 x를 선정하여 다시 깊이 우선 탐색을 시작한다.
3. 만일 인접한 정점 중 방문하지 않은 정점 x가 없으면 제일 나중에 방문한 정점으로 되돌아가 단계 2를 수행한다.
4. 만일 되돌아갈 정점이나 미방문 정점이 없으면 탐색 작업을 완료한다.

깊이 우선 탐색을 수행하려면 정점의 방문 여부를 표시하는 방법이 필요하다. 배열을 사용하여 다음과 같이 표현한다.

```
visted[i] = true   // 정점 i를 방문
visted[i] = false  // 정점 i를 방문하지 않음
```

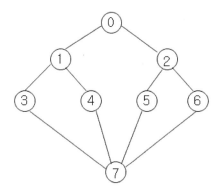

[그림 8.6] 무방향 그래프

[그림 8.6]을 깊이 우선 탐색으로 방문할 경우 0, 1, 3, 7, 4, 5, 2, 6이다.

예제 8-3은 그래프의 시작정점과 간선들을 입력받아 깊이 우선 탐색으로 그래프를 방문한 결과를 출력하는 프로그램이다. 프로그램을 실행할 때 시작정점과 간선들을 직접 입력하지 않고, Scanner 객체를 생성하면서 System.in이 들어가는 자리에 입력할 값을 대신 넣으면 자료를 입력으로 받아서 바로 실행한다. 입력을 끝내는 마침 간선은 −1 −1이다.

● 예제 8-3 ●   DepthFirstSearch.java

```java
import java.util.Scanner;
public class DepthFirstSearch {
    static int[][] vertexList;  // 인접 행렬 선언
    static int[] visited;          // 정점의 방문 여부를 가리키는 배열
    static int vertex;
    public static void main(String[] args) {
        // 자료를 직접 입력하지 않고 "System.in" 자리에 입력할 값 대신 넣음.
        Scanner scan = new Scanner("0 0 1 0 2 1 3 1 4 2 5 2 6 3 7 4 7 5 7 6 7 -1 -1");
        int vt1, vt2;
        vertexList = new int[20][20];
        visited = new int[20];
        System.out.print("시작 정점과 간선을 입력하세요. -- 마침 간선 - 1 -1");
        int startVertex = scan.nextInt();;  // 시작 정점 읽음.
        System.out.println();
```

```java
        while(true) {
          // 간선 읽음
          vt1 = scan.nextInt();
          vt2 = scan.nextInt();
          if(vt1 < 0)          // 간선중 시작점이 0보다 작을 경우 while 문 끝냄.
            break;
          vertexList[vt1][vt2] = vertexList[vt2][vt1] = 1;
          vertex++;
        }
        System.out.print("* 깊이 우선 탐색 : "+startVertex);
        dfs(startVertex);        // 시작 정점에서 깊이 우선 탐색 시작
      }
      public static void dfs(int start) {
        visited[start] = 1;  // 방문한 것으로 설정
        for(int i = 0; i <= vertex; i++) {
          if (vertexList[start][i] == 1 &&  visited[i] == 0) {
            System.out.print(" -> " + i);
            dfs(i);  // 깊이 우선 탐색 재귀 호출
          }
        }
      }
    }
```

실행 결과

시작 정점과 간선을 입력하세요. -- 마침 간선 ? -1 -1
* 깊이 우선 탐색 : 0 -> 1 -> 3 -> 7 -> 4 -> 5 -> 2 -> 6

8.3.2 너비 우선 탐색

너비 우선 탐색은 방문한 정점에서 직접 연결된 간선의 인접한 정점들 가운데 방문하지 않은 정점들을 모두 찾아 먼저 탐색하고, 탐색한 정점의 순서대로 동일한 방법으로 방문하지 않은 정점을 모두 찾아 탐색하고, 방문하지 않은 정점이 더 이상 없을 때까지 반복하여 탐색하는 방법이다.

[너비 우선 탐색 알고리즘]

1. 시작 정점 v를 방문한다.

2. v에 인접한 정점들을 모두 찾아 방문한다.

3. 미방문 정점이 없으면 2번에서 탐색한 정점들의 순서대로 각 정점에 대해 인접한 정점들을 찾아 방문하고, 미방문 정점이 없으면 탐색을 완료한다.

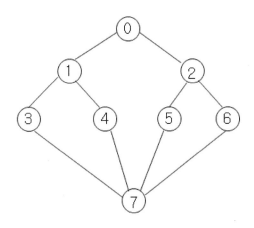

[그림 8.7] 무방향 그래프

너비 우선 탐색으로 [그림 8.7]의 그래프를 방문했을 때 0, 1, 2, 3, 4, 5, 6, 7의 경로로 탐색한다.

예제 8-4는 그래프의 시작정점과 간선들을 입력받아 너비 우선 탐색으로 그래프를 방문한 결과를 출력하는 프로그램이다. 프로그램을 실행할 때 시작정점과 간선들을 직접 입력하지 않고, Scanner 객체를 생성하면서 System.in이 들어가는 자리에 입력할 값을 대신 넣으면 자료를 입력으로 받아서 바로 실행한다. 입력을 끝내는 마침 간선은 -1 -1이다.

```java
import java.util.Scanner;
public class BreathFirstSearch {
  static int[][] vertexList;  // 인접 행렬 생성
  static int[] visited;        // 정점의 방문 여부를 가리키는 배열
  static int vertex;
  static int end;
  public static void main(String[] args) {
    // 입력할 자료값을 " System.in " 대신 넣어 바로 입력 받음.
    Scanner scan = new Scanner("0 0 1 0 2 1 3 1 4 2 5 2 6 3 7 4 7 5 7 6 7 -1 -1");
    int vt1, vt2;
    vertexList = new int[20][20];
    visited = new int[20];
    System.out.print("시작 정점과 간선을 입력하세요. -- 마침 간선 - 1 -1");
    int startVertex=scan.nextInt(); // 시작 정점
    System.out.println();
    while(true) {
      vt1 = scan.nextInt();
      vt2 = scan.nextInt();
      if (vt1 < 0)   // 정점이 0보다 작을 경우 반복 끝냄.
        break;
      vertexList[vt1][vt2] = vertexList[vt2][vt1] = 1;
      vertex++;
      int mid = (vt1 > vt2 ? vt1 : vt2);
      end = (mid > end ? mid : end);
    }
    System.out.print("* 너비 우선 탐색 : ");
    bfs(startVertex);
  }
  public static void bfs(int i) {
    int queue[] = new int[10];
    int front = 0, rear = 0;
    queue[rear++] = i;
    visited[i] = 1;
    int temp;
    while(front <= rear){
      temp = queue[front++];
      for(int j = 0; j <= end; j++){
```

```
            if(vertexList[temp][j] == 1 && visited[j] == 0)
              { queue[rear++] = j;
                visited[j] = 1;
              }
        }
    }
    for(int j = 0;j < rear-1; j++)
        System.out.print(queue[j]+" -> ");
    System.out.print(queue[rear-1]);
  }
}
```

실행 결과

```
시작 정점과 간선을 입력하세요. -- 마침 간선 ? -1 -1
* 너비 우선 탐색 : 0 -> 1 -> 2 -> 3 -> 4 -> 5 -> 6 -> 7
```

다음은 예제 8-4를 함수형 인터페이스와 람다식을 사용해 작성한 프로그램으로, 실행 결과는 예제 8-4와 동일하다. 람다식은 10.6절에 자세하게 나와 있다.

● 예제 8-5 ●   LambdaBreathFirstSearch.java

```java
import java.util.Scanner;
@FunctionalInterface
interface LambdaBfs {                    // 함수형 인터페이스 선언
  void bfs(int start);
}
public class LambdaBreathFirstSearch {
  static int[][] vertexList;            // 인접 행렬
  static int[] visited;                 // 정점의 방문 여부를 가리키는 배열
  static int end;
  public static void main(String[] args) {
    // 입력할 자료값을 "System.in" 대신 넣어 바로 입력 받음.
    Scanner scan = new Scanner("0 0 1 0 2 1 3 1 4 2 5 2 6 3 7 4 7 5 7 6 7 -1 -1");
```

```java
    int vt1, vt2;
    vertexList = new int[20][20];
    visited = new int[20];
    System.out.print("시작 정점과 간선을 입력하세요. -- 마침 간선 ? -1 -1");
    int startVertex=scan.nextInt();  // 시작 정점
    System.out.println();
    while(true) {
        vt1 = scan.nextInt();
        vt2 = scan.nextInt();
        if(vt1 < 0)                // 두 개의 점이 0보다 작을 경우 break;
            break;
        vertexList[vt1][vt2] = vertexList[vt2][vt1] = 1;
        int mid = (vt1 > vt2? vt1 : vt2);
        end = (mid > end ? mid : end);
    }
    System.out.print("* 너비 우선 탐색 : ");
    LambdaBfs lbfs = i -> {  // 람다식으로 bfs() 메서드 작성
        int queue[] = new int[10];
        int front = 0, rear = 0;
        queue[rear++] = i;
        visited[i] = 1;
        int temp;
        while(front<=rear){
            temp = queue[front++];
            for(int j=0; j<=end; j++){
                if(vertexList[temp][j]==1 && visited[j]==0)
                { queue[rear++]=j;
                    visited[j]=1;
                }  // end of if
            }   // end of for
        }    // end of while
        for(int j= 0;j < rear-1; j++)
            System.out.print(queue[j]+" -> ");
        System.out.print(queue[rear-1]);
    };  // end of Lambda Exp.(람다식)
    lbfs.bfs(startVertex);    // bfs() 메서드 호출
    }
}
```

상수없이 하나의 메서드 bfs()를 갖는 함수형 인터페이스인 LambdaBfs의 객체 lbfs를
LambdaBfs lbfs = i -> { }; 명령문을 사용해 생성하고, { } 안에 bfs() 메서드에서
실행할 명령문들을 작성한다.

bfs() 메서드는 lbfs.bfs(startVertex); 명령문으로 호출한다.

- 그래프는 정점과 정점을 연결하는 간선(edge)으로 만들어진 수학적 구조로 표현력이 뛰어나고, 실제로 다양한 분야에 그래프를 응용하고 있다.

- 그래프는 무방향(undirected) 그래프와 방향(directed) 그래프로 구분한다.

- 무방향 그래프는 간선에 방향이 없는 그래프로 간선을 표현하는 두 정점의 쌍에 순서가 없는 그래프이다. 정점 V_0와 V_1사이의 간선은 (V_0, V_1)이나 (V_1, V_0)로 표현하고, 두 간선은 같은 간선을 나타낸다.

- 방향 그래프는 간선에 방향이 있는 그래프로 V_0와 V_1사이의 간선은 $\langle V_0, V_1 \rangle$으로 표현하는데 V_0는 꼬리(tail)라 하고 V_1은 머리(head)라 한다.

- 완전 그래프는 간선을 최대로 갖는 그래프이다. n개의 정점을 가진 무방향 그래프의 최대 간선 수는 $\frac{n(n-1)}{2}$이고, n개의 정점을 가진 방향 그래프의 최대 간선 수는 $n(n-1)$이다.

- 무방향 그래프의 간선 (V_0, V_1)에서 V_0와 V_1은 서로 인접(adjacent)하고 있다고 하고, 간선 (V_0, V_1)은 V_0와 V_1에 부속(incident)된다고 말한다.

- 그래프 G'가 있을 때, V(G') $\subseteq$ V(G)이고 E(G') $\subseteq$ E(G)이면, 그래프 G'는 그래프 G의 부분그래프(subgraph)이다.

- 경로의 길이는 경로를 구성하는 간선의 수이고, 단순 경로는 모두 서로 다른 간선으로 구성된 경로이다.

- 사이클(cycle)은 첫 번째 정점과 마지막 정점이 같은 단순 경로이다.

- 서로 다른 모든 쌍의 정점들 사이에 경로가 있을 때 연결(connected) 그래프라 한다.

- 방향 그래프를 구성하는 모든 정점들 간에 양방향으로 경로가 존재하면 강력 연결(strongly connected)이라 한다.

- 그래프를 표현하는 방법은 여러 가지가 있는데, 그 중 인접 행렬이나 인접 리스트를 사용해 그래프를 표현한다.

- 인접행렬 A는 크기가 n × n의 이차원 배열이고, 간선 (i, j)가 있을 때 A[i][j]는 1이고, 간선이 없을 때는 0이다.

- 인접 리스트로 그래프를 표현하는 방법은 모든 정점에 대해 인접한 정점들을 연결 리스트로 만드는 것이다. 리스트의 노드 구조는 정점을 저장하는 필드와 인접 정점을 연결하는 링크 필드가 필요하다.
- 그래프를 순회하는 방법은 깊이 우선 탐색(depth first search: DFS)과 너비 우선 탐색(breadth first search: BFS)이 있다.
- 깊이 우선 탐색은 깊이에 따라 모든 정점을 순회하는 탐색방법으로 방문한 정점에서 더 이상 탐색할 수 없는 상황이 발생하면 직전 탐색 정점으로 돌아가 그 정점에서 미방문 정점을 다시 찾아 탐색한다.
- 너비 우선 탐색은 방문한 정점에서 직접 연결된 간선의 인접한 정점들 가운데 방문하지 않은 정점들을 모두 찾아 먼저 탐색하고, 탐색한 정점의 순서대로 동일한 방법으로 방문하지 않은 정점을 모두 찾아 탐색하고, 방문하지 않은 정점이 더 이상 없을 때까지 반복하여 탐색하는 방법이다.

연습문제

1 그래프를 정의하고 그래프의 종류를 설명하시오.

2 다음의 그래프에 대해 정점과 간선의 집합을 나타내시오.

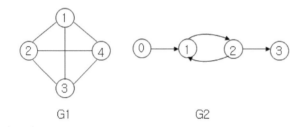

G1   G2

3 2번 그래프에 대해 인접 행렬로 표현하여 나타내시오.

4 2번 그래프에 대해 인접 리스트를 그리시오.

5 그래프를 탐색하는 방법 두 가지를 비교하여 설명하시오.

6 다음 그래프를 깊이우선탐색(DFS)과 너비우선탐색 (BFS)으로 탐색한 결과를 쓰시오. (시작 정점은 3이 고 인접한 정점이 여러 개일 경우 번호가 작은 정점 을 먼저 방문함.)

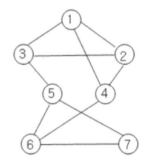

9
CHAPTER

정렬과 탐색

정렬은 자료구조와 알고리즘을 배우면서 흥미 있는 부분으로 순서 없이 배열되어 있는 데이터들을 오름차순(작은 것에서 큰 순)으로 배열하거나, 내림차순(큰 것에서 작은 순)으로 재배열하는 것이다. 기준이 되는 특정키(key)를 중심으로 정렬하는데, 예를 들면, 학생의 성적을 정렬할 때 기준키는 성적의 총점이 된다.

데이터의 양에 따라 주기억장치에 들어갈 수 있는 경우는 주기억장치에서 처리하는 내부 정렬을 사용하고, 주기억장치에 들어갈 수 없는 경우에는 별도의 보조기억 장치를 사용하여 처리하는 외부정렬을 사용한다.

내부 정렬은 정렬할 데이터를 주기억장치에 올려 정렬하는 방식으로 정렬 속도는 빠르나 주기억장치의 용량만큼 데이터의 양을 제한하게 된다. 외부 정렬은 대용량 보조기억 장치를 사용하여 속도는 떨어지지만 대용량의 데이터를 정렬할 경우 사용하는 방법이다.

내부 정렬 방법에는 교환 방식, 삽입 방식, 합병 방식 등이 있다.

- 교환 방식은 키를 비교하고 교환하여 정렬하는 방법으로, 버블 정렬, 선택 정렬, 퀵 정렬이 교환 방식을 사용한다.
- 삽입 방식은 키를 비교하고 삽입하여 정렬하는 방법으로, 삽입 정렬, 쉘 정렬이 삽입 방식을 사용한다.
- 합병 방식은 키를 비교하고 합병(merge)하여 정렬하는 방법으로 합병 정렬이 있다.

외부 정렬은 합병 방식을 사용하는데, 파일을 부분 파일로 분리해 각각을 내부 정렬 방법으로 정렬한 후 합병하여 정렬하는 방법을 사용한다.

정렬을 수행하기 위해 사용하는 알고리즘에 따라 정렬하는데 소요되는 시간이 다르기 때문에 정렬 알고리즘의 효율성이 중요하다는 사실을 인지할 수 있다.

탐색은 방대한 데이터에서 원하는 데이터를 찾아내기 위한 방법이다. 탐색하는 방법에는 순차 탐색(Linear Search), 이진 탐색(Binary Search), 해시탐색 등이 있다.

버블 정렬

버블 정렬은 한 원소와 바로 옆 원소끼리만 크기를 비교해서 원하는 순서가 아닌 경우 위치를 맞바꾸는 정렬 방법이다. 버블 정렬의 시간 복잡도는 $O(n^2)$이며, 같은 $O(n^2)$급 알고리즘 중에서 버블 정렬은 상당히 비효율적인 방법에 속해 잘 사용하지 않는다. 정렬을 실행하는 동작 모습이 마치 거품처럼 보글보글 움직이는 모습과 같아 버블 정렬이라 한다.

[버블 정렬 알고리즘]

1. 가장 왼쪽부터 인접한 두 수를 비교해 큰 수를 오른쪽으로 작은 수는 왼쪽으로 서로 위치를 교환한다.
2. 동일한 방법으로 두 번째 수와 세 번째 수를 비교해 큰 수가 오른쪽에 오도록 큰 수와 작은 수의 위치를 서로 바꾼다.
3. 가장 큰 수를 오른쪽 끝으로 이동할 때까지 인접한 두 수의 크기를 비교해 서로의 위치를 교환하는 과정을 진행하면서 가장 큰 수가 맨 오른쪽 끝으로 이동하고 한 단계가 끝난다.
4. 정렬 크기를 한 사이즈 줄여서 가장 큰 수를 제외한 나머지 수에 대해 1, 2, 3 과정으로 정렬하고, 사이즈를 하나씩 줄여가면서 모든 수를 정렬할 때까지 1, 2, 3 과정을 반복 수행한다.

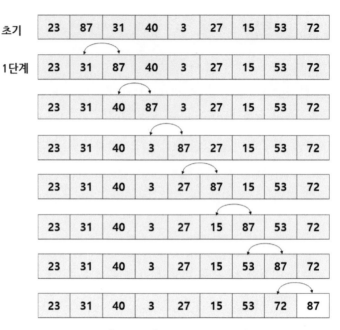

초기 | 23 | 87 | 31 | 40 | 3 | 27 | 15 | 53 | 72

1단계 | 23 | 31 | 87 | 40 | 3 | 27 | 15 | 53 | 72

[그림 9.1] 버블 정렬 진행 과정

[그림 9.1]의 1단계에서 23과 87의 크기를 비교해 87이 크므로 두 데이터의 위치 교환은 없고, 87과 31을 비교해 87이 크므로 서로의 위치를 바꾼다. 그 다음 87과 40을 비교해 40이 앞으로 87은 뒤로 위치를 바꾸고, 마지막으로 가장 큰 수 87이 오른쪽 끝으로 이동할 때까지 인접한 두 수의 크기를 비교해 큰 수를 오른쪽으로 이동한다 다음 단계에서는, 정렬 크기를 한 사이즈 줄여 87을 제외한 나머지 원소들에 대해 동일한 방법으로 정렬하고, 마지막으로 모든 항목을 정렬할 때까지 반복한다.

예제 9-1은 버블 정렬로 데이터를 정렬한 후 출력하는 프로그램이다. 한 단계에서 정렬 과정을 진행하면서 정렬할 두 데이터의 위치를 교환하는 일이 한 번도 일어나지 않았다면 데이터들은 이미 정렬된 경우이므로, 이것을 체크해 루프를 끝내기 위해서 change라는 변수를 둔다. change를 사용하지 않을 경우 8단계까지 정렬을 진행한다

```java
import java.util.Arrays;
class BubbleSort{
   public static void bubbleSort(int data[]){
      int size=data.length;
      System.out.printf("sort 자료 : ");
      for(int i=0; i<size; i++)                 // for (int i : data)
         System.out.print(data[i]+" ");    //  System.out.print(i+" ");
      System.out.println();
      System.out.println("*** Bubble Sort 진행  과정  ***");
      for(int i = size-1; i > 0; i--){
         boolean change = false;
         System.out.print(size-i+" 단계 ");
         for(int j=0; j<i; j++){
            if(data[j] > data[j+1]) {
               int temp = data[j];
               data[j] = data[j+1];
               data[j+1] = temp;
               change = true;    }
            System.out.println("\t"+Arrays.toString(data));
         } // end of for(int j ...
         if (!change)
            break;
      } // end of for(int i...
   }
   public static void main(String args[]){
      int[] dataList = {23, 87, 31, 40, 3, 27, 15, 53, 72};
      bubbleSort(dataList);
   }
}
```

실행 결과

```
sort 자료 : 23 87 31 40 3 27 15 53 72
***  Bubble Sort  진행  과정  ***
1 단계    [23, 87, 31, 40, 3, 27, 15, 53, 72]
         [23, 31, 87, 40, 3, 27, 15, 53, 72]
         [23, 31, 40, 87, 3, 27, 15, 53, 72]
         [23, 31, 40, 3, 87, 27, 15, 53, 72]
         [23, 31, 40, 3, 27, 87, 15, 53, 72]
         [23, 31, 40, 3, 27, 15, 87, 53, 72]
         [23, 31, 40, 3, 27, 15, 53, 87, 72]
         [23, 31, 40, 3, 27, 15, 53, 72, 87]
2 단계    [23, 31, 40, 3, 27, 15, 53, 72, 87]
         [23, 31, 40, 3, 27, 15, 53, 72, 87]
         [23, 31, 3, 40, 27, 15, 53, 72, 87]
         [23, 31, 3, 27, 40, 15, 53, 72, 87]
         [23, 31, 3, 27, 15, 40, 53, 72, 87]
         [23, 31, 3, 27, 15, 40, 53, 72, 87]
         [23, 31, 3, 27, 15, 40, 53, 72, 87]
3 단계    [23, 31, 3, 27, 15, 40, 53, 72, 87]
         [23, 3, 31, 27, 15, 40, 53, 72, 87]
         [23, 3, 27, 31, 15, 40, 53, 72, 87]
         [23, 3, 27, 15, 31, 40, 53, 72, 87]
         [23, 3, 27, 15, 31, 40, 53, 72, 87]
         [23, 3, 27, 15, 31, 40, 53, 72, 87]
4 단계    [3, 23, 27, 15, 31, 40, 53, 72, 87]
         [3, 23, 27, 15, 31, 40, 53, 72, 87]
         [3, 23, 15, 27, 31, 40, 53, 72, 87]
         [3, 23, 15, 27, 31, 40, 53, 72, 87]
         [3, 23, 15, 27, 31, 40, 53, 72, 87]
5 단계    [3, 23, 15, 27, 31, 40, 53, 72, 87]
         [3, 15, 23, 27, 31, 40, 53, 72, 87]
         [3, 15, 23, 27, 31, 40, 53, 72, 87]
         [3, 15, 23, 27, 31, 40, 53, 72, 87]
6 단계    [3, 15, 23, 27, 31, 40, 53, 72, 87]
         [3, 15, 23, 27, 31, 40, 53, 72, 87]
         [3, 15, 23, 27, 31, 40, 53, 72, 87]
```

다음 예제는 동일한 배열에 대해 람다식을 사용해 버블 정렬하고, 실행 결과는 예제
9-1과 같다. 람다식은 10.6절에 자세하게 나와 있다.

● 예제 9-2 ●　　　　LambdaBubbble.java

```java
import java.util.Arrays;
@FunctionalInterface
interface BubbleSortInter {    // 함수형 인터페이스 선언
    void bubbleSort(int data[]);
}
public class LambdaBubbble {
  public static void main(String args[]){
     int[] dataList = {23, 87, 31, 40, 3, 27, 15, 53, 72};
     BubbleSortInter bSort = data -> {  // bubbleSort() 메서드 작성
        int size=data.length;
        System.out.printf("sort 자료 : ");
        for(int i=0; i<size; i++)              // for (int i : data)
           System.out.print(data[i]+" ");   //   System.out.print(i+" ");
        System.out.println();
        System.out.println("*** Bubble Sort  진행   과정   ***");
        for(int i=size-1; i>0; i--){
           boolean change = false;
           System.out.print(size-i+" 단계 ");
           for(int j=0; j<i; j++){
              if(data[j] > data[j+1]) {
                 int temp = data[j];
                 data[j] = data[j+1];
                 data[j+1] = temp;
                 change = true;      }   // end of if
             System.out.println("\t"+Arrays.toString(data));
           } // end of for(int j...
           if (!change)
              break;
        } // end of for(int i,,,
     };  // end of 람다식
    bSort.bubbleSort(dataList);  // bubbleSort() 메서드 호출
  }
}
```

BubbleSortInter는 상수없이 bubbleSort() 메서드 하나만 갖는 함수형 인터페이스이므로 람다식으로 메서드를 작성할 수 있다. BubbleSortInter의 객체 bSort를 BubbleSortInter bSort = data -> { }; 명령문을 사용해 생성하고 { } 안에 bubbleSort() 메서드에서 실행할 명령문을 작성한다.

bubbleSort() 메서드는 bSort.bubbleSort(dataList); 명령문으로 호출한다.

9.2 선택 정렬

선택 정렬은 가장 작은 값부터 차례대로 리스트의 앞으로 옮겨서 앞에서부터 뒤로 정렬하거나 반대로 가장 큰 수를 찾아 맨 뒤로 교환하는 방법으로 정렬한다. 실제 상황에서 가장 코딩하기 쉽고 직관적인 방법이다. 수행 시간은 데이터 상태에 좌우되지 않고, 데이터의 대입 횟수가 적은 게 특징이다. 보통, 버블 정렬보다 2~3배 정도 빠르고, 선택 정렬의 시간 복잡도는 $O(n^2)$으로 버블 정렬과 정렬하는 방법이 유사하다.

[선택 정렬 알고리즘]
1. 최솟값(최댓값)을 찾아서 배열의 맨 앞(맨 뒤) 위치의 수와 교환한다.
2. 정렬된 첫 번째(마지막 수)를 제외한 나머지 원소들 즉, 아직 정렬되지 않은 원소들 중에서 최솟값(최댓값)을 선택하여 정렬된 부분 옆의 원소와 교환한다.
3. 동일한 방법으로 모든 수를 정렬할 때까지 1, 2 과정을 반복한다.

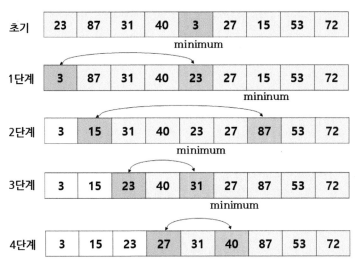

초기	23	87	31	40	3	27	15	53	72

minimum

1단계	3	87	31	40	23	27	15	53	72

mininum

2단계	3	15	31	40	23	27	87	53	72

minimum

3단계	3	15	23	40	31	27	87	53	72

minimum

4단계	3	15	23	27	31	40	87	53	72

[그림 9.2] 선택 정렬 진행 과정

[그림 9.2]에서 볼 수 있듯이 최솟값으로 선택 정렬할 경우, 초기 데이터가 23 87 31 40 3 27 15 53 72 일 때 1단계에서 가장 작은 3을 첫 위치에 있는 23과 교환하고, 2단계에서는 3을 제외한 나머지 수 중 가장 작은 15를 87과 교환하고, 3단계에서는 정렬된 3과 15를 제외하고 정렬되지 않은 수 중 가장 작은 23을 31과 교환하고, 4단계에서는 27을 40과 교환한다. 동일한 방법으로 진행하여 마지막 8단계에서 모든 데이터들을 순서대로 정렬한다.

다음 예제는 배열에 대해 선택 정렬하는 프로그램이다.

● 예제 9-3 ●   SelectionSort.java

```java
import java.util.Arrays;
public class SelectionSort {
    public static void selSort(int data[]) {
        int size=data.length;
        System.out.print("\n*** Sort 지료 : ");  // 정렬 건 지료 출력
        for(int i=0;i<size;i++)
            System.out.print(data[i]+" ");
        System.out.println("\n");
```

```
System.out.println("****** Selection Sort 진행 과정 ******");
for(int i=0;i<size-1;i++) {
    int min = i;
    for(int j=i+1;j<size;j++)
        if(data[j]<data[min])
            min = j;
    int temp = data[i];
    data[i] = data[min];
    data[min] = temp;
    System.out.println((i+1)+"단계: "+Arrays.toString(data));
    }
  }
public static void main(String[] args) {
    int[] dataList = {23, 87, 31, 40, 3, 27, 15, 53, 72};
    selSort(dataList);
  }
}
```

실행 결과

```
*** Sort 자료 : 23 87 31 40 3 27 15 53 72

****** Selection Sort 진행 과정 ******
1단계: [3, 87, 31, 40, 23, 27, 15, 53, 72]
2단계: [3, 15, 31, 40, 23, 27, 87, 53, 72]
3단계: [3, 15, 23, 40, 31, 27, 87, 53, 72]
4단계: [3, 15, 23, 27, 31, 40, 87, 53, 72]
5단계: [3, 15, 23, 27, 31, 40, 87, 53, 72]
6단계: [3, 15, 23, 27, 31, 40, 87, 53, 72]
7단계: [3, 15, 23, 27, 31, 40, 53, 87, 72]
8단계: [3, 15, 23, 27, 31, 40, 53, 72, 87]
```

다음은 동일한 배열에 대해 람다식을 사용해 선택 정렬하는 예제이고, 실행 결과는
예제 9-3과 같다. 람다식은 10.6절에 자세하게 나와 있다.

```java
import java.util.Arrays;
@FunctionalInterface
interface SelectionSortInter {            // 함수형 인터페이스 선언
    void selectionSort(int data[]);
}
public class LambdaSelectionSort {
  public static void main(String[] args) {
    int[] dataList = {23, 87, 31, 40, 3, 27, 15, 53, 72};
    SelectionSortInter sel = data -> {  // selectionSort() 메서드 작성
        int size = data.length;
        System.out.print("\n*** Sort 자료 : "); //정렬 전 자료 출력
        for(int i=0;i<size;i++)
            System.out.print(data[i]+" ");
        System.out.println("\n");
        System.out.println("******* Selection Sort 진행 과정 *******");
        for(int i=0;i<size-1;i++) {
            int min = i;
            for(int j=i+1;j<size;j++)
                if(data[j]<data[min])
                    min = j;
            int temp = data[i];
            data[i] = data[min];
            data[min] = temp;
            System.out.println((i+1)+"단계: "+Arrays.toString(data));
        }
    };  // end of 람다식
    sel.selectionSort(dataList);  // selectionSort() 메서드 호출
  }
}
```

SelectionSortInter는 상수없이 selectionSort() 메서드 하나만 갖는 함수형 인터페이스이므로, SelectionSortInter의 객체 sel를 SelectionSortInter sel = data -> { }; 명령문을 사용해 생성하고, { } 안에 selectionSort() 메서드에서 실행될 명령문을 작성한다.

selectionSort() 메서드는 sel.selectionSort(dataList); 명령문으로 호출한다.

삽입 정렬은 데이터 리스트를 정렬된 부분과 정렬되지 않은 부분으로 나눠서, 정렬이되지 않은 부분 중에서 첫 번째 원소를 이미 정렬된 부분에 삽입하는 방식으로 정렬하는 방법이다. 첫 번째 원소와 정렬된 부분에 속한 각 원소들에 대해 크기를 비교해서 크기순이 아닐 경우, 크기순으로 배열되도록 첫 번째 원소를 왼쪽 앞으로 옮겨 삽입하고 기존 원소들은 오른쪽 옆으로 한 자리씩 이동하게 된다.

삽입 정렬은 이미 정렬된 최상의 경우에는 $O(n)$의 시간 복잡도를 갖게 되고 역순으로 정렬되어있는 최악의 경우에는 시간 복잡도가 $O(n^2)$이다.

선택 정렬보다 두 배 정도 빨라서 평균적인 성능이 $O(n^2)$ 알고리즘들 중에서 뛰어나기 때문에, 삽입 정렬은 다른 정렬 알고리즘의 일부로도 자주 사용된다. 삽입 정렬 방법은 대입 연산이 많으며, 크기가 작은 데이터들의 초기 위치에 따라 성능 편차가 심한 편이다.

[삽입 정렬 알고리즘]

1. 첫 번째 원소는 정렬이 완료된 부분이고 나머지는 정렬되지 않은 항목들이다.
2. 정렬되지 않은 항목들 중 첫 원소와 정렬된 부분에 있는 원소를 비교해 크기순으로 배열되도록 삽입하고 삽입된 이후의 기존 데이터는 오른쪽 옆으로 한 자리씩 이동하게 된다.
3. 모든 수가 정렬될 때까지 2과정을 반복한다.

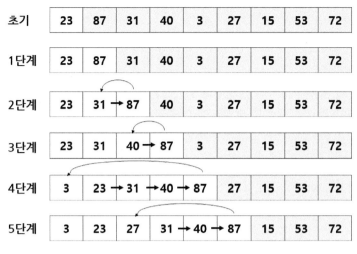

| 초기 | 23 | 87 | 31 | 40 | 3 | 27 | 15 | 53 | 72 |

| 1단계 | 23 | 87 | 31 | 40 | 3 | 27 | 15 | 53 | 72 |

| 2단계 | 23 | 31 → 87 | 40 | 3 | 27 | 15 | 53 | 72 |

| 3단계 | 23 | 31 | 40 → 87 | 3 | 27 | 15 | 53 | 72 |

| 4단계 | 3 | 23 → 31 → 40 → 87 | 27 | 15 | 53 | 72 |

| 5단계 | 3 | 23 | 27 | 31 → 40 → 87 | 15 | 53 | 72 |

[그림 9.3] 삽입 정렬 진행 과정

[그림 9.3]의 1단계에서 23과 87을 비교해 크기순이므로 위치 이동이 없고, 2단계에서 87과 31을 비교해 31을 앞으로 보내고 87은 오른쪽 옆으로 한 자리 이동한다. 87과 40을 비교해 40을 앞으로 보내고 87은 오른쪽 옆으로 한 자리 이동한다. 동일한 방법으로 모든 원소가 정렬될 때까지 반복해 진행한다.

다음 예제는 배열에 대해 삽입 정렬하는 프로그램이다.

● 예제 9-5 ●   InsertionSort.java

```java
import java.util.Arrays;
public class InsertionSort {
  public static void insSort(int data[]) {
    int size=data.length;
    System.out.print("\n*** Sort 자료 : "); // 정렬 전 자료 출력
    for(int i : data)
      System.out.print(i+" ");
    System.out.println("\n");
    System.out.println("****** Insertion Sort 진행 과정 ******");
    for(int i=1; i<size; i++) {
      int temp = data[i];
      int j = i;
```

```
        while((j>0) && (data[j-1]>temp)) {
          data[j] = data[j-1];
          j--;
      }
    data[j] = temp;
    System.out.println(i+"단계:"+Arrays.toString(data));
  }
}
 public static void main(String[] args) {
    int[] dataList = {23, 87, 31, 40, 3, 27, 15, 53, 72};
    insSort(dataList);
  }
}
```

실행 결과

```
*** Sort 자료 : 23 87 31 40 3 27 15 53 72

******* Insertion Sort 진행 과정 *******
1단계: [23, 87, 31, 40, 3, 27, 15, 53, 72]
2단계: [23, 31, 87, 40, 3, 27, 15, 53, 72]
3단계: [23, 31, 40, 87, 3, 27, 15, 53, 72]
4단계: [3, 23, 31, 40, 87, 27, 15, 53, 72]
5단계: [3, 23, 27, 31, 40, 87, 15, 53, 72]
6단계: [3, 15, 23, 27, 31, 40, 87, 53, 72]
7단계: [3, 15, 23, 27, 31, 40, 53, 87, 72]
8단계: [3, 15, 23, 27, 31, 40, 53, 72, 87]
```

다음 예제는 동일한 배열에 대해 람다식을 사용해 선택 정렬하고, 실행 결과는 예제 9-5와 같다. 람다식은 10.6절에 자세하게 나와 있다.

● 예제 9-6 ●　　　LambdaInsertionSort.java

```java
import java.util.Arrays;
@FunctionalInterface
interface InsertionSortInter {    // 함수형 인터페이스 선언
  void insertionSort(int data[]);
}
public class LambdaInsertionSort {
  public static void main(String[] args) {
    int[] dataList = {23, 87, 31, 40, 3, 27, 15, 53, 72};
    InsertionSortInter isi = data -> {
      int size=data.length;
      System.out.print("\n*** Sort 자료 : ");  // 정렬 전 자료 출력
      for (int i : data)
        System.out.print(i+" ");
      System.out.println("\n");
      System.out.println("******* Insertion Sort 진행 과정 *******");
      for(int i=1; i<size; i++) {
        int temp = data[i];
        int j = i;
        while((j>0) && (data[j-1]>temp)) {
          data[j] = data[j-1];
          j--;
        } // end of while
        data[j] = temp;
        System.out.println(i+"단계:"+Arrays.toString(data));
      }   // end od for
    }; // end of 람다식
  isi.insertionSort(dataList);
  }
}
```

InsertionSortInter는 상수 없이 insertionSort() 메서드 하나만 갖는 함수형 인터페이스이므로, InsertionSortInter의 객체 isi를 InsertionSortInter isi = data -> { }; 명령문을 사용해 생성하고, { } 안에 insertionSort() 메서드에서 실행할 명령문을 작성한다.

insertionSort() 메서드는 isi.insertionSort(dataList); 명령문으로 호출한다.

9.4 쉘 정렬

쉘 정렬은 삽입 정렬에 전처리 과정을 추가한 것이다. 삽입 정렬이 현재 원소를 앞부분에 삽입하기 위해 이웃하는 원소의 숫자들끼리 비교하며 한 자리씩 이동하는 단점을 보완하기 위해 전처리 과정을 거치게 된다. 즉, 작은 값을 가진 원소들을 리스트의 앞부분으로 옮기고 큰 값을 가진 원소들은 리스트의 뒷부분에 자리 잡도록 하는 전처리 과정을 수행한다. 전처리 과정은 여러 단계로 진행되며, 각 단계에서는 일정 간격으로 떨어진 원소들에 대해 삽입 정렬을 수행한다.

[쉘 정렬 알고리즘]

1. 첫 원소부터 시작해 간격이 h인 원소들을 찾아 분류하고 두 번째 원소도 마찬가지로 간격이 h인 원소들을 찾아 분류하고 마지막으로 h-1번째 원소도 같은 방법으로 분류한다.
2. 같은 간격을 갖는 원소들 중 가장 작은 것은 앞 쪽으로, 가장 큰 것은 뒤 쪽으로 보낸다.
3. 간격 사이즈를 반으로 줄여가면서 간격이 1이 될 때까지 1, 2과정을 반복 수행한다.

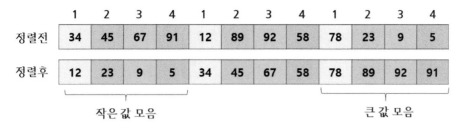

		1	2	3	4	1	2	3	4	1	2	3	4
정렬전		34	45	67	91	12	89	92	58	78	23	9	5
정렬후		12	23	9	5	34	45	67	58	78	89	92	91

작은 값 모음   큰 값 모음

[그림 9.4] 셸 정렬 진행 과정

[그림 9.4]에서 볼 수 있듯이 h-정렬(h-sort)은 간격이 h인 원소들끼리 정렬하는 것으로, h가 4인 경우 4간격으로 분류해 같은 번호 안에 있는 숫자들 중 가장 작은 것은 왼쪽 앞으로 보내고, 가장 큰 것은 오른쪽 뒤로 보내어 4-정렬 후 작은 원소들(12, 23, 9, 5)은 리스트의 앞부분으로, 큰 원소들(78, 89, 92, 91)은 뒷부분으로 이동하게 된다.

셸 정렬은 h-정렬의 h 값을 반(h/2)으로 줄이면서 정렬을 수행하고, 마지막 간격이 1인 경우(h = 1)는 삽입 정렬과 동일하다.

다음 예제는 배열에 대해 셸 정렬하는 프로그램이다.

● 예제 9-7 ●   ShellSort.java

```java
import java.util.Arrays;
public class ShellSort {
   public static void intervalSort(int data[],int iSize,int start,int end)
   {  for(int i=start+iSize; i<=end; i=i+iSize) {
          int j, item = data[i];
          for(j=i-iSize; j>=start && item<data[j]; j-=iSize)
             data[j+iSize] = data[j];
          data[j+iSize] = item;
       }
   }
   public static void shellSort(int data[]) {
     int size=data.length;
     System.out.print("\n*** Sort 자료 : ");  // 정렬 전 자료 출력
     for (int i : data)
          System.out.print(i+" ");
```

```
            System.out.println("\n");
            System.out.println("****** Shell Sort  진행 과정 ******");
            int interval, t=0;
            interval = size/2;
            while(interval >= 1){
                    for(int i=0; i<interval; i++)
                        intervalSort(data, interval, i, size-1);
                    System.out.println("interval "+interval);
                    System.out.println(t+1+"단계: "+Arrays.toString(data));
                    System.out.println();
                    interval /= 2; t++;
                }
        }
    public static void main(String[] args) {
        int[] dataList = {23, 87, 31, 40, 3, 27, 15, 53};
        shellSort(dataList);
    }
}
```

실행 결과

```
*** Sort 자료 : 23 87 31 40 3 27 15 53

******  Shell Sort  진행 과정 ******
interval 4
1단계: [3, 27, 15, 40, 23, 87, 31, 53]

interval 2
2단계: [3, 27, 15, 40, 23, 53, 31, 87]

interval 1
3단계: [3, 15, 23, 27, 31, 40, 53, 87]
```

퀵 정렬은 정렬 알고리즘의 표준이 되고 가장 유명한 정렬 방법이다. 실제로 코딩해 보면, 퀵 정렬의 코드는 길지만, 실행 시간을 비교하면 다른 방법들보다 속도는 빠르다.

퀵 정렬은 기준이 되는 피벗(pivot)을 선정하여 피벗을 기준으로 피벗보다 작은 값은 왼쪽으로, 피벗보다 큰 값은 오른쪽으로 재배치하고 다시 분할하여 정렬하는 알고리즘이다.

보통의 경우, 데이터의 맨 왼쪽 원소나 중간에 위치한 값을 피벗으로 정해 정렬한다. 최악의 경우에는 $O(n^2)$의 비교를 수행하지만 평균 정렬 속도는 $O(nlogn)$의 시간 복잡도를 갖는다.

피벗을 기준으로 데이터 리스트를 반으로 나눠놓고, 각각에 대해서 재귀적으로 피벗을 또 설정해 퀵 정렬을 수행하면서 분할 정복(Divide-and-Conquer) 알고리즘으로 정렬한다. 분할 정복 알고리즘은 데이터 리스트를 분할하여 분할된 리스트 각각에 대해 재귀적으로 문제를 해결한 후 취합하는 방식으로 수행하는 알고리즘이다.

[퀵 정렬 알고리즘]
1. 피벗을 정해 피벗보다 작은 원소 그룹과 큰 원소 그룹으로 분할한다.
2. 분할 후 피벗을 작은 그룹과 큰 그룹 사이로 옮긴다.
3. 작은 원소 그룹과 큰 원소 그룹 각각에 대해 1, 2 과정을 재귀적으로 수행하여 원소가 하나가 될 때까지 반복한다.

[그림 9.5]에서, 중간 위치 값 58을 피벗으로 정해 58보다 작은 값은 앞 쪽으로 큰 값은 뒤쪽으로 보내고 58을 두 그룹 사이로 옮긴다. 작은 그룹과 큰 그룹에 대해 각각 퀵 정렬을 수행하는데, 먼저 작은 그룹에서 중간 값 31을 피벗으로 정해 동일한 방법으로 31보다 작은 그룹과 큰 그룹으로 분류하고 31을 두 그룹 사이로 옮겨 퀵 정렬을 수행한다. 동일한 방법으로 27을 피벗으로 정해 퀵 정렬을 수행해서 하나의 원소가 될 때까지 반복적으로 정렬한다.

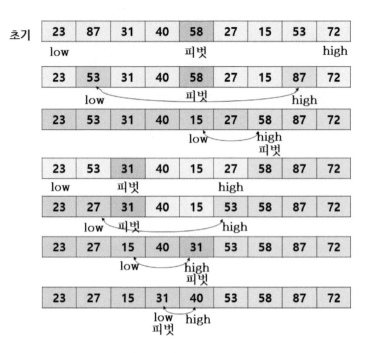

초기

| 23 | 87 | 31 | 40 | 58 | 27 | 15 | 53 | 72 |

low   피벗   high

[그림 9.5] 퀵 정렬 진행 과정

다음 예제는 배열에 대해 퀵 정렬하는 프로그램이다.

● 예제 9-8 ● QuickSort.java

```java
import java.util.Arrays;
public class QuickSort {
  public static void quickSort(final int[] data, int start, int end)
  {    if (start < end) {
         int low = start;
         int high = end;
         int pivot = data[(low + high) / 2];
         while (low < high) {
            while (data[low] < pivot)
                low++;
            while (data[high] > pivot)
                high--;
            if (low < high) {
                int tmp = data[low];
```

```
                data[low] = data[high];
                data[high] = tmp;
            }
        }
        System.out.println(Arrays.toString(data));
        quickSort(data, start, low - 1);
        quickSort(data, low + 1, end);
    }
}
public static void main(String[] args) {
    int[] dataList = {23, 87, 31, 40, 58, 27, 15, 53, 72};
    System.out.print("\n** Sort 자료 : ");   // 정렬 전 자료 출력
    int size=dataList.length;
    for(int i=0;i<size;i++) {
        System.out.print(dataList[i]+" ");
    }
    System.out.println("\n");
    System.out.println("*** Quick Sort 진행  과정  ***");
    quickSort(dataList, 0, size - 1);
}
}
```

실행 결과

```
** Sort 자료 : 23 87 31 40 58 27 15 53 72

******* Quick Sort 진행 과정 *******
[23, 53, 31, 40, 15, 27, 58, 87, 72]
[23, 27, 15, 31, 40, 53, 58, 87, 72]
[23, 15, 27, 31, 40, 53, 58, 87, 72]
[15, 23, 27, 31, 40, 53, 58, 87, 72]
[15, 23, 27, 31, 40, 53, 58, 87, 72]
[15, 23, 27, 31, 40, 53, 58, 72, 87]
```

9.6 합병 정렬

합병 정렬은 정렬할 리스트를 반으로 분할하고 좌측과 우측 리스트를 계속하여 분할하면서 각 리스트 내의 원소가 하나가 될 때까지 진행한 후 두 리스트를 합병(merge)하면서 정렬하는 방법이다. 합병 정렬은 $O(nlogn)$인 정렬 알고리즘 중에 비교적 간단해서 많이 쓰이는 정렬 알고리즘 중 하나이며 시간 복잡도는 최소 $O(nlogn)$을 보장하게 된다.

크기가 N인 데이터를 N/2 크기를 갖는 두 개의 리스트로 분할하는 분할 정복 알고리즘을 사용하고, 분할된 리스트 각각에 대해 재귀적으로 합병 정렬을 수행해 두 리스트를 합병하면서 정렬하는 방법이다. 합병은 각각 정렬된 두 개의 데이터 리스트를 합치면서 동시에 정렬하는 것이다.

퀵 정렬이 큰 리스트를 반씩 나눈다면, 합병 정렬은 이미 정렬이 된 리스트를 하나 둘씩 합쳐서 정렬 작업을 수행한다. 이 알고리즘의 소요 시간은 데이터 상태에 별다른 영향을 받지 않고, 시간 복잡도가 $O(nlogn)$인 알고리즘 중에서 안정성이 있다. 합병 정렬의 단점은 데이터 전체 크기만큼의 기억공간이 더 필요하다는 점이다.

[합병 정렬 알고리즘]

1. 데이터 리스트를 반으로 나눠 앞부분과 뒷부분으로 분할한다.

2. 분할 된 앞부분을 다시 반으로 분할해 원소가 하나가 될 때까지 반복한다.

3. 한 원소를 갖는 서브리스트를 합병하면서 크기순으로 정렬한다.

4. 앞부분의 모든 원소가 합병될 때까지 인접한 두 서브리스트를 합병하면서 크기순으로 정렬한다.

5. 뒷부분에 대해 2, 3, 4 과정을 반복 수행한다.

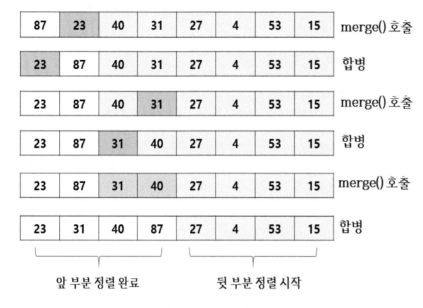

87	23	40	31	27	4	53	15	merge() 호출
23	87	40	31	27	4	53	15	합병
23	87	40	31	27	4	53	15	merge() 호출
23	87	31	40	27	4	53	15	합병
23	87	31	40	27	4	53	15	merge() 호출
23	31	40	87	27	4	53	15	합병

앞 부분 정렬 완료   뒷 부분 정렬 시작

[그림 9.6] 합병 정렬 진행 과정

다음 예제는 배열에 대해 합병 정렬하는 프로그램이다.

● 예제 9-9 ●   MergeSort.java

```java
import java.util.Arrays;
public class MergeSort {
    static int sortData[] = new int [20];
    public static void merge(int data[], int low, int middle, int high){
        int  i, j, k;
        i = low;
        j = middle + 1;
        k = low;
        while(i <= middle && j <= high) {
            if(data[i] <= data[j])
                sortData[k] = data[i++];
            else  sortData[k] = data[j++];
            k++;
        }
        if(i > middle)
            for(int ii = j; ii <= high; ii++, k++)
                sortData[k] = data[ii];
```

```java
        else
            for(int ii = i; ii <= middle; ii++, k++)
                sortData[k] = data[ii];
        for(int ii = low; ii <= high; ii++)
            data[ii] = sortData[ii];
        System.out.println(Arrays.toString(data));
    }
    public static void mergeSort(int a[], int low, int high)   {
        int middle;
        if(low < high){
            middle = (low + high) / 2;
            mergeSort(a, low, middle);
            mergeSort(a, middle+1, high);
            merge(a, low, middle, high);
        }
    }
    public static void main(String[] args) {
        int[] dataList = {87, 23, 40, 31, 27, 4, 53, 15};
        int size = dataList.length;
        System.out.print("\n*** Sort 자료 : ");  // 정렬 전 자료 출력
        for(int i = 0; i < size; i++)
            System.out.print(dataList[i]+" ");
        System.out.println("\n***  Merge Sort 진행   과정   ***");
        mergeSort(dataList, 0, size-1);
    }
}
```

실행 결과

```
*** Sort 자료 : 87 23 40 31 27 4 53 15

***   Merge Sort 진행 과정 ***
[23, 87, 40, 31, 27, 4, 53, 15]
[23, 87, 31, 40, 27, 4, 53, 15]
[23, 31, 40, 87, 27, 4, 53, 15]
[23, 31, 40, 87, 4, 27, 53, 15]
[23, 31, 40, 87, 4, 27, 15, 53]
[23, 31, 40, 87, 4, 15, 27, 53]
[4, 15, 23, 27, 31, 40, 53, 87]
```

9.7 힙 정렬

힙 정렬은 힙 자료구조를 이용하는 정렬 방법으로, 이진트리의 한 종류인 최대 힙 (Max Heap)을 이용해 정렬하는 방법이다. 최대 힙의 각 노드는 자식 노드들 보다 큰 값을 갖는 구조로, 최대 힙의 루트(root)가 최댓값이라는 점을 활용해 정렬을 수행한다. 처음에는 트리 아래에서 위(루트)로 각 원소들을 최대 힙 조건에 맞게 정리한 뒤, 트리의 루트에 있는 데이터를 차례차례 트리 뒤로 옮기면서 정렬한다. 트리의 루트에 있는 데이터를 트리 뒤로 옮기고 그 자리에 있던 원소가 루트 위치로 올라가고, 올라간 원소의 크기에 따라 다시 힙 조건에 맞는 위치로 내려가면서 최대 힙을 다시 구성한다.

시간 복잡도가 O($nlogn$)인 정렬 알고리즘 중에서는 부가적인 기억공간이 필요 없다는 것이 힙 정렬의 큰 장점이지만, 동급 O($nlogn$) 알고리즘들에 비해서 수행 속도는 낮은 편이다.

[힙 정렬 알고리즘]

1. 리스트에 저장된 데이터를 우선순위로 하는 최대 힙을 구성한다.

2. 루트 노드의 데이터를 힙의 가장 마지막 노드에 있는 데이터와 교환한다.

3. 힙 크기를 1 감소시킨다.

4. 루트 노드로 이동한 데이터로 인해 위배된 트리를 힙 속성에 맞도록 최대 힙을 다
   시 구성한다.

5. 2, 3, 4 과정을 반복하여 나머지 원소들을 정렬한다.

[그림 9.7]의 최대 힙 트리에서 80을 맨 아래 끝 노드로 이동하면 그 자리에 있던 45
가 맨 위로 올라가고 이는 힙 속성에 위배되므로 77과 자리를 바꾸게 된다. 가장 큰
77이 트리 아래로 이동하면 그 자리에 있던 12가 맨 위로 가고 힙 속성에 위배되므로
60이 올라가고 다시 35가 올라가고 35 자리에 12가 들어간다. 가장 큰 60이 아래로
이동하면 21이 위로 올라가고 힙 속성에 위배되어 45와 자리를 바꾸게 된다.
나머지도 동일한 방식으로 진행하여 힙 정렬을 수행한다.

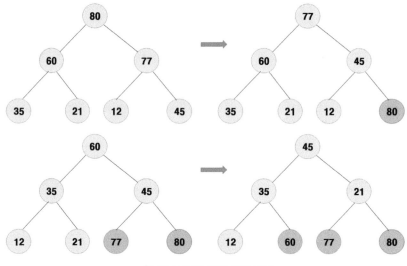

[그림 9.7] 힙 정렬 진행 과정

다음 예제는 배열에 대해 힙 정렬하는 프로그램이다.

● 예제 9-10 ●   HeapSort.java

```java
import java.util.Arrays;
public class HeapSort {
  public static int[] heapSort(int[] heap) {
    int size = heap.length;
    for(int i = size / 2; i > 0; i--)
      makeHeap(heap, i, size);
    do{
      int temp = heap[0];
      heap[0] = heap[size - 1];
      heap[size - 1] = temp;
      size = size - 1;
      makeHeap(heap, 1, size);
    } while (size > 1);
    return heap;
  }
  public static void makeHeap(int heap[], int parent, int size){
    int temp = heap[parent - 1];
    while (parent <= size / 2){  // 자식노드 중 큰 값 위로 올리기
      int child = 2 * parent;
      if ( (child < size) && (heap[child - 1] < heap[child]) )
          child++;
      if (temp >= heap[child - 1])
          break;
      else {
        heap[parent - 1] = heap[child - 1];
        parent = child;
      }
    }
    heap[parent - 1] = temp;
    System.out.println(Arrays.toString(heap));
  }
  public static void main(String[] args) {
    int[] dataList = {87, 23, 40, 31, 27, 4, 53, 15, 72};
    int size = dataList.length;
```

```
    System.out.print("\n*** Sort 자료 : "); // 정렬 전 자료 출력
    for(int i = 0; i < size; i++)
        System.out.print(dataList[i]+" ");
    System.out.println("\n");
    System.out.println("*****  Heap Sort 진행   과정   *****");
    heapSort(dataList);
  }
}
```

실행 결과

```
*** Sort 자료 : 87 23 40 31 27 4 53 15 72

*******  Heap Sort 진행 과정 *******
[87, 23, 40, 72, 27, 4, 53, 15, 31]
[87, 23, 53, 72, 27, 4, 40, 15, 31]
[87, 72, 53, 31, 27, 4, 40, 15, 23]
[87, 72, 53, 31, 27, 4, 40, 15, 23]
[72, 31, 53, 23, 27, 4, 40, 15, 87]
[53, 31, 40, 23, 27, 4, 15, 72, 87]
[40, 31, 15, 23, 27, 4, 53, 72, 87]
[31, 27, 15, 23, 4, 40, 53, 72, 87]
[27, 23, 15, 4, 31, 40, 53, 72, 87]
[23, 4, 15, 27, 31, 40, 53, 72, 87]
[15, 4, 23, 27, 31, 40, 53, 72, 87]
[4, 15, 23, 27, 31, 40, 53, 72, 87]
```

9.8 탐색

탐색은 방대한 데이터에서 목적에 맞는 데이터를 찾아내기 위한 방법이다. 탐색하는
방법에는 순차 탐색(Linear Search), 이진 탐색(Binary Search), 해시탐색 등이 있다

(1) 순차 탐색

순차 탐색은 첫 원소부터 마지막 원소까지 순서대로 탐색을 진행하고 시간 복잡도는 O(n)이다. 종료 조건은 리스트에서 탐색키를 발견했을 때 종료하거나 발견하지 못했을 경우 리스트의 길이만큼 탐색 후 종료한다.

(2) 이진 탐색

이진 탐색은 데이터가 정렬되어 있어야 가능한 탐색 방법이다. 순차 탐색의 경우 데이터가 정렬되지 않아도 탐색할 수 있으나 탐색 성능의 편차가 심한 편이다. 반면, 이진 탐색은 정렬된 리스트에서 중간 값과 비교해 탐색 과정을 반으로 줄이면서 탐색해 순차 탐색보다 탐색 성능이 뛰어나다.

[이진 탐색 알고리즘]
1. 정렬된 리스트를 반으로 나눠 중간 값과 탐색키를 비교한다.
2. 중간 값과 탐색키 값이 같으면 탐색을 종료한다.
3. 탐색키가 중간 값보다 작으면 왼쪽 서브리스트에 대해 1, 2 과정을 수행하고, 큰 경우 오른쪽 서브리스트에 대해 1, 2 과정을 수행한다.
4. 모든 중간 값과 비교해 탐색키를 찾지 못한 경우 탐색을 종료한다.

다음 예제는 탐색키를 입력받고 배열에서 탐색키의 첨자(index)를 찾아 출력하는 프로그램이다. 자료를 직접 입력하는 대신 System.in자리에 입력할 자료 "31 4 72 99 -99"를 넣으면 입력 값을 받아 바로 실행할 수 있고, -99일 때 종료한다.
자바에서 제공하는 Arrays 클래스를 활용해서 배열을 정렬하기 위해, java.util.Arrays를 import하고, Arrays.sort(data) 메서드를 사용해 data 배열을 크기순으로 정렬한다. Arrays.binarySearch(data, key) 메서드를 사용해 data 배열에서 이진 탐색을 수행할 수 있는데, 탐색키(key)가 없는 경우 음수 값을 반환하고, 탐색키가 있는 경우 배열의 첨자를 반환한다. 또한, Arrays 클래스의 이진 탐색 기능을 사용하지 않고 binary() 메서드를 작성해 이진 탐색을 수행한다.

```java
import java.util.Arrays;
import java.util.Scanner;
public class BinarySearch {
  static void binarySearch(int[] data) {
    Arrays.sort(data);  // 배열 원소 정렬
    System.out.println("data: "+Arrays.toString(data)); // 정렬된 배열
    int pos = Arrays.binarySearch(data, 15);  // Arrays의 이진 탐색
    if (pos >= 0)
      System.out.println("binarySearch 사용: "+15+" index는 "+pos);
    else System.out.println("탐색 키가 없습니다.");
    Scanner scanner = new Scanner("31 4 72 99 -99");
    while(true) {
      System.out.print("\n탐색 키 입력 --> ");
      int key = scanner.nextInt();
      System.out.println(key);
      if (key == -99) { System.out.println("종료합니다.."); break; }
      pos = binary(data, key, 0, data.length); // 이진 탐색 호출
      if (pos != -1)  // 탐색 성공
        System.out.println(key+" index : "+pos);
      else System.out.println("탐색 키가 없습니다.");
    }
    scanner.close();
  }

  static int binary(int[] data, int key, int start, int end) { // 이진 탐색
    while(start <= end) {
      int mid = (start + end) / 2;
      try {
        if (data[mid] == key)  return mid;
        else if(data[mid] > key)  end = mid - 1;
        else start = mid + 1;
      }
      catch(Exception e)
      { break;  }
    }
    return -1;
  }
```

```
public static void main(String[] args) {
    int[] dataList = {23, 87, 31, 40, 3, 27, 15, 53, 72};
    binarySearch(dataList);
  }
}
```

실행 결과

```
data: [3, 15, 23, 27, 31, 40, 53, 72, 87]
binarySearch 사용: 15 index는 1

탐색 키 입력 --> 31
31 index : 4

탐색 키 입력 --> 4
탐색 키가 없습니다.

탐색 키 입력 --> 72
72 index : 7

탐색 키 입력 --> 99
탐색 키가 없습니다.

탐색 키 입력 --> -99
종료합니다..
```

(3) 해시 탐색

해시 탐색은 산술적인 연산을 사용해 나온 값(위치)과 데이터를 저장하고 탐색할 때 동일한 연산으로 탐색키가 저장된 위치를 계산해 짧은 시간에 탐색할 수 있는 방법이다. 순차 탐색이나 이진 탐색과 달리 데이터를 저장한 위치를 계산해 탐색하는 방법이다.

데이터에 일정한 연산 즉, 나누기나 나머지 등의 연산을 적용한 뒤 계산해서 나온 값을 해시 값이라 하는데, 해싱 테이블 안에 해시 값과 데이터를 같이 저장하고 딤색힐 때, 담색키가 저장된 테이블의 위치를 계신하고 그 위치에서 원히는 데이터를 갖고 온다.

간단히 배열에 데이터를 저장할 경우 해시 값을 배열의 첨자로 사용해 그 위치에 데이터를 저장하고, 탐색할 때도 역시 동일한 계산을 사용해 탐색할 수 있다.

HashMap은 해싱 테이블에 데이터를 저장하는 컬렉션으로, java.util.HashMap을 import해 사용한다. 키(Key)와 값(Value)을 지정해 HashMap을 생성하고, 다른 컬렉션과 같이 요소의 크기는 자동으로 조절된다. String 타입 데이터를 갖는 HashMap을 다음과 같이 생성한다.

```
HashMap<String, String> dict = new HashMap<String, String>();
// HashMap<String, String> dict = new HashMap<>();
```

HashMap에 요소를 삽입할 때는 put(key, value) 메서드를 사용하고 키와 값을 순서대로 넣는다. 간단한 영한사전을 만들 경우 다음과 같이 키와 값을 순서대로 지정한다.

```
dict.put("man", "남성");
dict.put("woman", "여성");
```

HashMap의 키 값을 갖는 요소를 가져올 경우 get(key) 메서드를 사용하고, 키 값을 갖는 요소를 삭제할 경우 remove(key) 메서드를 사용한다.

```
String value = dict.get("man");  // value = 남성
dict.remove("man");
```

HashMap의 키는 학번으로, HashMap의 값은 Student 클래스로 연결하는 HashMap을 다음과 같이 생성하여 학생 정보를 넣을 수 있다.

```
HashMap<String, Student> hm = new HashMap<String, Student>();
// HashMap<String, Student> hm = new HashMap<>();
Student st = new Student("김미희", "컴퓨터공학과");
hm.put("1001", st);
```

다음 예제는 학생 정보를 HashMap에 저장하여 출력하는 프로그램이다.

● 예제 9-12 ●　　　HashMapStudentEx.java

```java
import java.util.HashMap;
class Student {
    String name;        // 이름
    String depart;      // 학과
    public Student(String name, String depart){
        this.name = name;
        this.depart = depart;
    }
    public String toString() { // Student 객체 출력 양식 지정
        return name+" "+depart;
    }
}
public class HashMapStudentEx {
    public static void main(String[] args) {
        HashMap<String, Student> hm = new HashMap<>();
        hm.put("1001", new Student("김미희","컴퓨터공학과"));
        hm.put("1002", new Student("박정숙","컴퓨터공학과"));
        hm.put("1003", new Student("이경미","컴퓨터공학과"));
        // 학생 정보를 한 줄에 한꺼번에 출력
        System.out.println("* Student 요소:"+hm);
        // System.out.println("* Student 요소:"+hm.toString());
        hm.remove("1003");
        System.out.println("1002: "+hm.get("1002")); // 1002 학생 탐색
        hm.put("1004", new Student("조희선","소프트웨어공학과"));
        hm.put("1005", new Student("홍현오","소프트웨어공학과"));
        System.out.println("\n** HashMap Student 요소 **");
        // 학생정보를 라인별로 출력
        for(HashMap.Entry<String, Student> st : hm.entrySet())
        { String key = st.getKey();      // 키를 가져옴
            Student stud = hm.get(key);   // 키로 학생 정보 가져옴.
            System.out.println(key+": "+stud);
            // System.out.println(key+": "+stud.toString());
        }
    }
}
```

* **Student** 요소:{1003=이경미 컴퓨터공학과, 1002=박정숙 컴퓨터공학과, 1001=김미희 컴퓨터공학과}
1002: 박정숙 컴퓨터공학과

** **HashMap Student** 요소 **
1005: 홍현오 소프트웨어공학과
1004: 조희선 소프트웨어공학과
1002: 박정숙 컴퓨터공학과
1001: 김미희 컴퓨터공학과

- 정렬은 자료구조와 알고리즘을 배우면서 흥미 있는 부분으로 순서 없이 배열되어 있는 데이터들을 오름차순으로 배열하거나, 내림차순으로 재배열하는 것이다.
- 내부 정렬은 정렬할 데이터를 주기억장치에 올려 정렬하는 방식으로 정렬 속도는 빠르나 주기억장치의 용량만큼 데이터의 양을 제한하게 된다.
- 외부 정렬은 대용량 보조 기억 장치를 사용하여 속도는 떨어지지만 대용량의 데이터를 정렬할 경우 사용하는 방법이다.
- 내부 정렬 방법에는 교환 방식, 삽입 방식, 합병 방식 등이 있다.
- 교환 방식은 키를 비교하고 교환하여 정렬하는 방법으로, 버블 정렬, 선택 정렬, 퀵 정렬이 교환 방식을 사용한다.
- 삽입 방식은 키를 비교하고 삽입하여 정렬하는 방법으로, 삽입 정렬, 쉘 정렬이 삽입 방식을 사용한다.
- 합병 방식은 키를 비교하고 합병(merge)하여 정렬하는 방법으로 합병 정렬이 있다.
- 외부 정렬은 합병 방식을 사용하는데, 파일을 부분 파일로 분리해 각각을 내부 정렬 방법으로 정렬한 후 합병하여 정렬하는 방법을 사용한다.
- 버블 정렬은 한 원소와 바로 옆 원소끼리만 크기를 비교해서 원하는 순서가 아닌 경우 위치를 맞바꾸는 정렬 방법이다.
- 선택 정렬은 가장 작은 값부터 차례대로 리스트의 앞으로 옮겨서 앞에서부터 뒤로 정렬하거나 반대로 가장 큰 수를 찾아 맨 뒤로 교환하는 방법으로 정렬한다. 실제 상황에서 가장 코딩하기 쉽고 직관적인 방법이다.
- 삽입 정렬은 데이터 리스트를 정렬된 부분과 정렬되지 않은 부분으로 나눠서, 정렬이 되지 않은 부분 중에서 첫 번째 원소를 이미 정렬된 부분에 삽입하는 방식으로 정렬하는 방법이다.
- 쉘 정렬은 삽입 정렬에 전치리 과정을 추가한 것이다. 삽입 정렬이 현재 원소를 앞부분에 삽입하기 위해 이웃하는 원소의 숫자들끼리 비교하며 한 자리씩 이동하는 단점을 보완하기 위해 전처리 과정을 거치게 된다.

- 퀵 정렬은 정렬 알고리즘의 표준이 되고 가장 유명한 정렬 방법이다. 실제로 코딩해 보면, 퀵 정렬의 코드는 길지만, 실행 시간을 비교하면 다른 방법들보다 속도는 빠르다.

- 퀵 정렬은 기준이 되는 피벗(pivot)을 선정하여 피벗을 기준으로 피벗보다 작은 값은 왼쪽으로, 피벗보다 큰 값은 오른쪽으로 재배치하고 다시 분할하여 정렬하는 알고리즘이다. 보통의 경우, 데이터의 맨 왼쪽 원소나 중간에 위치한 값을 피벗으로 정해 정렬한다.

- 합병 정렬은 정렬할 리스트를 반으로 분할하고 좌측과 우측 리스트를 계속하여 분할하면서 각 리스트 내의 원소가 하나가 될 때까지 진행한 후 두 리스트를 합병(merge)하면서 정렬하는 방법이다.

- 힙 정렬은 힙 자료구조를 이용하는 정렬 방법으로, 이진트리의 한 종류인 최대 힙(Max Heap)을 이용해 정렬하는 방법이다.

- 최대 힙의 각 노드는 자식 노드들 보다 큰 값을 갖는 구조로, 최대 힙의 루트(root)가 최댓값이라는 점을 활용해 정렬을 수행한다. 처음에는 트리 아래에서 위(루트)로 각 원소들을 최대 힙 조건에 맞게 정리한 뒤, 트리의 루트에 있는 데이터를 차례차례 트리 뒤로 옮기면서 정렬한다.

- 탐색은 방대한 데이터에서 원하는 데이터를 찾아내기 위한 방법이다.

- 탐색하는 방법에는 순차 탐색(Linear Search), 이진 탐색(Binary Search), 해시 탐색 등이 있다.

- 순차 탐색은 첫 원소부터 마지막 원소까지 순서대로 탐색을 진행하고 종료 조건은 리스트에서 탐색키를 발견했을 때 종료하거나 발견하지 못했을 경우 리스트의 길이만큼 탐색 후 종료한다.

- 이진 탐색은 데이터가 정렬되어 있어야 가능한 탐색 방법으로, 정렬된 리스트에서 중간 값과 비교해 탐색 과정을 반으로 줄이면서 탐색해 순차 탐색보다 탐색 성능이 뛰어나다.

- 해시 탐색은 산술적인 연산을 사용해 나온 값(위치)과 데이터를 저장하고 탐색할 때 동일한 연산으로 탐색키가 저장된 위치를 계산해 짧은 시간에 탐색할 수 있는 방법이다. 순차 탐색이나 이진 탐색과 달리 데이터를 저장한 위치를 계산해 탐색하는 방법이다.

- HashMap은 해싱 테이블에 데이터를 저장하는 컬렉션으로, java.util.HashMap을 import해 사용한다. 키(Key)와 값(Value)을 지정해 HashMap을 생성하고, 다른 컬렉션과 같이 요소의 크기는 자동으로 조절된다.

연습문제

1 내부 정렬과 외부 정렬을 비교해 설명하시오.

2 내부 정렬 방식에는 어떤 것이 있는지 나열하시오.

3 {25, 8, 13, 67, 34, 85, 2, 78} 리스트에 대해 버블 정렬하는 단계별 과정을 보이시오.

4 최댓값을 기준으로 선택 정렬하는 프로그램을 작성하시오.

5 데이터 리스트의 가장 왼쪽 원소를 피벗으로 정해 퀵 정렬하는 프로그램을 작성하시오.

6 최소 힙을 구성해 힙 정렬하는 프로그램을 작성하시오.

7 이진 탐색과 해시 탐색 방법을 비교하여 설명하시오.

10
CHAPTER

자바 명령문

실세계에서 일어나는 많은 문제들은 프로그래밍 언어를 사용하여 프로그램을 작성함으로써 해결하는데 이러한 문제들을 해결하기 위해 다양한 종류의 명령문을 사용하게 된다. 이러한 명령문에는 배정문, 혼합문, 제어문과 입출력문 등이 있고 표준 C 언어의 명령문과 유사하다. 그밖에 자바에서는 예외처리를 위한 예외처리문과 동기화문을 제공하고 있다.

배정문은 변수에 어떤 값을 저장하기 위해 사용하는 명령문이고 혼합문은 여러 명령문을 하나의 단위로 묶어 주는 명령문이다. 일반적인 자바 프로그램의 실행 순서는 기술된 순서대로 처리하는데 제어문은 프로그램의 실행순서를 제어하는 방식을 제공한다. 조건에 따라 실행 문장을 결정하는 조건문과 어떤 문장들을 반복적으로 수행하는 반복문과 다른 명령문으로 이동하는 분기문 등이 있다.

입력문은 연산에 필요한 자료 값을 사용자가 입력하는 명령문이고, 출력문은 연산 결과를 사용자가 알 수 있도록 출력장치에 표시하는 명령문이다.

```
                    ┌ 배정문: 변수이름 = 수식
                    │ 혼합문: { ... }
                    │          ┌ 조건문: if문, switch문
     자바명령문 ─┤ 제어문 ─┤ 반복문: for문, for-each 문, while문, do-while문
                    │          └ 분기문: break문, continue문, return문
                    │ 예외처리문: try-catch-finally문
                    └ 동기화문: synchronized
```

예외처리문은 프로그램을 실행하는 과정에서 발생할 수 있는 여러 예외사항들을 처리하도록 하는 명령문이고 동기화문은 다중스레드를 실행하면서 어느 한 시점에는 하나의 스레드만 접근하도록 제어하는 명령문이다. 스레드(thread)는 프로세스(프로그램) 내에서 실행되는 흐름의 단위로 명령문들의 모임이다. 일반적으로 하나의 프로그램은 하나의 스레드를 가지고 있지만, 실행하는 프로그램 환경에 따라 둘 이상의 스레드(다중스레드, multithread)를 동시에 수행할 수 있다.

배정문은 자료의 값을 변경할 때 사용하는 명령문으로 가장 기본이 되는 자바 명령문이다.

형식

변수이름 = 수식

사용 예

```
num = 10;              // num 변수 값이 10이 됨.
sum = num1 + num2;     // num1과 num2를 더한 값을 sum에 저장
mul *= no;             // mul = mul * no; mul에 no를 곱한 값을 mul에 저장
x = y = z = 0;         // z에 0을 저장, y에 0을 저장, x에 0을 저장함.
```

배정문에서 우측 수식의 값을 좌측 변수에 저장하는데, 좌우측의 자료형이 다를 경우 자동으로 형변환이 이뤄진다. 좌측의 자료형이 우측보다 클 경우는 우측 값을 좌측형으로 변환하고, 반대일 경우 캐스팅 연산자를 사용해서 명시적으로 자료형을 변환해 주어야 한다.

사용 예

```
int num1;
long num2;
num2 = num1;
num1 = (int) num2;
```

num2가 64비트 정수형이고 num1은 32비트 정수형이므로 num1값은 num2에 저장할 수 있는데, 반대로 num1 = num2 경우 오류가 발생하므로 위에서처럼 캐스팅 연산자 (int)를 사용하여 num2를 int형(정수형)으로 변환해야 한다.

10.2 혼합문

여러 문장을 묶어서 하나의 단위로 취급하고자 할 때 { }를 사용해 여러 문장들을 묶어서 처리한다. { } 안에는 변수의 형을 선언하는 선언문이나 자바 명령문들이 나올 수 있고 같은 블록 안에 속한 문장들이 된다.

형식
```
{   선언문
    명령문
}
```

사용 예
```
{ int x = 10;
  x += 10;  // x = x + 10;
}
```

위에서 x와 같은 변수는 자신을 선언한 혼합문내에서만 사용할 수 있는 변수로, 자신을 선언한 블록 안에서만 참조할 수 있는 변수이므로 지역변수라 한다. x에 초깃값 10을 넣은 후 수식(x += 10;)의 우측에 사용할 수 있다. 한 블록 안에 같은 이름의 변수를 다시 선언할 수 없고, 블록이 다른 경우는 같은 이름의 변수를 다시 선언하여 사용할 수 있다.

10.3 표준 입출력문

입출력이란 입력과 출력을 말하는데, 입력이란 외부 입력 장치로부터 자료를 읽어 들이는 것이고, 출력이란 프로그램에 있는 자료들을 출력 장치로 내보내는 것이다. 입력과 출력을 위해 사용하는 문장이 입출력문이다.

자바에서 입출력은 자바의 기본 패키지인 java.io에 있는 메서드를 사용하고 자바 언어의 이식성을 높이기 위해 입출력 부분을 분리하여 구현하고 있다.

표준 입출력이란 시스템에서 미리 지정한 표준 파일에 입출력하는 것으로 프로그래머가 따로 열거나 닫을 필요가 없다. 표준 입력 파일은 in(standard input), 표준 출력은 out(standard output), 표준 에러는 err(standard error)이다. 보통 표준 입력 장치는 키보드이고 표준 출력장치는 화면(screen)을 사용하고 표준 에러 내용도 화면에 표시한다.

표준 입력을 위한 메서드는 System.in.read()이고, 표준 출력 메서드에는 System.out.print(), System.out.println(), System.out.printf()가 있다.

System.in.read()는 표준 입력 장치인 키보드로부터 한 문자를 읽어서 그 문자에 해당하는 코드 값을 정수형으로 반환하는 기능을 수행한다.

System.in.read()을 사용할 경우 입력받은 정보를 문자나 숫자로 변환해야 하므로 Scanner 클래스를 사용해 자료를 입력받는 것이 편리하다. 여러 종류의 자료들을 입력할 때 빈칸(' ')으로 분리해서 각 자료들을 입력한다.

[Scanner 클래스를 사용해 자료를 입력받는 방법]

1. java.util.Scanner 패키지를 import한다.

   import java.util.Scanner;

2. Scanner 클래스의 객체를 생성한다.

   Scanner scanner = new Scanner(System.in);

3. scanner 객체의 메서드를 사용해 변수에 원하는 형으로 값을 입력받는다.

   int n = scanner.nextInt();   // 정수형으로 입력받아 n에 저장함.

   double d=scanner.nextDouble(); // 실수형으로 입력받아 d에 저장함.

   String str=scanner.next();   // 문자열로 입력받아 str에 저장함.

4. Scanner 사용을 종료한다.

   scanner.close();

[자료 입력 받기]

각 자료를 입력할 때 빈칸(' ')으로 분리하여 입력한다. 빈칸 수는 상관없이 입력한 순서대로 빈칸을 제외한 나머지 문자만 입력받는다.

```
한글  Java        true   100  34.5↵
```

자료를 입력한 순서대로 각 변수에 입력한 값을 대입한다.

"한글"은 변수 str에 대입하고, "Java"는 변수 language에 대입하고, 변수 found에는 true를 넣고, sum에는 100을 넣고, weight에는 34.5를 넣는다.

```
Scanner scanner = new Scanner(System.in);
String str = scanner.next();             // str = "한글"
String language = scanner.next();        // language = "Java"
boolean found = scanner.nextBoolean();   // found = true
int sum = scanner.nextInt();             // sum = 100
double weight = scanner.nextDouble();    // weight = 34.5
```

프로그램을 실행할 때 자료를 직접 입력하지 않고, Scanner 객체를 생성하면서 System.in이 들어가는 자리에 다음과 같이 입력할 값을 넣으면 그 값을 받아 바로 실행할 수 있다.

```
Scanner scanner = new Scanner("한글  Java    true   100  34.5");
```

System.out.print()는 () 안에 있는 내용을 화면에 출력하는 메서드이고, System.out. println()은 () 안에 있는 내용을 화면에 출력한 후 다음 라인의 첫 번째 열로 출력할 위치를 이동하는 메서드이다.

```
System.out.print("컴퓨터공학, ");
System.out.print("시스템소프트웨어공학, ");
System.out.print("전자공학");
```

위 명령문을 실행하면 다음과 같이 모두 같은 라인에 출력한다.

```
컴퓨터공학, 시스템소프트웨어공학, 전자공학
```

반면 System.out.println()을 사용한 예를 보면 서로 다른 라인에 출력하는 것을 알 수 있다.

사용 예2

```
System.out.println("컴퓨터공학");
System.out.println("시스템소프트웨어공학");
System.out.println("전자공학");
```

출력 결과는 다음과 같다.

```
컴퓨터공학
시스템소프트웨어공학
전자공학
```

사용 예3

```
String s = "포맷출력";        // 문자열
char c = '한';               // 유니코드 문자 1개
int i = 255;                 // 정수
System.out.printf("%s %d %c \n%.1f", s, i, c, (float)i);
```

System.out.printf()는 C 언어처럼 변수의 출력 형식을 지정하는 메서드이다. 문자열은 %s(%S), 정수는 %d, 하나의 문자는 %c(%C), 실수는 %f나 %e(%E), 논리형은 %b(%B)로 출력 형식을 지정한다. "\n"은 현재 줄을 넘겨 다음 라인에 출력하라는 의미이고 "\t"는 탭 키를 사용한 것처럼 일정한 간격이 띄워진다. %S, %C, %B를 사용하면 문자를 표시할 때 모두 대문자로 출력하고, %E는 지수 E를 대문자로 표시한다. 출력 결과는 다음과 같다.

```
포맷출력 255 한
255.0
```

10.4 제어문

프로그램은 보통 위에서 아래로 작성된 순서대로 차례대로 실행하는데, 다양한 종류의 문제를 해결하려면 특정한 조건에 따라 실행하는 순서를 바꿔야 하는 경우도 생기고, 특별한 문장들은 반복적으로 여러 번 실행해야 하는 경우가 발생할 수 있다. 프로그램의 실행순서를 조정하기 위해 제어문을 사용하는데 조건문, 반복문, 분기문으로 분류할 수 있다.

```
       ┌ 조건문: if문, switch문
제어문 ─┤ 반복문: for문, for-each 문, while문, do-while문
       └ 분기문: break문, continue문, return문
```

조건문은 주어진 조건에 따라 수행해야 할 명령문이 다를 때 사용하는 문장이고, 반복
문은 정해진 횟수만큼 반복적으로 실행할 경우나 주어진 조건을 만족할 때까지 계속 반
복적으로 수행하는 명령문이고, 분기문은 지정한 명령문으로 제어를 옮기는 문장이다.

10.4.1 조건문

조건문은 주어진 조건에 따라 수행해야 할 명령문이 다를 경우 사용하는 문장으로 if
문과 switch 문이 있다.

10.4.1.1 if 문

if 문은 조건에 따라 서로 다른 문장을 수행해야 하는 경우 사용한다.

형식

1. if (조건식) 문장
2. if (조건식) 문장 1 else 문장 2

첫 번째 if 문에서 조건을 나타내는 키워드 if가 나오고 ( ) 안에 검토해야 할 조건식이
들어가고 조건이 참일 경우 문장을 수행한다.
두 번째 if 문에서는 조건이 참일 때 문장 1을 수행하고 조건이 거짓이면 문장 2를 수
행한다. 즉, 둘 중 조건에 따라 하나의 문장만 실행하게 된다.

사용 예

```
if (score >= 90) grade = 'A';
if (x > y) max = x; else max = y;
```

---

if 문의 조건식은 true나 false 값을 갖는 논리식이어야 한다.

첫 문장에서 score가 90보다 크거나 같으면 grade는 'A'가 된다.

두 번째 문장에서 x가 y보다 크면 max에는 x 값이 들어가고 아니면 y가 max에 들어
간다. 즉, 둘 중 큰 수가 max가 된다.

만일 참일 경우나 거짓일 경우 수행해야 할 문장이 여러 개 있을 경우 혼합문 { }을
사용하여 여러 문장을 수행할 수 있도록 표현한다.

```
if (score >= 90)
  { grade = 'A';
    System.out.println("grade ="+grade);
  }
```

score가 90보다 크거나 같으면 grade는 'A'가 되고 grade 값을 출력하게 된다.

if 문의 문장 안에 또 다른 if 문을 정의할 수 있는데 이를 중첩 if(nested if)문이라
하며 참일 경우 실행할 문장 안에 if 문을 정의하는 경우와 else 부분에 if 문을 반복하
여 정의하는 경우가 있다.

각 조건식이 참일 경우 실행할 문장 안에 사용한 중첩 if 문은 다음과 같다.

형식
```
if (조건식1)
  if (조건식2)
    if (조건식3)
      :
      문장
```

모든 조건식이 참일 경우에만 문장을 실행한다.

사용 예

```
if (no > 100)
    if (sum > 30000)
        if (score > 90)
            System.out.println("Very Good!!");
```

---

no가 100보다 크고 sum이 30000보다 크고 score가 90보다 커야 "Very Good!!"이라
출력한다.

중첩 if 문의 다른 형태는 else 부분에 if 문을 반복하는 경우로 다음과 같다.

형식

```
if (조건식1) 문장 1
else if (조건식2) 문장 2
        :
else if (조건식n) 문장n
else 문장n+1
```

조건식1이 참이면 문장 1을 실행하고 if 문을 끝내고 if 다음 문장으로 이동한다. 만일
조건식1이 거짓이고 조건식2가 참이면 문장 2를 수행하고 if 문을 끝내고 if 다음 문장
으로 이동한다. 마찬가지로 조건식1과 조건식2가 거짓이면 조건식3을 검사하는 과정
을 수행하고 같은 방법으로 조건식n까지 반복하게 된다. 최종적으로 조건식1부터 조
건식n까지 모두 거짓일 때 마지막 else 뒤에 나오는 문장n+1을 실행한다. 즉, 조건식1
부터 조건식n까지 조건을 검사해서 참인 경우 해당 조건식을 만족하는 문장을 실행하
고 모두 거짓이면 마지막 else 뒤에 나오는 문장n+1을 실행한다.

사용 예

```
if (score >= 90) grade='A';
else if (score >= 80) grade='B';
else if (score >= 70) grade='C';
else if (score >= 60) grade='D';
else grade='F';
```

score가 90보다 크거나 같으면 grade가 'A'가 되고, score가 89부터 80보다 크거나 같으면 grade가 'B'가 되고, score가 79부터 70보다 크거나 같으면 grade가 'C'가 되고, score가 69부터 60보다 크거나 같으면 grade가 'D'가 되고, 60보다 작은 경우 grade는 'F'가 된다.

10.4.1.2 switch 문

if 문의 경우 조건식의 결과에 따라 참인 경우와 거짓인 두 경우로 나눠진다. 실제로 문제를 해결하려고 할 때 여러 경우의 조건으로 분류해서 처리해야 할 경우가 있다. 이 때 사용하는 것이 switch 문이다. if 문으로 나타내기에 부적절한 경우 switch 문을 사용하고 형식은 다음과 같다.

형식

```
switch (식) {
  case 상수식1: 문장 1; break;
  case 상수식2: 문장 2; break;
      :
  case 상수식n: 문장n; break;
  default: 문장n+1;
}
```

switch 키워드 다음에 식이 나오고, 식으로 나올 수 있는 값은 상수식1부터 상수식n까지 가능하다. 상수식 값은 서로 다른 값이어야 하고 임의의 순서대로 상수식 값을 나열한다. switch 문의 식에 사용할 수 있는 자료형은 int, char, String인데 String으 경우 자바 7부터 사용 가능하다.

식과 상수식을 비교하여 두 값이 같은 경우 : 다음에 나오는 문장을 실행한다. 식의 값이 나열한 모든 상수식의 값과 다르면 default 다음에 나오는 문장n+1을 실행한다. 자바의 switch 문은 어떤 상수식 값과 같은 경우가 있으면 그 문장부터 순차적으로 아래 문장으로 내려가면서 문장들을 실행하기 때문에 break 문을 사용해 switch 문 밖으로 제어를 이동하도록 해야 한다.

사용 예

```
switch (no) {
  case 1: System.out.println("컴퓨터공학"); break;
  case 2: System.out.println("시스템소프트웨어공학"); break;
  case 3: System.out.println("전자공학"); break;
  default: System.out.println("기타");
}
```

no 값이 1이면 "컴퓨터공학"을 출력하고, no 값이 2이면 "시스템소프트웨어공학", no 값이 3이면 "전자공학", 그 밖의 경우 "기타"를 출력한다.

만일 case의 각 구문에 break 문을 생략하면 다음 case로 계속 실행하여 no 값에 따라 해당하는 전공만을 출력하는 것이 아니고 다음에 나오는 문장들도 수행해 다른 전공도 출력하게 된다. break 문을 넣으면 no 값에 따라 해당하는 전공만을 출력하고 switch 문을 빠져나와 다음 문장을 실행하게 된다.

```java
import java.util.Scanner;
public class SwitchCalculator {
  public static void main(String[] args) {
   int result;
   Scanner scanner = new Scanner(System.in);
   System.out.print("수식 입력 -- (ex) 3 * 7 --> ");
   int num1 = scanner.nextInt();
   String str = scanner.next();
   int num2 = scanner.nextInt();
   switch (str)
   { case "+": result = num1 + num2;
              System.out.println(num1+" + "+num2+" = "+result);
              break;
     case "-": result = num1 - num2;
              System.out.println(num1+" - "+num2+" = "+result);
              break;
     case "*":  result = num1 * num2;
              System.out.println(num1+" * "+num2+" = "+result);
              break;
     case "/":  result = num1 / num2;
              System.out.println(num1+" / "+num2+" = "+result);
              break;
     case "%": result = num1 % num2;
              System.out.println(num1+" % "+num2+" = "+result);
              break;
     default: System.out.println("잘못된 연산자입니다.");
   }
   scanner.close();
  }
}
```

실행 결과

```
수식 입력 -- (ex) 3 * 7 --> 5 * 7
5 * 7 = 35
```

10.4.2 반복문

반복문은 프로그램의 어떤 부분을 지정한 횟수만큼 반복하거나 주어진 조건을 만족할 때까지 반복적으로 실행하는 문장으로 for 문, for-each 문, while 문, do-while 문이 있다.

(1) for 문

for 문은 자주 사용하는 반복문으로 정해진 횟수만큼 명령문들을 반복적으로 실행할 때 사용하고 상당한 유연성을 가지고 있다.

형식

```
for(초기식; 조건식; 증감식)
    문장
```

---

for 문은 세 개의 식과 문장으로 구성되어진다. 초기식은 반복을 제어하는 제어 변수의 초깃값을 설정하는 식이고 조건식은 문장의 반복 실행 여부를 결정하는 식이다. 조건이 참일 때 문장을 실행하고 거짓이면 for 문을 끝내고 for 다음 문장으로 제어를 옮긴다. for 문을 무한 반복할 경우 조건식에 true를 넣어준다. 증감식은 조건이 맞아 문장을 한 번 실행할 때마다 제어변수를 변경하는 식으로 초깃값과 조건에 따라 증가할 수도 있고 감소할 수도 있다. "문장"은 루프 몸체(loop body)라 하며 조건식이 참일 때 반복적으로 실행하는 부분이다.

사용 예1

```
int sum = 0;
for (int i=1, i <= 10, i++)
    sum += i,                  // sum = sum + i; 1부터 10까지의 합
```

제어변수 i를 1로 초기화한 후 i가 10보다 작거나 같은 동안 i를 1 증가하면서 i가 10이 될 때까지 i 값을 sum에 합하는 구문이다. 처음 i가 1일 때 sum에 1을 더하고, i를 1 증가하면 i는 2가 되고 증가한 i 값이 10보다 작으므로 sum에 2가 더해지고, 다시 i를 1 증가하면 i는 3이 되고 증가한 i 값이 10보다 작으므로 다시 sum에 3을 더하는 과정을 i가 10이 될 때까지 반복적으로 실행하게 된다. for 문은 1부터 10까지의 합을 계산해 sum에 저장하는 구문이다.

사용 예2

```
int sum = 0;
for (int i=10; i >= 1; i--)
    sum += i;                   // sum = sum + i; 10부터 1까지의 합
```

첫 번째 사용 예와 반대로 제어변수를 10으로 초기화한 후 i가 1이 될 때까지 i를 1 감소하면서 각각의 i 값을 sum에 더하는 과정을 반복적으로 수행한다.

for 문을 실행하는 순서를 나타내면 다음과 같다.

```
for (①초기식; ②조건식; ③증감식)
    ④문장
```

①번식을 제일 먼저 실행하여 제어변수에 초깃값을 설정한다. 초기식은 for문을 처음 실행할 때 단 한 번만 수행하는 식이다.
②번식을 검사해 조건이 참이면 ④번 문장을 수행하고 조건이 거짓이면 for 문을 끝낸다. 조건이 참이어서 ④번 문장을 실행한 후 ③번 증감식을 수행해 제어변수 값을 변경한다.
다시 ②번식의 조건을 검사한 후 조건이 참이면 ④번 문장을 수행하고 조건이 거짓이면 for 문을 끝내는 과정을 반복적으로 수행한다.

즉, 실행순서는 ① → ② → ④ → ③ → ② → ④ → ③ ... 으로 맨 처음 ①번 초기식을 수행한 후 ② → ④ → ③을 반복적으로 수행하는데 ②번 조건식이 참인 경우 실행하고 거짓이면 for문을 끝내게 된다.

● 예제 10-2 ●   forFactorial.java

```java
import java.util.Scanner;
public class forFactorial {
public static void main(String[] args)
 { Scanner scanner = new Scanner(System.in);
   System.out.print("factorial을 곱할 수 입력: ");
   int n = scanner.nextInt();
   int factorial=1;
   for(int i = 1;i <= n; i++)
     factorial *= i;
   System.out.println("1부터 "+n+"까지의 곱: "+factorial);
   scanner.close();
 }
}
```

실행 결과

factorial을 구할 수 입력: 6
1부터 6까지의 곱: 720

(2) for-each 문

for-each 문은 배열이나 enum 클래스(열거: enumeration)의 원소 수만큼 루프를 반복해서 실행하고 각 원소의 값을 순서대로 접근해 사용할 경우 유용한 반복문이다.

형식

```
for (자료형 변수이름 : 배열이름)    // 자료형은 배열의 자료형과 같다.
   문장;
for (enum클래스이름 객체이름 : enum클래스이름.values())
   문장;
```

배열 사용 예

```
int [] num = {10, 20, 30, 40, 50};
int sum = 0;
for (int n : num )
   sum += n;        // sum은 배열 num 원소들의 합계
```

enum 사용 예

```
enum Day{   MONDAY,TUESDAY, WEDNESDAY,
           THURSDAY, FRIDAY, SATURDAY, SUNDAY; }
 ...
for(Day d : Day.values())
   System.out.print(d + " ");
// enum 클래스의 Day 값 출력
// MONDAY TUESDAY WEDNESDAY THURSDAY FRIDAY SATURDAY SUNDAY
```

enum 클래스

enum 클래스는 기호 명칭들을 정의한 것으로 enum 클래스를 기반으로 클래스 Day 를 선언해서 사용한다. 예를 들면 요일이름을 Day라는 enum 클래스로 다음과 같이 정의하고 today 객체를 Day 클래스로 선언해 사용한다.

```
enum Day{   MONDAY, TUESDAY, WEDNESDAY,
           THURSDAY, FRIDAY, SATURDAY, SUNDAY;           }
 ...
Day today;   // enum 클래스 Day의 객체 today 선언
today = Day.MONDAY;   // today에 MONDAY라는 값을 대입
```

enum 클래스 Day를 정의하는 명령문은 클래스를 정의하는 것이므로, main() 메서드를 포함해서 다른 모든 메서드 안에서는 선언할 수 없고 클래스 외부나 클래스의 멤버를 선언하는 위치에서 정의한다.

다음 예제는 정수, 문자열, enum 클래스에 대해 for-each 문을 사용해서, 정수 배열의 합을 구하고, 과일 이름을 갖는 문자열 배열을 출력하고, 요일을 enum 클래스 Day로 정의하고 각 요일을 출력하는 프로그램이다.

Day 클래스의 객체 today에는 enum에서 정의한 요일 중 하나의 값(Day.MONDAY)이 들어가고, for-each 문에서 Day.values() 메서드를 사용해서 Day 값을 가져온다.

● 예제 10-3 ●   ForeachEx.java

```java
import java.util.Arrays;
enum Day{ MONDAY, TUESDAY, WEDNESDAY, THURSDAY,
          FRIDAY, SATURDAY, SUNDAY; }
public class ForeachEx {
  /* enum Day{ MONDAY,TUESDAY, WEDNESDAY, THURSDAY,
               FRIDAY, SATURDAY, SUNDAY; }
     enum Day 선언 가능한 위치
  */
  public static void main(String[] args) {
    int [] num = { 10,20,30,40,50 };
    int sum = 0;
    for(int n : num) { // n은 num[0], num[1], ..., num[4]로 반복
      System.out.print(n+" ");    // 반복되는 n 값 출력
      sum += n;
    }
    System.out.println("합은 "+sum);
    // num 배열 String 형태로 [ ] 안에 한꺼번에 출력
    System.out.println("num 배열 : "+Arrays.toString(num));
    String f[] = { "망고", "사과", "체리", "딸기", "바나나" };
    System.out.print("과일 이름: ");
    for(String s : f)    // s는 f[0], f[1], ..., f[5]로 반복
      System.out.print(s + " ");
    System.out.println();
```

```
    // f 배열 String 형태로 [ ] 안에 한꺼번에 출력
    System.out.println("과일 배열 f : "+Arrays.toString(f));
    Day today = Day.MONDAY;
    System.out.println("오늘은 "+ today+" 입니다.");
    System.out.print("요일 이름: ");
    for(Day d : Day.values())
        System.out.print(d + " ");
    }
}
```

실행 결과

```
10 20 30 40 50 합은 150
num 배열 : [10, 20, 30, 40, 50]
과일 이름: 망고 사과 체리 딸기 바나나
과일 배열 f : [망고, 사과, 체리, 딸기, 바나나]
오늘은 MONDAY 입니다.
요일 이름: MONDAY TUESDAY WEDNESDAY THURSDAY FRIDAY SATURDAY SUNDAY
```

배열 원소를 [ ] 형태로 출력하기 위해 Arrays.toString(배열이름) 메서드를 출력문에
사용한다. Arrays 클래스가 java.util 패키지에 들어 있어 java.util.Arrays를 import하
고, 출력문에 Arrays.toString(num)을 사용하면 배열 원소를 [ ] 안에 넣어서 [10, 20,
30, 40, 50] 같은 형태로 출력한다. 과일 이름 배열 f도 Arrays.toString(f)를 사용해
같은 방법으로 출력한다.

```
import java.util.Arrays;
...
System.out.println("num 배열 : "+Arrays.toString(num));
...
System.out.println("과일 배열 f : "+Arrays.toString(f));
```

(3) while 문

주어진 조건식이 참일 때 일련의 명령문들을 반복해서 실행하는 것이 while 문이다. 만일 조건이 거짓이면 while 루프 몸체 부분에 있는 명령문들을 한 번도 실행하지 않고 while 문을 끝내게 된다.

형식

```
while (조건식)
   문장
```

키워드 while이 제일 먼저 나오고 ( ) 안에 조건식이 나와서 조건을 검사하고 조건이 참이면 문장을 실행하고 거짓이면 while 문의 수행을 끝내게 된다. 만일 반복적으로 실행할 부분이 여러 문장일 경우 혼합문의 형태로 나타내고 { }를 사용해 여러 명령문들을 수행하도록 한다.

사용 예1

```
int i = 1, sum = 0;
while (i <= 10){ // 1 ~ 10까지의 합
  sum += i;  // sum = sum + i;
  i++;       // i를 1 증가함.
}
```

사용 예2

```
int i = 1, sum = 0;
while (i <= 10)  // 1 ~ 10까지의 합
  sum += i++;    // sum += i; i++;
```

1부터 10까지의 합계를 구하는 과정으로 처음에 i에 1을 넣고 i는 10보다 작거나 같은 조건을 만족하므로 sum에 i 값을 더하면 i가 1일 때는 1까지의 합을 sum에 저장한다. i를 1 증가하면 i는 2가 되고 다시 조건을 비교하여 참이므로 sum에 i 값을 더하면 sum에 2까지의 합이 들어간다. i를 1증가하는 과정을 반복적으로 수행하게 되고 i가 10이 될 때까지 수행하므로 1부터 10까지의 합을 구하는 과정이다.

while 문과 for 문을 비교하여 다음과 같이 나타낼 수 있다.

for(초기식; 조건식; 증감식)
　문장
	초기식
	while (조건식) {
	　문장
	　증감식
	}

for 문의 경우 () 안에 세 종류의 식이 다 들어가는 반면 while 문의 경우 초기식을 먼저 기술한 후 while과 조건식을 쓰고 참일 경우 실행할 문장 안에 증감식이 들어가게 된다.

● 예제 10-4 ●　　　WhileStatement.java

```java
import java.util.Scanner;
public class WhileStatement{
  public static void main(String[] args)
  {
    Scanner scanner = new Scanner(System.in);
    System.out.print("합을 구할 수 입력: ");
    int n = scanner.nextInt();
    int i = 1, sum=0;
    while (i <= n) {
      sum += i;
      i++;
    }
    System.out.println("1부터 "+n+"까지의 while 문 합: "+sum);
    sum=0;
    for (i =1; i <= n; i++)
      sum += i;
    System.out.println("1부터 "+n+"까지의 for 문 합: "+sum);
    scanner.close();
  }
}
```

실행 결과

합을 구할 수 입력: 6
1부터 6까지의 **while** 문 합: 21
1부터 6까지의 **for** 문 합: 21

(4) do-while 문

for 문과 while 문은 조건을 검사해서 조건이 참인 경우에 일련의 문장을 반복적으로 실행하는데, 만일 조건이 거짓인 경우는 한 번도 실행하지 않는 경우가 발생할 수 있다. do-while 문은 조건을 먼저 검사하는 것이 아니라 문장을 먼저 실행한 후 조건을 검사하는 반복문으로 조건에 관계없이 적어도 한 번은 실행하는 반복문이다. do-while 문의 조건이 참이 아니면 반복을 종료하고 do-while 문을 빠져 나오게 된다.

형식
```
do
 문장
while (조건식);
```

do 키워드가 제일 앞에 나오고 반복 수행할 문장이 나타나고 while 키워드 뒤 ( ) 안에 조건식을 넣게 된다. 반복 수행할 문장이 두 개 이상인 경우 { }를 사용하여 혼합문의 형식으로 나타낸다. 반복적으로 수행할 문장을 먼저 실행한 후 조건을 검사하므로 적어도 한 번 이상 문장을 실행하게 된다.

사용 예1

```
int i = 1, sum = 0;
do {            // 1 ~ 10까지의 합
  sum += i;     // sum = sum + i;
  i++;          // i를 1 증가함.
} while (i <= 10);
```

사용 예2

```
int i = 1, sum = 0;
do              // 1 ~ 10까지의 합
  sum += i++;   // sum += i; i++;
while (i <= 10);
```

위 do-while 문은 1부터 10까지의 합을 구하는 구문이다.

● 예제 10-5 ●   DoWhileStatement.java

```java
import java.util.Scanner;
public class DoWhileStatement
{ public static void main(String[] args)
  { Scanner scanner = new Scanner(System.in);
    System.out.print("합을 구할 수 입력: ");
    int n = scanner.nextInt();
    int i = 1, sum = 0;
    do {
      sum += i;
      i++;
    } while (i <= n);
    System.out.println("1부터 "+n+"까지의 합: "+sum);
    scanner.close();
  }
}
```

실행 결과

```
합을 구할 수 입력: 8
1부터 8까지의 합: 36
```

분기문은 제어를 다른 곳으로 옮기는 문장으로 break 문, continue 문, return 문이 있다.

10.5.1 break 문

break 문은 어떤 경우를 만족할 때 문장을 실행한 후 switch 문을 벗어나기 위해 사용하고, for나 while 같은 반복문에서 반복하는 루프를 빠져나오기 위해 사용한다. break 문이 여러 개의 블록 안에 포함되어 있을 때 자신을 감싸는 하나의 블록 밖으로 제어를 옮기는 역할을 한다.

형식
```
break;
break 레이블;
```

레이블은 생략 가능한 것으로 선택적인 부분이다. 레이블이 없는 경우는 자신을 감싸고 있는 블록을 빠져나오게 되고, 레이블을 사용한 경우 레이블이 있는 블록 밖으로 이동하게 된다.

```
while (true) {
  문장 1
  break;
  문장 2
}
```

while 문의 조건이 true이므로 while 구문은 무한히 반복하는 루프이다. 루프에서 문장 1을 실행하고 break 문을 만나 문장 2를 실행하지 않고 while 루프를 빠져나오게 된다. 위와 같이 무한히 반복하는 루프에 break 문을 넣어 while 구문을 빠져나오게 할 수 있다.

```java
import java.util.Scanner;
public class BreakStatement {
  public static void main(String[] args)
  { Scanner scanner = new Scanner(System.in);
    System.out.print("합을 구할 수 입력: ");
    int n = scanner.nextInt();
    int i = 1, sum = 0;
    while (true) {
      sum += i;
      i++;
      if (i > n) break;    }
    System.out.println("1부터 "+n+"까지의 합: "+sum);
    scanner.close();
  }
}
```

실행 결과

```
합을 구할 수 입력: 7
1부터 7까지의 합: 28
```

반복문이 여러 개 사용되어 있는 중첩된 반복문의 경우 break; 문장으로 여러 반복문을 빠져나오게 할 수 없다. 특정한 위치로 반복문을 벗어나도록 하기 위해 레이블을 사용하여 중첩된 반복문을 빠져나오게 할 수 있다.

다음 예에서 labelFor는 첫 번째 for(int i=1; i < n; i++) 문을 나타내는 레이블이고 첫 번째 for 문 안에 두 번째 for 문이 중첩되어 있다. ①번 break 문은 레이블이 없으므로 자신을 감싸는 두 번째 for 문을 빠져나와 문장 1을 수행하게 되고 ②번의 break 문은 labelFor라는 레이블이 있고 labelFor는 첫 번째 for 문 앞에 나오므로 첫 번째 for 문을 빠져나오게 되어 문장 2를 실행하게 된다.

```
labelFor:
for (int i = 1; i < n; i++) {
  for (int j = 1; j < m; j++) {
    // …
    break;                // ①
    // …
    break labelFor;       // ②
    // …
  }              // 두번째 for(int j = 1; j < m; j++) 문
  문장1;
}              // 첫번째 for(int i = 1; i < n; i++) 문
문장2;
```

10.5.2 continue 문

continue 문은 반복문에서 루프를 돌다가 반복을 시작하는 곳으로 제어를 옮기는 기능을 수행한다.

형식
```
continue;
continue 레이블;
```

반복문에서 continue 문을 만나면 다음 문장으로 실행하지 않고 반복을 시작하는 곳으로 제어를 옮기게 된다. for 문의 경우 continue가 나오면 for 문의 ( ) 안에 나오는 식 중 증감식으로 제어를 옮기게 된다.

다음 for 문의 경우 1부터 10까지의 합을 구하는 것인데 3의 배수의 합은 제외하고 나머지 수에 대한 합계를 구하는 구문이다. 즉 i를 3으로 나누어서 0인 경우는 sum += i; 문장을 수행하지 않고 for 문의 시작부분 중 증감식인 i++ 로 이동하여 i를 1 증가하고 조건을 검사한 후 조건에 따라 다음 반복을 수행하거나 종료하게 된다.

```
int i, sum = 0;
for (i = 1; i <= 10; i++) {
  if (i % 3 == 0)
      continue;
  sum += i;
}
```

다음 while 문의 경우, for 문과 마찬가지로 3의 배수를 제외한 1부터 10까지의 합을 구하는 구문으로 continue 문을 만나면 sum += i; 문장을 수행하지 않고 while 문의 시작부분인 조건식 (i < 10) 으로 이동하여 조건에 따라 다음 반복을 수행하거나 종료하게 된다.

```
int i = 0, sum = 0;
while (i < 10) {
    i++;
    if (i % 3 == 0)
        continue;
    sum += i;
}
```

continue 문은 break 문처럼 레이블을 사용할 수 있고 사용 형식은 break 문과 동일하다. 레이블이 없는 경우의 continue 문은 자신을 둘러싸는 블록의 시작부분으로 이동하는 것이고 레이블이 있는 경우는 레이블이 붙은 반복문의 시작부분으로 이동하는 것이다.

```java
import java.util.Scanner;
public class ContinueStatement {
 public static void main(String[] args)
 { Scanner scanner = new Scanner(System.in);
   System.out.print("합을 구할 수 입력: ");
   int n = scanner.nextInt();
   int i = 0, sum = 0;
   while (i < n) {
     i++;
     if (i % 3 == 0)
       continue;
     sum += i;
   }
   System.out.println("1부터 "+n+"까지 3의 배수를 제외한 합: "+sum);
   scanner.close();
 }
}
```

실행 결과

합을 구할 수 입력: 9
1부터 9까지 3의 배수를 제외한 합: 27

10.5.3 return 문

return 문은 메서드의 실행을 종료하고 자신을 호출한 곳으로 제어를 옮겨 이동하는 문장이다.

명식
```
return;
return 식;
```

return 문은 식이 선택적으로 나올 수 있는데 식이 있는 경우 제어를 이동하면서 ^
값을 반환하여 넘겨주는 역할을 수행한다. 즉 함수를 계산하면 함수 값이 나오듯이
메서드를 수행한 후 계산한 결과 값을 호출한 곳에 넘겨주는 것이다.

다음 예제는 합을 구하는 메서드를 호출해 합을 계산한 후 반환하면 반환한 값을
main()에서 출력하는 프로그램이다.

● 예제 10-8 ●	ReturnStatement.java

```java
import java.util.Scanner;
public class ReturnStatement {
  public static void main(String[] args)
  { Scanner scanner = new Scanner(System.in);
    System.out.print("합을 구할 수 입력: ");
    int n = scanner.nextInt();
    int sum = computeSum(n); // sum에 합계를 대입
    System.out.println("1부터 "+n+"까지의 합: "+sum);
    scanner.close();
  }
  public static int computeSum(int n) {
    int i = 1, hap = 0;
    while (i <= n)
      hap += i++;    // hap = hap + i;  i++;
    return hap;
  }
}
```

실행 결과

```
합을 구할 수 입력: 6
1부터 6까지의 합: 21
```

n까지의 합계를 구하는 과정을 computeSum(n)이라는 메서드를 호출하여 실행한다. 메서드를 호출할 때 실인수 n을 넘겨주면 n까지의 합계를 hap에 대입하고, return 문을 사용하여 hap을 main() 메서드에 넘겨준다. main() 메서드에서는 변수 sum에 합계를 대입해서 출력한다.

10.6 함수형 인터페이스와 람다식

람다식(lambda expression)은 메서드를 하나의 식으로 표현한 것으로, Java SE 8부터 람다식을 사용할 수 있다. 함수형 인터페이스는 상수 없이 하나의 메서드만 선언한 인터페이스인데, 함수형 인터페이스의 경우 메서드를 람다식으로 표현할 수 있다. 메서드를 람다식으로 표현하면, 전통적인 방식처럼 클래스를 작성해 메서드를 구현하지 않아도 함수형 인터페이스의 메서드를 호출해서 사용할 수 있다.

10.6.1 람다식이란?

람다식(lambda expression)은 메서드를 하나의 식으로 표현한 것으로 이름이 없는 메서드이고, Java SE 8부터 람다식을 사용할 수 있다. 이전 버전의 자바에서는 메서드만으로 객체를 바로 생성할 수 없었는데 람다식을 정의하여 객체를 만들 수 있다. 람다식을 사용하면 불필요한 코드를 줄여주는 간결함과 작성된 코드의 가독성을 높여준다는 장점이 있다.

> **람다식 형식**
> (매개변수목록) -> { 문장 }

자바에서는 화살표(->) 기호를 사용하여 람다식을 작성한다. ( ) 안에 람다식에서 사용할 매개변수들을 쉼표(,)로 분리하여 자료형과 같이 선언하고, 문장 부분에 명령문들을 기술해 메서드에서 처리할 내용을 작성한다.

람다식 사용 예

```
(int x, int y) -> { return x+y; }     // x와 y의 합을 반환
a -> System.out.println(a)            // 매개변수가 하나이면 () 생략가능
                                      // 한 문장이면 { }와 ; 생략가능
```

둘 중 큰 값을 구하는 max() 메서드를 람다식으로 표현하면 다음과 같다.

메서드

```
int max(int n1, int n2) {
    return n1 > n2 ? n1 : n2;
}
```

람다식

```
(int n1, int n2) ->  n1 > n2 ? n1 : n2
```

메서드를 람다식으로 표현하면, 메서드를 구현하는 클래스를 작성한 후 객체를 생성하지 않아도 메서드를 사용할 수 있다.

자바에서 람다식을 작성할 때 주의해야 할 사항은 다음과 같다.
1. 매개변수의 자료형을 추론할 수 있는 경우에는 자료형을 생략할 수 있다.
2. 매개변수가 하나인 경우에는 소괄호 ( )를 생략할 수 있다.
3. 문장이 하나의 명령문만으로 이루어진 경우에는 중괄호 { }를 생략할 수 있다.
   이 경우 세미콜론(;)은 생략한다.
4. 문장이 하나의 return 문으로만 이루어진 경우에는 중괄호 { }를 생략할 수 없다
5. return 문 대신 표현식을 사용할 수 있고, 반환하는 값은 표현식의 결과 값이 된다
   이 경우 중괄호 { }와 세미콜론(;)은 생략한다.

10.6.2 함수형 인터페이스

함수형 인터페이스는 상수 없이 하나의 메서드만 선언한 인터페이스이다. Java 8부터 함수형 인터페이스 개념을 사용하고, 함수형 인터페이스의 경우, 인터페이스의 메서드를 구현하는 클래스를 만들지 않더라도 메서드를 람다식으로 표현하여 메서드를 호출하여 사용할 수 있다. 그러나, 두 개 이상의 메서드를 선언한 인터페이스에서는 람다식을 활용할 수 없다.

> **함수형 인터페이스 선언 형식**
> ```
> @FunctionalInterface      // 생략 가능
> interface 인터페이스이름 {
>    메서드();
> }
> ```

> **함수형 인터페이스 선언 예**
> ```
> @FunctionalInterface      // 생략 가능
> interface FunctionInterface {
>    public void methodFunc();
> }
> ```

사용자가 선언한 인터페이스가 함수형 인터페이스임을 나타내는 수단으로 Functional-Interface 어노테이션(@FunctionalInterface)을 사용하는데, 인터페이스를 선언할 때 인터페이스 바로 위에 @FunctionalInterface 문장을 작성한다. 함수형 인터페이스를 작성할 때 두 개 이상의 추상 메서드를 선언하고 있는지 컴파일러가 검사해주는 기능을 제공한다.

그러나, 사용자가 어노테이션을 통해 명시적으로 지정하지 않더라도 함수형 인터페이스의 정의를 만족하는 인터페이스라면 자바 컴파일러는 함수형 인터페이스로 취급한다. 함수형 인터페이스로 선언한 메서드를 호출해 사용하기 위해, 먼저 함수형 인터페이스의 객체를 선언하고 람다식을 작성해 정의하면 메서드를 호출할 수 있다. 주목할 만한 것은 기존의 인터페이스를 사용하는 방법처럼 인터페이스를 구현하는 클래스를 작성하지 않아도 람다식을 활용해 인터페이스의 메서드를 정의한 후 메서드를 바로 호출할 수 있다는 사실이다.

함수형 인터페이스 객체 선언과 호출 형식

```
함수형인터페이스이름 객체이름;

객체이름 = 람다식;      // 함수형인터페이스이름 객체이름 = 람다식;

...

객체이름.메서드이름();  // 메서드 호출
```

함수형 인터페이스 객체 선언과 호출 예1

```
FunctionInterface fi;   // 함수형 인터페이스 객체 fi 선언
fi = () -> { String str = "메서드 호출";
            System.out.println(str);      };

...

fi.methodFunc();        // 객체이름.메서드이름으로 메서드 호출
```

함수형 인터페이스 객체 선언과 호출 예2

```
FunctionInterface fi = () -> { String str = "메서드 호출";
                              System.out.println(str);      };

...

fi.methodFunc();        // 객체이름.메서드이름으로 메서드 호출
```

람다식을 사용하여 자바에서도 함수 프로그래밍을 제공하고 있다. 함수 프로그래밍을 사용하면 자료 처리를 수학적인 함수를 계산하는 것처럼 처리하여 부작용(side-effect)이 없는 함수가 가능하고, 변수의 값이 변하는 상태에 따라 함수 값이 달라지지 않는다.

다음 예제는 함수형 인터페이스의 메서드를 람다식으로 표현해 두 수 중 큰 값을 출력하는 프로그램이다. 함수형 인터페이스인 Compute 인터페이스는 별도의 인터페이스 파일로 작성하지 않고 LambdaEx.java 파일 안에 작성해도 된다.

```java
import java.util.Scanner;
@FunctionalInterface
interface Compute {    // 함수형 인터페이스 선언
   int max(int n1, int n2);
}

public class LambdaEx {
  public static void main(String[] args){
     Scanner s = new Scanner(System.in);
     System.out.print("두 수 입력 --> ");
     int n1 = s.nextInt();
     int n2 = s.nextInt();
     System.out.println("** 람다식 활용 **");
     Compute maxNum = (x, y) -> x > y ? x : y;  // 추상 메서드 구현
     System.out.print(n1+"과 "+n2+" 중 큰 수: ");
     System.out.println(maxNum.max(n1, n2));      // 메서드 호출
     s.close();
  }
}
```

실행 결과

두 수 입력 --> 127 79
** 람다식 활용 **
127과 **79** 중 큰 수: **127**

함수형 인터페이스 Compute에서 max()라는 이름의 메서드를 선언하고, main() 메서드에서 Compute maxNum = (x, y) -> x > y ? x : y; 명령문으로 Compute 인터페이스 객체 maxNum을 선언하면서 max()에서 실행할 명령문을 람다식으로 정의한다. maxNum.max(); 명령문으로 정의한 max() 메서드를 호출해 실행한다.

다음 예제는 함수형 인터페이스의 메서드를 선언하고 두 가지 종류의 메서드를 람다 식으로 표현해 두 메서드를 호출하는 프로그램이다. 함수형 인터페이스의 경우 인터 페이스 파일을 따로 만들지 않고 하나의 자바 파일에 작성해도 된다.

● 예제 10-10 ●　　LamdaFunEx.java

```java
import java.util.Scanner;
@FunctionalInterface
interface FunctionInterface {
    public void methodFunc();
}
public class LamdaFunEx {
    public static void main(String[] args) {
        FunctionInterface fi;
        System.out.println("** 람다식 활용 **");
        fi = () -> {    // 람다식으로 methodFunc() 메서드 작성
            String str = "메서드 호출";
            System.out.println(str);
        };
        fi.methodFunc();
        fi = () -> {    // 람다식으로 메서드 작성
            Scanner scanner = new Scanner(System.in);
            System.out.print("두 수 입력: ");
            int x = scanner.nextInt();
            int y = scanner.nextInt();
            int sum = x + y;
            System.out.println(x+" + "+y+" = "+sum);
            scanner.close();
        };
        fi.methodFunc();  // methodFunc() 메서드 호출
    }
}
```

실행 결과

```
** 람다식 활용 **
메소드 호출
두 수 입력: 12 8
12 + 8 = 20
```

함수형 인터페이스 FunctionInterface에서 methodFunc()라는 이름의 메서드를 선언하고, main() 메서드에서 FunctionInterface fi; 명령문으로 함수형 인터페이스 객체 fi를 선언한다.

fi = () -> { ... }; 명령문으로 methodFunc()에서 실행할 명령문을 람다식으로 정의한 후, fi.methodFunc(); 명령문으로 정의한 메서드를 호출해 실행한다.

- 배정문은 변수에 어떤 값을 저장하기 위해 사용하는 명령문이다.
- 배정문은 자료의 값을 변경할 때 사용하는 명령문으로 가장 기본이 되는 자바 명령문이다.
- 혼합문은 여러 명령문을 하나의 단위로 묶어 주는 명령문이다.
- 입력문은 연산에 필요한 자료 값을 사용자가 입력하는 명령문이고, 출력문은 연산 결과를 사용자가 알 수 있도록 출력장치에 표시하는 명령문이다.
- 표준 입력을 위한 메서드는 System.in.read()이고, 표준 출력 메서드에는 System.out.print(), System.out.println(), System.out.printf()가 있다.
- System.in.read()을 사용할 경우 입력받은 정보를 문자나 숫자로 변환해야 하므로 Scanner 클래스를 사용해 자료를 입력받는 것이 편리하다. 여러 종류의 자료들을 입력할 때 빈칸(' ')으로 분리해서 각 자료들을 입력한다.
- System.out.print()는 () 안에 있는 내용을 화면에 출력하는 메서드이고, System.out.println()은 () 안에 있는 내용을 화면에 출력한 후 다음 라인의 첫 번째 열로 출력할 위치를 이동하는 메서드이다.
- System.out.printf()는 C 언어처럼 변수의 출력 형식을 지정하는 메서드이다. 문자열은 %s(%S), 정수는 %d, 하나의 문자는 %c(%C), 실수는 %f나 %e(%E), 논리형은 %b(%B)로 출력 형식을 지정한다.
- 제어문은 프로그램의 실행순서를 제어하는 방식을 제공한다. 조건에 따라 실행 문장을 결정하는 조건문과 어떤 문장들을 반복적으로 수행하는 반복문과 다른 명령문으로 이동하는 분기문 등이 있다.
- 프로그램의 실행순서를 조정하기 위해 제어문을 사용하는데 조건문, 반복문, 분기문으로 분류할 수 있다.
- 조건문은 주어진 조건에 따라 수행해야할 명령문이 다를 경우 사용하는 문장으로 if 문과 switch 문이 있다.

- 반복문은 프로그램의 어떤 부분을 지정한 횟수만큼 반복하거나 주어진 조건을 만족할 때까지 반복적으로 실행하는 문장으로 for 문, for-each 문, while 문, do-while 문이 있다.

- for 문은 자주 사용하는 반복문으로 정해진 횟수만큼 명령문들을 반복적으로 실행할 때 사용한다.

- for-each 문은 배열이나 enum 클래스(열거: enumeration)의 원소 수만큼 루프를 반복해서 실행하고 각 원소의 값을 순서대로 접근해 사용할 경우 유용한 반복문이다.

- enum 클래스는 기호 명칭들을 정의한 것으로 enum 클래스를 기반으로 특정 클래스를 선언해서 사용한다.

- while 문은 주어진 조건식이 참일 때 일련의 명령문들을 반복해서 실행하는 것이다. 만일 조건이 거짓이면 while 루프 몸체 부분에 있는 명령문들을 한 번도 실행하지 않고 while 문을 끝내게 된다.

- do-while 문은 조건을 먼저 검사하는 것이 아니라 문장을 먼저 실행한 후 조건을 검사하는 반복문으로 조건에 관계없이 적어도 한 번은 실행하는 반복문이다.

- break 문은 어떤 경우를 만족할 때 문장을 실행한 후 switch 문을 벗어나기 위해 사용하고, for나 while 같은 반복문에서 반복하는 루프를 빠져나오기 위해 사용한다.

- break 문이 여러 개의 블록 안에 포함되어 있을 때 자신을 감싸는 하나의 블록 밖으로 제어를 옮기는 역할을 한다.

- continue 문은 반복문에서 루프를 돌다가 반복을 시작하는 곳으로 제어를 옮기는 기능을 수행한다.

- return 문은 메서드의 실행을 종료하고 자신을 호출한 곳으로 제어를 옮겨 이동하는 문장이다.

- 람다식(lambda expression)은 메서드를 하나의 식으로 표현한 것으로, Java SE 8부터 람다식을 사용할 수 있다.

- 자바에서는 (매개변수목록) ->{ 문장 } 형태로 람다식을 작성한다. ( ) 안에 람다식에서 사용할 매개변수들을 쉼표(,)로 분리하여 자료형과 같이 선언하고, 문장 부분에 명령문들을 기술해 메서드에서 처리할 내용을 작성한다.
- 함수형 인터페이스는 상수없이 하나의 메서드만 선언한 인터페이스인데, 함수형 인터페이스의 경우 메서드를 람다식으로 표현할 수 있다.
- 메서드를 람다식으로 표현하면, 전통적인 방식처럼 클래스를 작성해 메서드를 구현하지 않아도 함수형 인터페이스의 메서드를 호출해서 사용할 수 있다.
- 예외처리문은 프로그램을 실행하는 과정에서 발생할 수 있는 여러 예외사항들을 처리하도록 하는 명령문이고 동기화문은 다중스레드를 실행하면서 어느 한 시점에는 하나의 스레드만 접근하도록 제어하는 명령문이다.

1. 자바에서 사용할 수 있는 명령문들을 종류별로 구분하여 설명하시오.

2. 반복문을 사용하는 목적은 무엇이며 사용 예를 각각의 반복문별로 예시하시오.

3. for 문과 while 문을 예를 들어 비교하여 설명하시오.

4. 분기문을 종류대로 분류하고 각각을 사용하는 경우를 예를 들어 설명하시오.

5. 입출력 메서드에는 어떤 것이 있는지 예를 들어 기능을 설명하시오.

6. 두 행렬을 주고 두 행렬의 곱과 합을 구하여 출력하는 프로그램을 작성하시오.

7. 람다식과 함수형 인터페이스에 대해 설명하시오.

부 록

1   JDK 자바 개발 도구

오라클은 자바를 개발하기 위해 무료로 사용할 수 있는 자바 배포판인 JDK(Java Development kit)를 제공하고 있다. JDK는 자바 컴파일러 등 자바 프로그램을 개발하는데 필요한 도구와 자바 프로그램을 실행할 때 필요한 자바가상기계(JVM)와 자바 표준 클래스 파일을 포함하는 JRE(Java Run-time Environment)로 이뤄진다.

세 가지 대표적인 JDK 배포판이 있다.

- Java SE(Standard Edition)는 자바 표준 배포판으로 일반적인 용도로 사용하는 응용 프로그램 개발 플랫폼이다.
- Java ME(Micro Edition)는 모바일용 배포판으로 휴대전화, PDA, 셋톱박스 등을 위한 응용 프로그램 개발 플랫폼이다.
- Java EE(Enterprise Edition)는 기업용 배포판으로 다중 사용자, 기업의 대형 응용 프로그램을 개발하기 위한 플랫폼이다.

데스크탑 자바 프로그램을 개발하는 경우 Java SE를 사용한다.
JDK는 오라클의 Technology Network의 자바 사이트에서 다운로드할 수 있다.

```
http://www.oracle.com/technetwork/java/javase/downloads/index.html
```

위의 window를 클릭하고 오른쪽 세 번째 파일을 클릭하면 JDK를 다운받을 수 있도록 다음 화면이 열린다.

파일 열기를 클릭하면 다음 창이 열리고 [Next] 버튼을 클릭해 JDK를 설치한다.

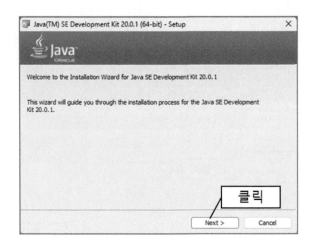

JDK를 저장할 폴더를 변경할 경우 [Change...] 버튼을 눌러 변경하고 [next]를 클릭
한다.

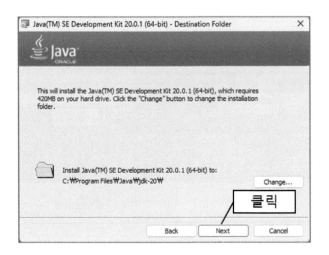

설치가 완료되면 [Close] 버튼을 눌러 JDK 설치를 완료한다.

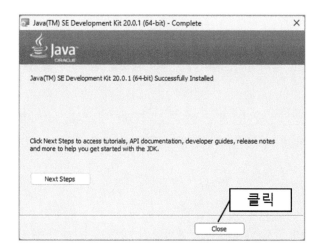

상업적인 용도일 경우 JDK 지원을 유료화하는 추세라 오라클의 JDK 대신 오픈 소스이고 무료로 제공하는 OpenJdk(http://openjdk.java.net/)를 사용해 JDK를 다운받을수 있다.

2   이클립스

IDE(Integrated Development Environment)는 통합 개발 환경으로, 자바 프로그램
파일을 편집하고, 컴파일하고, 디버깅하는 과정을 한 번에 할 수 있는 통합 개발 환경
이다.

주로 많이 사용하는 자바 IDE는 세 가지가 있는데, Eclipse(이클립스), NetBeans(넷
빈즈), IntelliJ이고 이 중에서 이클립스를 많이 사용한다.

2.1 이클립스 설치

이클립스는 자바 응용 프로그램을 개발하기 위한 통합 개발 환경으로 IBM이 오픈 소
스 프로젝트로 개발한 것이다. 다음 사이트에서 이클립스를 무료로 다운로드받을 수
있다.

```
http://www.eclipse.org/downloads/
```

이클립스 사이트가 열리면 [다운로드 x84-64]를 클릭한다.

[다운로드]를 클릭하거나 설치 파일 eclipse-inst-jre-win64.exe을 클릭해 다운받
는다.

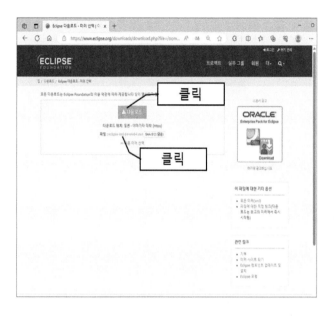

파일 열기를 누르거나 파일이 다운로드된 폴더(Download)를 클릭해 eclipse-
inst-jre-win64.exe 파일을 실행한다.

다운받은 파일을 실행하면 다음 설치자 창이 표시된다.

여러 가지 IDE 중 첫 번째나 두 번째 IDE를 선택해서 설치한다.

자바 응용 프로그램을 개발할 경우 첫 번째 자바 개발자용을 설치하고, 웹 애플리케이션(JSP, 웹 서비스 등)과 자바 응용 프로그램을 함께 개발할 경우 두 번째 Enterprise 자바 개발자용을 설치한다. 자료 구조 실습을 할 경우 첫 번째 자바 개발자용을 설치한다.

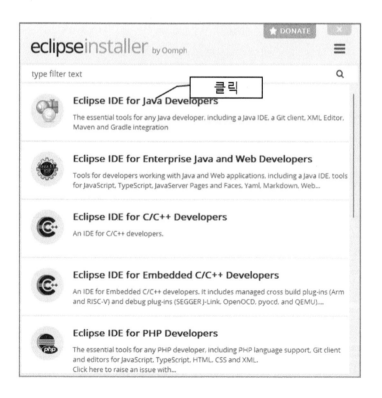

JDK를 먼저 설치한 경우 설치된 JDK 버전을 선택해 지정할 수 있고 이클립스를 설치할 폴더를 직접 입력하거나 폴더 열기 아이콘을 눌러 원하는 폴더를 선택하고 [INSTALL]을 클릭해 설치한다.

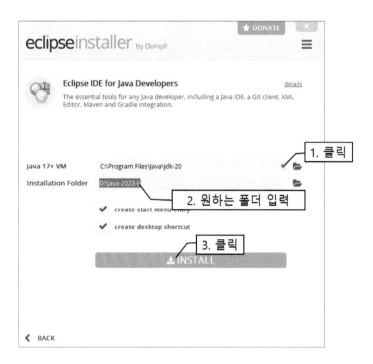

다음 창이 열리면 두 번 클릭한다.

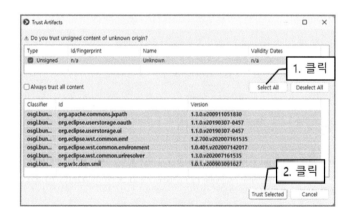

설치가 완료되면 [LAUNCH]를 눌러 이클립스를 실행한다.

2.2 이클립스 실행

설치된 이클립스를 실행하는 과정은 다음과 같다.

![icon] (자바 개발자용) 아이콘이나 ![icon] (Enterprise 자바 개발자용) 아이콘을 눌러 실행한다. 설치한 이클립스의 버전은 날짜로 표시되어 있다.

이클립스의 이전 버전처럼 모듈(module)을 생성하는데, 자료 구조 예제를 실행할 경우 모듈을 생성하지 않아도 된다. 모듈은 Java 9이상 버전의 기능이고 이름을 가진 소프트웨어적 단위로 export와 require를 사용해 모듈들 간에 서로 필요한 것을 명시해 다른 외부 모듈을 사용할 수 있다.

이클립스를 실행하면 다음 창이 열린다.

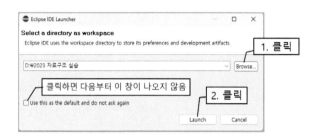

1. Workspace는 작업공간으로, 자바 프로그램을 작성해서 자바 파일을 저장할 폴더를 말한다. 자바 프로그램을 저장할 폴더를 [Browse..] 버튼을 클릭해 지정한다.

2. 지정한 "2023 자료구조 실습" 폴더를 기본 작업공간으로 사용할 경우 □를 클릭하면 다음 실행에는 이 창이 다시 나오지 않고 바로 이클립스 창이 열린다.

3. [Lanch] 버튼을 클릭해 이클립스를 시작한다.

4. 다음 창이 열리면 자바 프로젝트를 만들 경우는 Create a New Java Project를 선택한다. welcome 탭에서 아이콘을 클릭하거나 ▶을 클릭해서 welcome 창을 닫는다.

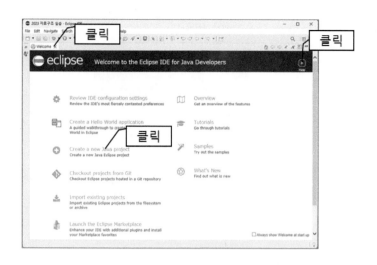

2.3 프로젝트 생성

자바 프로그램을 작성하려면 먼저 프로젝트를 생성해야 한다. 응용 프로그램을 개발하기 위해 자바 프로젝트를 생성해 응용 프로그램 개발에 필요한 자바 파일들과 프로그램 실행에 필요한 그림, 텍스트 등의 파일을 같은 폴더에 저장할 수 있다.

자바 프로젝트는 여러 가지 방법으로 생성할 수 있다.

• 자바 개발자용일 경우는 [File] 메뉴에서 [New]-[Java Project]를 선택한다.

- Enterprise 자바 개발자용일 경우는 [File] 메뉴에서 [New]-[Other...]를 선택한 후 열리는 창에서 "Java"를 찾아 [Java Project]를 선택하고 [Next]를 클릭한다.

다른 방법은 Enterprise 자바 개발자용에서 화면 구성을 자바 개발자용으로 변경해서 사용하는 방법인데, Enterprise 자바 개발자용 Perspectives를 자바 개발자용으로 변경할 수 있다. Perspectives는 화면을 구성하는 레이아웃이고, 상황에 맞게 화면 구성을 바꿀 수 있는데, Enterprise 자바 개발자용 안에서 자바 개발자용 Perspectives를 추가해서 사용할 수 있다.

자바 개발자용으로 화면 구성을 변경하려면 오른쪽 끝 쪽에서 Perspective를 추가하는 아이콘 을 누른다.

다음 Open Perspective 창에서 "Java"를 선택하면 자바 개발자용 Perspective 아이콘을 이클립스에 추가할 수 있다.

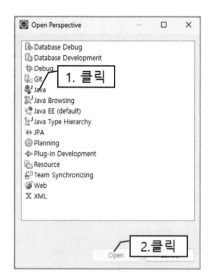

이클립스 오른쪽 끝에 추가된 아이콘을 누르면 자바 개발자용으로 화면 구성을 전환한다.

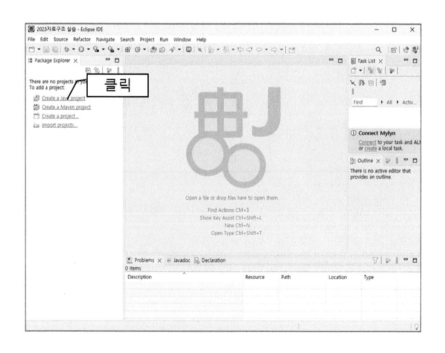

자바 개발자용으로 화면 구성이 바뀌면 Create a New Java Project를 클릭하거나
[File] 메뉴에서 [New]-[Java Project]를 선택한다.

Perspectives를 자바 개발자용으로 변경하는 또 다른 방법은 [Window] 메뉴에서 선
택하는 것인데, [Perspective]-[Open Perspective]-[other...]를 선택한다.

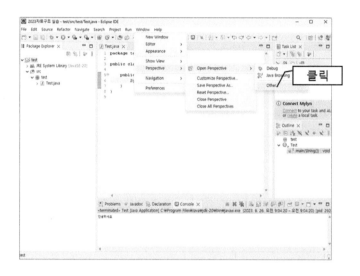

다음 Open Perspective 창에서 Java를 선택하면 자바 개발자용 Perspective 아
이콘을 이클립스에 추가할 수 있다.

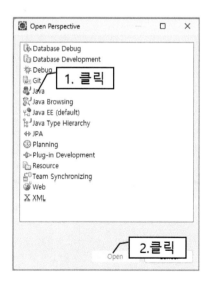

이클립스 오른쪽 끝에 자바 개발자용  아이콘을 자동으로 추가하면서 자바 개발자용으로 화면 구성을 전환한다.

• 자바 개발자용에서 [▼] 버튼을 클릭해 [Java Project]를 선택한다.

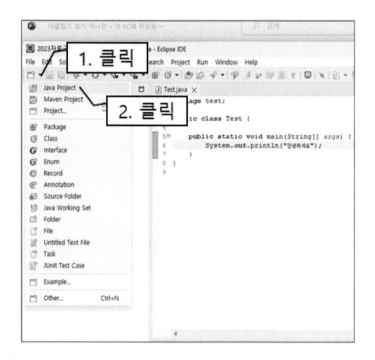

New Java Project 창에서 프로젝트 이름을 입력하고 □를 클릭해 모듈(module)을
생성하지 않도록 하고 [Finish] 버튼을 누른다. 자료구조 예제를 실행할 경우 모듈을
생성하지 않아도 된다. 프로젝트 이름은 임의로 지정할 수 있고, JDK를 먼저 설치하
고 이클립스를 설치하면 JDK가 연결된다.

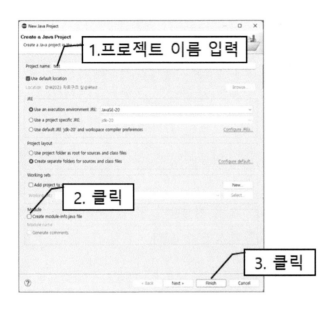

프로젝트가 생성되면 왼쪽 Package Explorer에 표시되고 프로젝트 이름 앞의 〉를
클릭하면 아래로 내용이 펼쳐진다.

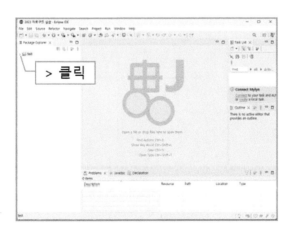

자바 프로젝트(test)나 src를 클릭하고 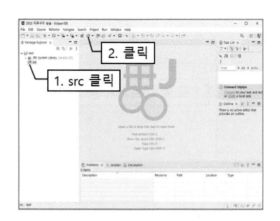 아이콘을 클릭해서 자바 파일을 생성해 프로젝트별로 관련된 자바 파일을 관리한다.

다음처럼 메뉴에서 자바 파일을 생성할 수 있다. [File]-[New]-[Class] 메뉴를 선택 해도 자바 클래스 파일을 생성할 수 있다.

2.4 자바 파일 작성

프로젝트를 생성하면 프로젝트 안에 필요한 자바 파일을 작성할 수 있다.
"안녕하세요"를 출력하는 Test.java 자바 프로그램을 작성하여 보자.

```java
public class Test {
    public static void main (String args[]){
        System.out.println("안녕하세요");
    }
}
```

자바 프로젝트(test)안에 자바 파일을 작성하려면 해당 프로젝트를 클릭하고 [File]
메뉴에서 [New]-[Class]를 선택한다. 주의할 사항은 자바 프로그램의 클래스 이름
과 자바 파일 이름은 대소문자까지 동일하게 만들어야 한다.

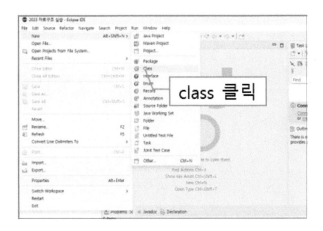

자바 파일을 만들 때 패키지를 만들어 생성하는 것이 관리하기 쉽다. New Java
Class 창에서 패키지 이름 "test"를 입력하고, 자바 파일 이름("Test")을 지정하고,
자바 main() 메시드를 생성하려면 □ public static void main(String[] args)의 □
를 클릭한 후 [Finish] 버튼을 클릭한다. 패키지 이름은 임의의 이름으로 지정할 수
있다.

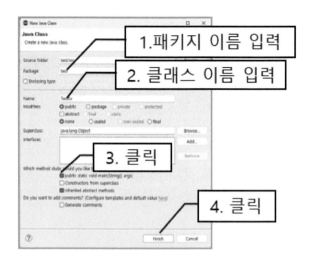

1.패키지 이름 입력

2. 클래스 이름 입력

3. 클릭

4. 클릭

아이콘을 클릭해도 자바 파일을 생성할 수 있고, 왼쪽 Package Explorer의 src
에서 오른쪽 마우스 버튼을 눌러 [New]-[Class]를 선택해도 자바 파일을 생성할 수
있다.

오른쪽 프로그램 편집 창에 자바 명령문들을 입력한다. test 패키지를 만들면 프로그
램의 첫 번째 명령문에 패키지 이름이 자동으로 들어간다.

패키지 이름 자동으로 들어감.

출력문 작성

2.5 자바 프로그램 실행

자바 프로그램을 실행하려면 실행 ⏵ 아이콘을 클릭하거나 [Run]-[Run] 메뉴를 클릭해 다음처럼 실행한다.

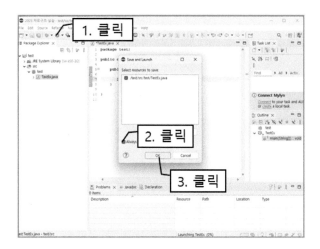

아래 콘솔 창에서 실행 결과를 확인할 수 있다.

콘솔 창이 없으면 [Window]-[Show View]-[Console]를 순서대로 선택해서 콘솔 창을 오픈한다.

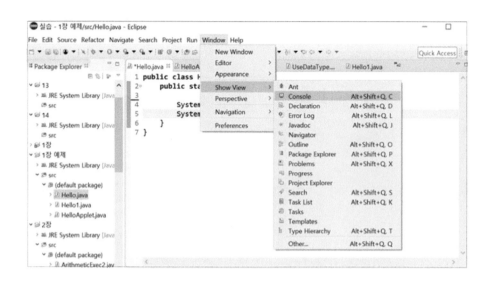

다른 창을 오픈할 경우에도 [Window]-[Show View]에서 원하는 창을 선택할 수 있다

[한글 사용 방법]

한/영 키를 눌러 한글을 사용할 때 문자 코드가 맞지 않으면 한글이 깨진다. 문자 코드를 맞춰줘야 한다. [Window]-[Preference]를 선택한다.

왼쪽 [General]의 맨 앞 〉를 누르면 아래로 내용이 펼쳐지고 맨 아래 [Workspace]
를 클릭해 다음 순서대로 문자 코드를 변경한다.

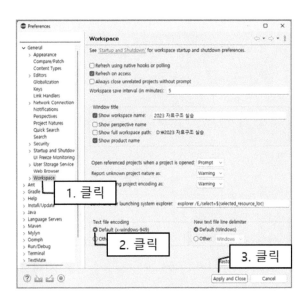

왼쪽 Package Explorer의 자바 프로젝트의 문자 코드도 동일한 코드로 수정해야한
다. 먼저 해당 프로젝트를 클릭한 후 오른쪽 마우스 버튼을 눌러 나타나는 창에서 맨
아래의 [Properties]를 선택한다.

다음처럼 문자 코드를 변경한다.

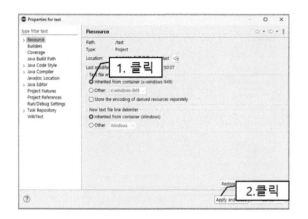

자바 프로그램의 깨진 한글을 다시 입력하면 문자 코드가 맞춰져서 한글이 다시 표시되고 프로그램을 다시 실행시키면 한글이 깨지지 않고 제대로 표시된다.

2.6 오류 수정 가이드라인

이클립스에서는 오류가 발생했을 경우 오류를 수정할 수 있도록 가이드라인을 제시하는 기능이 있다. 오류가 발생한 단어는 빨간색 밑줄이 쳐지는데 이 단어위에 마우스를 올려놓으면 노란색 바탕의 Quick fix 창이 나타나고 이 중에서 적절한 것을 선택하면 오류를 바로 수정할 수 있다.

예를 들면 System.out.println() 메서드에서 "System"을 소문자 "system"으로 입력했을 경우 오류가 발생하는데, "system" 글자 위에 마우스를 올려놓으면 Quick fix 창이 나타나고, Quick fix 창에서 Change to 'System'(java.lang)을 선택하면 소문자 's'가 대문자 'S'로 바로 변경된다.

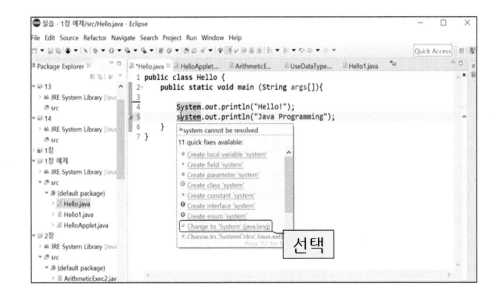

또 다른 방법은 다음과 같이 프로그램의 라인번호 앞 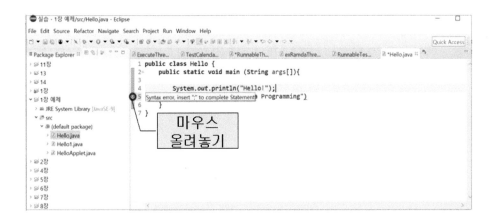 아이콘 위에 마우스를 올려 놓으면 오류 수정문(Syntax error, insert ";" to complete Statement)이 나타나는데, 명령문 끝에 ";"(semicolon)을 추가해서 오류를 수정할 수 있다. 자바에서는 명령문 끝에 ";"을 넣어야 하는데 ";"이 빠졌을 경우 오류가 발생한다.

〈개정판〉 최신 JAVA 구현 자료구조론

1판 1쇄 발행 2019년 08월 30일
개정 1판 1쇄 인쇄 2023년 08월 25일
개정 1판 1쇄 발행 2023년 09월 01일
저   자 한정란
발 행 인 이범만
발 행 처 **21세기사** (제406-2004-00015호)
　　　　　경기도 파주시 산남로 72-16 (10882)
　　　　　Tel. 031-942-7861　　　Fax. 031-942-7864
　　　　　E-mail : 21cbook@naver.com
　　　　　Home-page : www.21cbook.co.kr
　　　　　ISBN 978-89-8468-840-7
　　　　정가 30,000원

이 책의 일부 혹은 전체 내용을 무단 복사, 복제, 전재하는 것은 저작권법에 저촉됩니다.
저작권법 제136조(권리의침해죄)1항에 따라 침해한 자는 5년 이하의 징역 또는 5천만 원 이하의 벌금에 처하
거나 이를 병과(併科)할 수 있습니다. 파본이나 잘못된 책은 교환해 드립니다.